EDAF
MADRID

WOODEENE KOENIG-BRICKER

365

Su guía diaria de
meditación con los

SANTOS

MENSAJE VIVO

Título del original inglés:
365 SAINTS

Traducido por:
MANUEL ALGORA

© 1995. By Woodeene Koenig-Bricker
© 1996. De la traducción, Editorial EDAF, S. A.
© 1996. Editorial EDAF, S. A. Jorge Juan, 30. Madrid.
  Para la edición en español por acuerdo con HARPER SAN FRANCISCO,
  División de HarperCollins Publishers, Inc., San Francisco, California, USA.

Depósito Legal: M.40.284-1996
I.S.B.N.: 84-414-0087-3

PRINTED IN SPAIN   IMPRESO EN ESPAÑA
Gráficas COFÁS, S. A. - Pol. Ind. Prado Regordoño - Móstoles (Madrid)

A JSB Y MSB

AGRADECIMIENTOS

A todos aquellos cuyo amor, aliento y apoyo hicieron que me fuera posible escribir este libro, más gracias de las que nunca podré expresar.

A John, que hizo de todo para que yo pudiera pasar todo mi tiempo en compañía de los santos. No podría haberlo hecho sin ti.

A Matt, que siempre dijo: «¡Puedes hacerlo, mamá!» No habría intentado hacerlo sin ti.

A Bobbi, Debbie y Kris, que tuvieron más confianza en mí que yo misma.

A los hijos de Santo Domingo, cuyo amor y oraciones me sostienen constantemente.

Y finalmente, un agradecimiento especial para mi madre, que siempre creyó que algún día escribiría un libro. Ese día llegó por fin.

INTRODUCCIÓN

LO admitiré. Amo a los santos. Los he amado siempre. Uno de los primeros gozos de mi infancia fue recibir un libro sobre San Francisco de Asís. (Y uno de mis primeros grandes contratiempos fue no ser eligida para interpretar el papel de Santa Clara en nuestra obra de tercer grado sobre la vida de San Francisco). No puedo imaginar la vida sin los santos. No sé qué haría sin San Antonio para ayudarme a encontrar objetos perdidos, o Santa Isabel Ana Seton para conferenciar acerca de la crianza de los niños, o la Beata Diana D'Andalo para consultar sobre el mantenimiento de amistades. Sé que mi vida se vería disminuida sin un hombro celestial o dos sobre los que llorar ocasionalmente o un compañero celeste con quien compartir un disfrute terrenal.

Pero ¿qué es un santo?

Cualquiera que se halle en el cielo es santo, pero en la tradición católica y ortodoxa un Santo con *S* mayúscula es alguien cuya vida ejemplifica de tal modo la santidad y la virtud que la Iglesia ha decretado oficialmente que se encuentra en el cielo. (¡Es curioso que, aunque hayan miles de personas de las que oficialmente se diga que están en el cielo, nunca se ha declarado oficialmente de ninguna persona que se encuentre en el infierno!)

El largo proceso por el cual se nombra a una persona santo con *S* mayúscula se denomina canonización. Si una persona ha mostrado una gran santidad en su vida, puede llamársela «Venerable» después de su muerte. Este paso en el proceso para hacer un santo indica que puede honrarse a la persona. El siguiente paso es la beatificación. Tras más investigaciones y pruebas indiscutibles de milagros operados a través de la intercesión de la persona, un «Venerable» puede ser nombrado «Beato», y asignársele un día oficial de fiesta: generalmente el día de su muerte (su *cumpleaños* en los cielos). Entonces, tras nuevas investigaciones y más milagros, un «Beato» puede finalmente ser canonizado y declarado santo oficial con *S* mayúscula. La única excepción al proceso es el de un mártir, una persona muerta por la fe. En tales casos, la necesidad de un milagro puede ser obviada. Los santos de este libro, con unas pocas excepciones notables como la Madre Teresa de Calcuta, son santos oficiales con *S* mayúscula o se hallan en proceso de convertirse en santos oficiales.

Así pues, ¿cómo son realmente los santos?

Con demasiada frecuencia, pensamos en ellos como dulces portentos celestiales que no hicieron otra cosa que rezar, llevar a cabo buenas obras y hacer que todo el mundo se sintiera culpable por no vivir a la altura de su ejemplo. Aunque algunos de los santos pasaron todo su tiempo (o la mayor parte de él) orando y haciendo buenas obras (y probablemente haciendo a otros sentirse culpables), la mayoría eran personas reales –con todas las debilidades, excentricidades y encanto de la gente real.

Eso es lo que hace a los santos tan atractivos: son gente ordinaria con una diferencia extraordinaria; se han inflamado de tal modo con el amor de Dios, que su vida entera es una celebración del amor y la bondad de Dios. Estuvieron tan apasionadamente enamorados de Dios mientras vivieron, que ahora se cree que están permanentemente con Dios por toda la eternidad en el cielo.

Al escribir este libro, mi esperanza fue la de compartir algunos de los éxitos y fracasos, alegrías y penas de los santos, a modo de aliento para vuestro propio camino espiritual. Confío en que lleguéis a descubrir, por medio de su ejemplo, que cada uno de nosotros tiene su propio sendero de crecimiento y desarrollo espiritual. Los santos nunca fueron estatuas de escayola en una cadena de producción celestial. Cometieron errores en todo, desde los negocios hasta el matrimonio. Padecieron los mismos dolores de cabeza, enfermedades y pesares que nosotros. Y experimentaron todos los gozos de la vida diaria. No se volvieron santos por ser perfectos; se volvieron santos porque dejaron que Dios transformara sus imperfecciones.

Amo a los santos, no por su santidad (aunque eso sea ciertamente importante), sino por su humanidad. Confío en que a través de este libro encontraréis al menos un amigo celestial al que conocer y amar. Pero, más aún, confío en que conforme descubrís el amor que los santos tuvieron por Dios, descubriréis también cuánto amor tiene Dios por todos y cada uno de nosotros. Y rezo porque caigáis en la cuenta de que Dios nos está llamando a todos y cada uno de nosotros a que también nos volvamos santos.

365 SANTOS

MARÍA, MADRE DE JESÚS
SIGLO PRIMERO

Libros de citas. Planificadores. Calendarios. Diseñamos nuestro presente, planeamos nuestro futuro y revisamos nuestro pasado. Sabemos exactamente dónde queremos estar y cómo queremos llegar hasta allí. Y entonces sucede; lo inesperado, lo no planeado, lo no previsto. La muerte de un miembro de la familia. Un cambio de trabajo. Una enfermedad grave. Nuestras vidas cuidadosamente ordenadas saltan hechas añicos y tenemos que recoger los pedacitos.

¿Cómo reaccionamos cuando suceden cosas que no podemos controlar? ¿Nos alzamos contra el cielo, exigiendo respuestas, o aceptamos, confiando en que todo se desarrollará según el plan divino?

María no esperaba, ciertamente, que un ángel se le apareciese y le preguntase si deseaba volverse madre del Mesías. Naturalmente, tenía algunas preguntas (por ejemplo, ¿cómo puede suceder esto si no estoy casada ni mantengo relaciones sexuales?) Sin embargo, una vez que sus preguntas fueron resueltas, contestó *Fiat* («Hágase conmigo según la voluntad de Dios»). Estaba dispuesta a confiar, incluso si ello suponía el misterio y lo desconocido.

Al empezar un nuevo año, resolvamos aceptar con gozo los quiebros y giros de la vida. Abramos nuestros corazones al milagro de cada nuevo día, y confiemos en que nuestras vidas se están desarrollando del modo en que deberían.

¿He de tener el control de todo? ¿En qué áreas puedo permitir que los demás tengan algo que decir?

HOY, Y TODOS LOS DÍAS, CONFIARÉ EN LA BONDAD Y SABIDURÍA DE LA VIDA.

SAN BASILIO El GRANDE
329-379

¿Sientes a menudo que cuando ganas pierdes? San Basilio el Grande podría rubricarlo. Arzobispo de lo que ahora constituye el sureste de Turquía y fundador del que probablemente fuera primer monasterio en Asia Menor, San Basilio estuvo profundamente implicado en la lucha contra los arrianos, que argumentaban que Jesús no era ni divino ni eterno. En sus intentos por defender la fe, Basilio fue acusado él mismo de herejía. Frustrado y desanimado, escribió: «Por mis pecados, parezco no tener éxito en nada.»

A menudo, cuando las luchas de la vida consumen nuestra energía, también nosotros nos sentimos fracasados en todo. Nuestros triunfos pasados se desvanecen ante el peso del fracaso presente, y nos sumimos en la compasión de nosotros mismos. Nos sentimos tentados de abandonar.

Incluso un santo tan grande como Basilio el Grande no fue inmune a tal tentación. Sin embargo, no permitió que los pensamientos negativos gobernasen su vida. Continuó predicando con tal celo que hoy en día es considerado como uno de los más eminentes instructores de la Iglesia.

San Basilio no se rindió a la vista del fracaso aparente. Siguió adelante, incluso cuando sin duda hubiera preferido retirarse al santuario de su monasterio. Su vida demuestra que la perseverancia es simplemente otro nombre para el éxito. Cuando nos sintamos tentados a abandonar, recordemos, como dijo Charles Spurgeon, que «Gracias a la perseverancia el caracol alcanzó el Arca». Podemos emular nosotros el ejemplo de Basilio el Grande.

¿Cómo reacciono cuando me siento un fracasado? ¿Qué me hace ir para delante cuando más desanimado me siento?

––––––––––

ME CONCEDO CRÉDITO POR TODO LO QUE HE CONSEGUIDO.

SANTA GENOVEVA

c. 500

La mayoría de nosotros pasamos mucho tiempo cada día teniendo que ver con el alimento. Paradójicamente, uno de los momentos en que más tenemos que concentrarnos en el alimento es cuando menos estamos comiendo: durante una dieta. Muchas personas sometidas a régimen pesan y miden constantemente las raciones, evaluando el contenido en grasas y tratando de convencerse a sí mismas de que una zanahoria sabe mucho mejor que un trozo de queso.

Se dice que Santa Genoveva, que vivió en París en los tiempos en que Atila el Huno andaba saqueando la mayor parte de Europa Occidental, únicamente comía pan de centeno con unas pocas judías —y esa comida tan escasa sólo domingos y jueves—. Aunque no podamos saber si la historia es cierta, caso de que lo sea mantuvo una dieta muy estricta durante la mayor parte de su vida.

¿Por qué, pues, es la santa patrona de París? Cuando Childerico, rey de los francos, sitió la ciudad, sus moradores se vieron acuciados por el hambre. Santa Genoveva dirigió una compañía en busca de alimento, y trajo de vuelta varias barcas llenas de cereales. A ella, que apenas comía nada, se la recuerda por haber alimentado una ciudad.

A veces, en nuestra búsqueda del cuerpo perfecto, tratamos el alimento como si fuera el enemigo. El alimento, en y por sí mismo, no es ni bueno ni malo. Puede ser un medio de disciplina, como lo fue para Santa Genoveva, o una fuente de salvación, como lo fue para el pueblo de París. La clave está en saber, como Genoveva, quién es quién.

¿Hasta qué punto es importante el alimento en mi vida? ¿Uso el alimento o dejo que él me use a mí?

DOY GRACIAS POR EL ALIMENTO QUE COMO, QUE ME DA VIDA Y ME SOSTIENE A LO LARGO DEL DÍA.

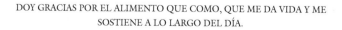

SANTA ISABEL ANA SETON
1774-1821

Isabel Ana Seton, la primera santa nacida en Norteamérica, estaba bien familiarizada con las pérdidas. Su madre murió cuando tenía tres años; su amado padre murió de fiebre amarilla; su esposo falleció cuando ella sólo contaba veintinueve años de edad, dejándola con cinco niños pequeños; sus hermanastras, con las que fundó una orden religiosa, murieron ambas jóvenes; y en la siguiente década, sus hijas Ana María y Rebeca, a las que adoraba, también murieron.

Podríais pensar que una mujer tan devota y dedicada como Isabel Ana Seton habría sido estoica. Sin embargo, cada vez que moría uno de sus seres queridos, se apesadumbraba profundamente. Incluso si no estamos llorando la muerte de un ser querido, experimentamos el dolor de la pérdida. En todo comienzo se halla implicado un final. Y, sin embargo, en todo final hay un comienzo. Cada día se nos da una oportunidad fresca de amar y ser amados.

Cuando nos aferramos demasiado firmemente a las personas y cosas de nuestra vida, no dejamos lugar para los nuevos comienzos de Dios. Después de todo, no podemos experimentar la calidez primaveral hasta que el invierno afloja su garra helada. Incluso en medio de su pesadumbre, Isabel Ana Seton nunca perdió de vista esa verdad. «En el cielo nos reconoceremos por una mirada del alma», escribió. Sólo cuando dejemos que los finales de nuestra vida apunten hacia nuevos comienzos tendrá un significado real nuestra vida.

¿A qué me estoy aferrando? ¿Qué ha de terminar a fin de que comience de nuevo?

CELEBRO CADA DÍA COMO UN NUEVO COMIENZO Y UN PUNTO DE PARTIDA FRESCO.

SAN JUAN NEUMANN
1811-1860

¿Cuánto dinero se necesitaría para que te sintieras a gusto? Algunos estudios han indicado que ganes lo que ganes, tu zona de confort se hallará siempre justo un poco más alta. Parece como si la mayoría de nosotros creyéramos que finalmente nos sentiríamos contentos si ganásemos algo más de dinero cada año.

El obispo Juan Neumann, cuarto obispo de Filadelfia, comprendió la falacia de tal razonamiento. Se tomó tan literalmente el voto de pobreza que había hecho como sacerdote redentorista, que prácticamente se deshizo de todo cuanto poseía. Una vez en que llegó a casa con los pies mojados, alguien sugirió que se cambiara los zapatos. Respondió que si lo hiciera sería para poner su zapato izquierdo en su pie derecho, y viceversa, dado que sólo poseía un par. En su funeral fue vestido con un traje nuevo por primera vez en muchos años.

San Juan Neumann no escogió una vida de pobreza porque disfrutase con las privaciones. Decidió desprenderse de las posesiones materiales porque entendió que los tesoros reales de la vida nunca pueden ser comprados.

Si nos valoramos a nosotros mismos meramente por lo que poseemos, siempre seremos pobres. Sólo cuando comprendemos que Dios nos valora por lo que somos, no por lo que tenemos, nos volvemos ricos más allá de toda medida.

¿En qué modo afectan mis ingresos lo que pienso de mí mismo?
¿Cuáles considero mis mayores tesoros?

NO SOY MI DINERO. PUEDO SER RICO, CUALESQUIERA QUE SEAN MIS CIRCUNSTANCIAS.

BEATO HERMANO ANDRÉ
1845-1937

«Un corazón contento es una buena medicina, pero un espíritu roto seca los huesos», dice el Libro de los Proverbios. El Beato Hermano André, llamado el «Hacedor de Milagros de Montreal», por las muchas curas forjadas por sus oraciones, habría estado de acuerdo. Nacido como Alfredo Bessette, entró en la Congregación de la Santa Cruz a la edad de veinticinco años. En los siguientes cincuenta años, miles de personas fueron a él pidiendo sus plegarias y su guía. Tan conocido como era el Hermano André por su devoción a San José y su consejo práctico, lo era por su sentido del humor. «No debes estar triste», decía. «Es bueno reír un poco.»

La medicina moderna coincide con el Hermano André. Las investigaciones muestran que la risa refuerza el sistema inmunitario y entona la capacidad del cuerpo para curarse a sí mismo. Nos ayuda a compartir con los demás un momento de gracia. Más aún, la risa refresca nuestras almas al permitirnos conectar directamente con Dios.

La risa es una de las herramientas que Dios utiliza para derribar nuestros muros de defensa y aislamiento. Cuando reímos, arrancamos a tiras nuestras convenciones y nociones preconcebidas. Nos permitimos estar más abiertos y ser más capaces de respuesta al don del momento. Es precisamente en esos momentos en que dejamos caer nuestras cáscaras quebradizas cuando Dios danza en nuestras vidas, transformando y renovando nuestro ser mismo.

¿Qué es lo que me hace sentirme más contento? ¿Cuándo fue la última vez que me reí en alto?

HOY ENCONTRARÉ ALGO DE QUE REÍRME, INCLUSO SI ES DE MIS PROPIAS EXTRAVAGANCIAS.

SAN RAIMUNDO DE PEÑAFORT
1175-1275

Somos bombardeados a diario por anuncios que proclaman las virtudes de la juventud. Desde la televisión a los periódicos y las revistas, la industria publicitaria quisiera hacernos creer que una vez que pasamos de los veinticinco, la vida es un constante declive. Se nos dice, de modos sutiles y no tan sutiles, que deberíamos hacer todo lo posible para negar el proceso de envejecimiento, pues sólo los jóvenes viven vidas gratificadas y que merecen la pena vivir.

San Raimundo de Peñafort vivió en un tiempo en que la expectativa de vida se hallaba alrededor de los treinta y tantos años. Cuando se hizo dominico a los cuarenta y siete, indudablemente pensaría que su vida estaba virtualmente acabada. Poco sabía que a los sesenta se convertiría en arzobispo de Tarragona, y, a los sesenta y tres, en el tercer maestre general de la Orden Dominica. Cuando se retiró a los sesenta y cinco, aún tuvo treinta y cuatro años más que vivir. Falleció cuando contaba cien años de edad.

Aunque no podamos pensar en vivir tanto como San Raimundo, podemos confiar en vivir tantos días como nos han sido divinamente otorgados. Como dice el salmista: «En Tu libro estaban todos escritos, los días ordenados para mí cuando aún no existía ninguno de ellos.»

¿Cómo me siento cuando advierto una arruga o un cabello gris? ¿Me preocupa decir mi edad a la gente?

LA EDAD ES SÓLO UN ESTADO DE LA MENTE. NO ESTOY VOLVIÉNDOME VIEJO. ESTOY VOLVIÉNDOME MEJOR.

SAN TORFINO
1285

Lo más cerca que estuvo de la fama San Torfino, un obispo noruego, fue cuando se puso del lado del arzobispo de Noruega en una disputa contra el rey Enrique, y fue desterrado subsiguientemente. Acabó en una abadía cisterciense de Flandes, donde falleció y fue rápidamente olvidado.

Más de cincuenta años después, mientras se hacían unas obras de construcción, su tumba fue abierta y se dice que sus restos desprendieron un agradable aroma. Un anciano monje que recordaba la virtud de Torfino había escrito un poema acerca de él que aún pendía de la tumba. Estos acontecimientos fueron tomados por el abad como señales de que Torfino debía ser recordado. Y así lo ha sido, por más de setecientos años.

La mayoría de nosotros llevará vidas ordinarias. Cuidaremos de nuestra familia, haremos nuestro trabajo y seremos ciudadanos ordinarios cumplidores de la ley. No parece mucho, pero en el esquema celestial de las cosas es más que suficiente.

Dios no dice que hemos de realizar actos poderosos para ir al cielo. Simplemente hemos de hacer aquello que somos llamados a hacer, por insignificante que pudiera parecer. San Torfino llevó una vida muy normal, pero suficiente para asegurarle un lugar en el cielo. Por rutinarias que puedan parecernos nuestras vidas, es precisamente en la forja de lo ordinario donde se modela la plata de la vida eterna.

¿Qué parte de mi vida es la más rutinaria? Si pienso en mi vida como normal más que como ordinaria, ¿en qué cambia eso mis sentimientos?

———————————

HOY DOY GRACIAS A DIOS POR TODO LO ORDINARIO DE MI VIDA.

SAN ADRIANO
710

Se necesita mucho conocimiento sobre uno mismo y mucha confianza en uno mismo para dar la espalda a una posición de prestigio. Cuando consideramos el honor y la gloria, estamos inclinados a decir que sí demasiado ávidamente. Si entonces nos encontramos superados por la situación, podemos empezar a lamentar nuestra decisión.

San Adriano no cayó en esa trampa. Aunque el papa Vitaliano quiso nombrarlo arzobispo de Canterbury, él declinó, conviniendo en cambio en ser el asistente y consejero del hombre que recomendó: San Teodoro. A su vez, Teodoro hizo a Adriano abad de Canterbury, donde instruyó a estudiantes de todas las Islas Británicas en las lenguas clásicas y la virtud.

Aunque San Adriano probablemente habría sido un arzobispo perfectamente bueno, encontró su éxito como instructor. Se dice que «iluminó» Inglaterra tanto por su doctrina como por su ejemplo. Si hubiese escogido el prestigioso sendero del arzobispado, ¿cuántas vidas no habrían sido más pobres?

Conocer nuestros puntos fuertes así como nuestras debilidades nos permite hacer elecciones que son las mejores no sólo para nuestro crecimiento espiritual, sino también para el crecimiento de quienes nos rodean. Nunca podremos estar seguros, pero quizá Teodoro nunca se habría convertido en santo si no hubiese sido nombrado arzobispo. Quizá Adriano mismo no se habría convertido en santo si hubiese sido arzobispo.

Si alguien me pide que cuente mis características, ¿estoy más inclinado a considerar mis debilidades en vez de mis capacidades?

HOY BUSCO LA SABIDURÍA DE CONOCERME A MÍ MISMO, TANTO MIS PUNTOS FUERTES COMO MIS DEBILIDADES.

SAN PEDRO ORSEOLO
928-987

¿Os habéis imaginado alguna vez lo que es huir de casa? San Pedro Orseolo hizo algo más que preguntárselo. En la noche del 1 de septiembre del 978, Orseolo, que era el duce de Venecia, dejó su mujer de treinta y dos años y su único hijo para entrar en una abadía benedictina de la frontera entre Francia y España. Durante mucho tiempo su familia no tuvo ni idea de dónde se hallaba.

Escapar del hogar no hizo de Pedro Orseolo un santo (lo hicieron su vida de ascetismo y oración), pero su deseo de escapar es algo con lo que podemos indetificarnos muchos. A veces la presión del trabajo y de la familia se vuelven tan abrumadores que sentimos como si nuestros espíritus estuviesen siendo machacados. Entonces es el momento de hacer un retiro.

Un retiro es un tiempo arrebatado a la rutina ordinaria para reflexionar, orar y contemplar. Incluso si no tenemos tiempo para un retiro extenso, todos tenemos tiempo para un minirretiro.

Procura un bloque de tiempo; bastará con un par de horas. Hallad un lugar tranquilo donde podáis estar solos. Llevad con vosotros algunos objetos capaces de alimentar el alma, como una vela, una flor, o un libro favorito. Cerrad la puerta y dejad al otro lado las preocupaciones del día. No es éste un tiempo para «hacer». Es un tiempo para «ser». Agradeced a Dios las bendiciones de vuestra vida y luego descansad en silencio.

¿Cómo me siento cuando me tomo un tiempo para mí mismo? Si pudiera salir corriendo, ¿adónde iría?

ME TOMARÉ HOY UN TIEMPO PARA ALIMENTAR MI ALMA CON LA BELLEZA Y EL SILENCIO.

SAN TEODOSIO EL CENOBIARCA

423-529

Robert Burns escribió: «Los planes mejor trazados de ratones y hombres/Se quedan en nada.» Eso era tan cierto en tiempos de San Teodosio como lo es hoy en día.

En el siglo sexto el emperador Anastasio sostenía puntos de vistas heréticos acerca de la naturaleza de Cristo. Tras tratar sin éxito de poner a Teodosio de su parte, el emperador concibió el proyecto de enviar a Teodosio una gran suma de dinero, aparentemente por motivos de caridad pero en realidad a modo de soborno. El emperador creyó que el dinero tendría éxito donde otras persuasiones habían fallado. Desgraciadamente para Anastasio, Teodosio distribuyó el dinero a los pobres al tiempo que mantenía su firme postura frente a la herejía.

A veces actuamos con frecuencia igual que el emperador. Deseamos tanto algo que inventamos un plan aparentemente infalible para salirnos con la nuestra. Entonces, cuando nuestros planes «Se quedan en nada», nos preguntamos por qué. El problema está en el motivo. El motivo de Anastasio para hacer una contribución caritativa no era el de ayudar a los pobres; era vencer a Teodosio. El emperador simulaba estar haciendo una buena obra, cuando, de hecho, estaba siendo deshonesto.

Cuando nuestros motivos son desleales, podemos acabar como Anastasio: frustrados del todo. Somos algo más que nuestras acciones. También somos nuestros corazones. Dado que Dios mira nuestros motivos tanto como nuestras acciones, sólo cuando actuamos honradamente, sin manipulación o engaño, pueden ser bendecidos nuestros planes y acciones.

¿Trato alguna vez de manipular a otros para que se comporten del modo en que quiero que lo hagan? ¿Me engaño alguna vez a mí mismo sobre mis motivos?

LA PRÓXIMA VEZ QUE QUIERA QUE ALGUIEN HAGA ALGO POR MÍ, EXAMINARÉ MIS MOTIVOS.

SANTA MARGARITA BOURGEOYS

1620-1700

Hay algo muy terapéutico en la limpieza. Conforme os deshacéis de la espuma del jabón que se acumula en la ducha, casi podéis sentir que algo de la espuma mental que se acumula en vuestra alma es también eliminada.

Para Santa Margarita Bourgeoys, fundadora de las primeras hermanas de enseñanza no claustrales de Canadá, limpiar y mantener la casa fueron siempre parte esencial de su vida. Tras haber muerto su madre cuando era niña, se hizo cargo de las tareas domésticas del hogar. Posteriormente no sólo hizo de ama de casa ella misma, sino que enseñó a las jóvenes muchachas enviadas desde Francia para ser novias de los colonos franco canadienses cómo cuidar de sus propias casas. Incluso después de haber establecido su escuela para niñas, continuó instruyendo a las futuras novias.

Limpiar nuestras moradas externas proporciona una valiosa lección para limpiar igualmente nuestros hogares espirituales. Cuán a menudo no dejamos que las telarañas de la duda y el temor atesten los rincones de nuestro corazón. Cuán frecuentemente no dejamos que la culpa y el pesar se acumulen en los roperos de nuestra mente. Igual que es necesario dar a nuestras casas una limpieza de primavera, es necesario limpiar periódicamente nuestras almas.

Santa Margarita Bourgeoys podría haber delegado la responsabilidad de enseñar a las jóvenes las tareas del ama de casa, pero comprendió que la limpieza le enseña al corazón una lección tan importante como lo es para las manos.

¿Qué áreas de mi vida espiritual o emocional necesitan una limpieza? ¿Qué cajón mental gastado puedo empezar a reparar?

HAGO DE LA LIMPIEZA MENTAL Y ESPIRITUAL UNA PARTE HABITUAL DE MI VIDA.

SAN HILARIO DE POITIERS

¿315?-368

San Hilario de Poitiers se opuso fuertemente a un grupo de cristianos que negaban la divinidad de Cristo pero que disfrutaban de un gran favor político. Brillante teólogo, resistió las convenciones de su tiempo para apoyar sus creencias. Cuando el emperador Constantino ordenó a todos los obispos que firmaran una condena de San Atanasio, el gran defensor de la fe, Hilario rehusó. Fue desterrado a Frigia, pero continuó defendiendo su postura con tal vigor que finalmente se le permitió volver a Francia.

San Hilario nunca dejó de exponer sus creencias, incluso si eso lo llevó al exilio, e incluso al exilio de su exilio. Cuando dejamos de defender nuestra fe, estamos, de hecho, negándola. Si se nos pide, como a San Hilario, que apoyemos algo en lo que no creemos, nuestro rechazo no tiene por qué ser descortés. Podemos ser educados y afirmar civilizadamente nuestro punto de vista. Pero es tanto nuestro derecho como nuestro deber disentir cuando se nos fuerza a una posición en la que nos sentimos incómodos espiritualmente.

¿Cómo reacciono cuando se me pide que apoye algo en lo que no creo? ¿Estoy dispuesto a salir en defensa de mis creencias, incluso cuando son impopulares?

HOY SÓLO HABLARÉ LA VERDAD.

SAN SAVA
1174-1237

Si San Sava, santo patrono de Serbia, fuera a escribir su resumen, podría tener el siguiente aspecto:

Estableció numerosos monasterios, incluyendo uno en Khilandari.

Restauró el vigor religioso al pueblo de Serbia.

Tradujo libros a la lengua serbia.

Coronó a su hemano, Esteban II, como rey.

No es una mala lista de logros, pero más aún que por sus actos, San Sava es recordado por su gentileza. Se dice que cuando preparaba a los monjes jóvenes, erraba más por el lado de la indulgencia que por el de la severidad, sin embargo era igualmente bien conocido por su efectividad.

Cuando tratamos de corregir nuestros propios malos actos, podemos volvernos supervisores severos, intimidándonos y riñéndonos a nosotros mismos por nuestros fallos. Por ejemplo, un solo día perdido de ejercicio puede convertirse en una ofensa capital. ¿Cómo pude ser tan vago? Nos quejamos y lamentamos por carecer de disciplina con nosotros mismos.

La próxima vez que quieras seguir un programa de automejoramiento, sigue el ejemplo de San Sava y sus monjes. Sé gentil contigo mismo. En vez de criticar todo fracaso, celebra todo éxito. En vez de ser severo y exigente, sé indulgente y perdonador. En vez de odiar tu inadecuación, ámate hasta la mejora.

¿Qué área de mi vida me gustaría más cambiar? ¿Cuándo soy más severo conmigo mismo?

ME PERDONARÉ A MÍ MISMO POR LAS VECES EN QUE HE SIDO DEMASIADO SEVERO CONMIGO MISMO.

SANTA ITA

570

¿Cuál fue tu profesor favorito? Quizá fue tu profesor de básica quien te enseñó a leer e introdujo en ti el amor a los libros. O tu abuela, que te enseñó cómo hacer un pastel o una costura recta. O un mentor que te enseñó a sobrevivir los rigores de tu primer trabajo.

Cualquiera lo bastante afortunado como para haber sido influenciado profundamente por un profesor, tiene una gran deuda de gratitud. Los profesores hacen algo más que instruir; cambian vidas. Nos ayudan a ver el mundo de un modo nuevo. Y sobre todo, nos ayudan a vernos a nosotros mismos y a nuestro potencial de modos que quizá nunca hubiéramos visto sin ellos.

Santa Ita vivió en Irlanda en el siglo sexto, en lo que ahora es el condado de Limerick. Entre sus otras empresas, fundó una escuela para chicos. Allí, durante cinco años, enseñó a un joven rapaz llamado Brendan. Él, a su vez, creció y se hizo famoso por derecho propio como abad, misionero y santo. En las biografías de Brendan, Santa Ita es citada como una de las principales influencias a comienzos de su vida.

Uno de los mayores dones que podemos dar a quienes nos han enseñado es nuestro agradecimiento.

¿En qué consiste un buen profesor? ¿He dado alguna vez las gracias a la gente que me ha enseñado bien?

ME SIENTO AGRADECIDO POR TODO LO QUE ESTOY APRENDIENDO
Y AGRADECIDO A TODOS LOS QUE ME ESTÁN ENSEÑANDO.

SAN HONORATO

429

San Honorato y su hermano Venancio procedían de una noble familia romana que vivía en la región ahora conocida como Francia. Tras su conversión al cristianismo, quisieron retirarse del mundo, pero su padre puso constantes obstáculos en su camino.

¿Acaso no nos pasa eso a menudo? Cuando creemos que es el momento de concentrarnos en nuestro crecimiento y desarrollo espiritual, el sendero puede de repente llenarse de obstáculos. Decidimos levantarnos temprano para emplear un tiempo en la reflexión y la oración, pero el despertador falla y dormimos más de la cuenta. Planeamos donar una tarde a una causa caritativa, pero los niños enferman y hemos de permanecer en casa. Nos preparamos para ir a la iglesia y la batería del coche fenece.

Si nos irritamos con los obstáculos que inevitablemente habrán de presentarse, nos hacemos a nosotros mismos un doble mal servicio. En primer lugar, dejamos que los obstáculos nos distraigan de nuestras buenas intenciones. En segundo lugar, concentrándonos en los obstáculos en vez de construir nuestra relación con Dios, realmente retrocedemos en vez de adelantar en nuestro desarrollo espiritual.

San Honorato persistió en su deseo de santidad. Le llevó tiempo, pero finalmente tuvo éxito, e incluso fundó un monasterio famoso por la caridad y devoción de sus miembros. Cuando tomamos la decisión de intentar acercarnos a la santidad, estamos mucho mejor preparados para hacer el viaje si nos percatamos desde el principio de que la carretera puede estar bacheada.

¿Considero los obstáculos como desafíos o piedras en el camino? ¿Qué se interpone hoy en día en mi camino hacia la santidad?

SI NO SOY CAPAZ DE VENCER LOS OBSTÁCULOS EN MI BÚSQUEDA DE LA SANTIDAD, ORARÉ PARA SORTEARLOS.

SAN ANTONIO ABAD

251-356

Imaginad por un momento lo que sería que la persona más famosa de vuestro tiempo os escribiera directamente a vosotros, pidiendo vuestro consejo y sugerencias.

Los monjes del siglo cuarto que vivieron bajo el gobierno de San Antonio Abad en el desierto egipcio quedaron indudablemente pasmados cuando una carta con el sello del emperador llegó a su monasterio. La carta de Constantino el Grande y sus hijos pedía al abad Antonio sus plegarias. Mientras los monjes se maravillaban, Antonio les dijo: «No os asombréis de que el emperador, hombre como yo, nos escriba, asombraos más bien de que Dios nos haya escrito, y de que nos haya hablado por medio de Su Hijo.» No obstante, Antonio aparentemente se sorprendió un poco, pues dijo que no sabía cómo responder, y sólo tras haber sido azuzado por sus monjes se decidió finalmente a responder.

El desconcierto de Antonio es comprensible. Cuando se nos pide que hagamos algo por alguien de éxito (incluso si no es un emperador) a menudo nos sentimos inadecuados. Sin embargo, lo que se pedía de Antonio es algo que todos podemos dar: nuestras plegarias. Cuando oramos por otro, reconocemos nuestra dependencia mútua de Dios. Como dice John Donne, «ningún hombre es una isla, capaz de todo por sí mismo». Todos tenemos necesidad de Dios... y unos de los otros.

¿Cómo me siento cuando la gente me pide que ore por ella? ¿Cómo me siento cuando pido a alguien que ore por mí?

ME SIENTO AGRADECIDO DE QUE SE ME CONCEDA LA OPORTUNIDAD DE ORAR POR OTROS.

PRISCA

SIGLO PRIMERO

San Pablo encontró por vez primera a Prisca, y a su esposo Aquila, en el mercado de Corinto, donde fue a buscar trabajo de fabricante de tiendas. Pronto, sin embargo, Pablo supo que compartía con la pareja algo más que sus talentos profesionales. Los tres eran miembros de la nueva religión radical llamada cristianismo. Prisca y Aquila habían sido echados de Roma por un edicto de Claudio que expulsaba de la ciudad a todos los judíos. A lo largo de los siguientes años, viajaron y oraron con Pablo, viviendo por un tiempo en Éfeso y retornando finalmente a Roma.

No sabemos mucho más acerca de Prisca, pero sí esto: era ella misma. Aunque las mujeres que vivieron en el Imperio Romano del siglo primero disfrutaron de algo más de libertad que en otras culturas, no dejaba de ser un mundo dominado por los hombres. Pablo mismo encajaba cómodamente en ese mundo. No obstante, había en Prisca algo que impresionó tanto a Pablo que puso su nombre antes que el de su marido cuando escribió su carta a los Romanos.

Un signo de madurez es saber quién somos. No necesitamos probar nada a nadie. Podemos ser nosotros mismos.

Prisca podría haberse desvanecido a la sombra de su marido, pero tenía la suficiente confianza en su propia valía como para ser capaz de establecer una identidad independiente. Si confiamos en volvernos plenamente maduros, necesitamos hacer lo mismo.

¿Me pongo por los suelos? ¿Dejo que otra gente me ponga por los suelos?

SÉ QUE SOY UNA PERSONA VALIOSA.

SAN WULSTAN
1095

¿Cuál es el propósito de la oración? Muy a menudo pensamos que es hacer que Dios cambie lo que piensa, cuando, de hecho, el proposito real de la oración es cambiarnos nosotros.

No hace demasiados años, era costumbre que los hombres saludasen con su sombrero al pasar por delante de una iglesia. San Wulstan, obispo de Worcester en el siglo once, fue un paso más allá: se dice que nunca pasaba por delante de una igleisa sin detenerse a orar ante el altar.

Hoy en día, no sería posible entrar y orar en toda iglesia que vemos, pero ¿qué pasaría si, aunque fuera por un día, dijéramos una oración rápida cada vez que viéramos una iglesia, un templo o una sinagoga? Incluso si la oración fuera tan simple como «Dios, cuida de quienes te adoran aquí», eso nos cambiaría, pues nos recordaría que cualesquiera que fueran las diferencias que pudiéramos tener en doctrina o dogma, tenemos una cosa en común: Dios.

Dios es el creador de todo. Negro o blanco, rico o pobre, hombre o mujer, somos todos hijos del mismo Dios. Cuando aceptamos nuestro parentesco común, vemos un hermano o hermana en toda persona con que nos encontramos. Cuando vemos a toda la humanidad como nuestra familia, podemos verdaderamente empezar a ver a Dios como nuestro padre.

¿A quién considero mis hermanos y hermanas?

HOY DIRÉ UNA CORTA PLEGARIA CADA VEZ QUE VEA UN LUGAR DE ADORACIÓN.

SAN FABIÁN

250

¿Alguna vez os habéis sentido tocados por Dios? Ahí estamos nosotros, viviendo nuestra vida ordinaria, cuando de repente Dios nos llama, y nada es en adelante lo mismo otra vez.

San Fabián fue un granjero romano que llegó a la ciudad justo cuando se estaba eligiendo un nuevo papa. Según la historia, una paloma apareció de repente y se posó sobre su cabeza, convenciendo a todos de que Fabián debería ser el nuevo papa. Fue elegido adecuadamente, y sirvió unos quince años antes de ser martirizado durante la persecución del emperador Decio.

No podemos evitar preguntarnos qué dijo Fabián a su familia. «¡No adivinaríais nunca lo que me sucedió! ¡Estaba atento a mis propias cosas cuando un pájaro se sentó en mi cabeza, y ahora soy papa!» Aunque es improbable que sucesos tan espectaculares (y desacostumbrados) nos ocurran a cualquiera de nosotros, Dios toca todos los días a cada uno de nosotros. El toque es a menudo tan sutil como un sentimiento cálido que nos recorre de repente o un inesperado brote de gozo en nuestra alma.

¿Cómo reconocemos el toque de Dios? Cuando nos sentimos especialmente vivos, especialmente conectados con todas las criaturas vivientes, podemos estar seguros de que Dios se nos está acercando.

¿Cuándo fue la última vez que sentí el toque de Dios? ¿Qué estaba haciendo entonces?

BUSCARÉ HOY EL TOQUE AMOROSO DE DIOS EN MI VIDA.

SANTA AGNES
304

Si tuvieras que hablar públicamente acerca de tus convicciones, ¿sabrías qué decir? ¿Serías capaz de discutir tus creencias espirituales sin apuro? Aparentemente, Santa Agnes, una muchacha romana del siglo tercero, podía.

Aunque virtualmente todos los detalles de su vida están envueltos en la leyenda, sabemos que era muy joven —no tenía más de doce o trece años— cuando fue arrestada y ejecutada por el crimen de ser cristiana.

En nuestros días, prácticamente todo asunto imaginable (y unos pocos inimaginables) son discutidos libremente en los programas nocturnos de la televisión. Conocemos los detalles más íntimos de la vida privada de extraños, sin embargo, a menudo nos mostramos reticentes a discutir los misterios de la vida y de la muerte incluso con nuestros amigos más íntimos y los miembros de nuestra familia. Tristemente, también ellos se muestran reticentes a discutir con nosotros estos asuntos.

Aunque no necesitamos volvernos tan monocordes sobre nuestra espiritualidad que la gente tienda a evitarnos en las fiestas, tampoco deberíamos avergonzarnos por permitir que la gente sepa lo que creemos. En su lugar, deberíamos esforzarnos por integrar nuestras vidas espiritual y física de tal modo que la gente de nuestro alrededor se sienta a gusto hablando con nosotros acerca de nuestras creencias. Siendo abiertos, sin forzar nuestras convicciones sobre otra persona, pero tampoco ocultándolas, no sólo vivimos honradamente, sino que damos a otros el valor de vivir horada-mente.

¿En qué modo afecta mi vida espiritual a mis relaciones? ¿Qué puedo hacer para integrar plenamente mis vidas espiritual y física?

ESTOY DISPUESTO A HABLAR SOBRE MIS CREENCIAS ESPIRITUALES CUANDO ALGUIEN ME PREGUNTA ACERCA DE ELLAS.

SAN VICENTE
304

Hay muchas personas que llevan notablemente bien los tiempos de crisis. Conservan su cabeza clara y racional, pero se desmoronan en cuanto que la crisis ha pasado.

Según los relatos que tenemos de su martirio, San Vicente, diácono que vivió en Valencia, España, se mantuvo muy bien en verdad bajo las torturas concebidas por el gobernador Daciano. Sobrevivió a ser azotado, despellejado, asado a la parrilla y estirado en el potro. Cuando finalmente Daciano se rindió y permitió a los amigos de Vicente que le colocaran sobre un lecho blando, murió tan pronto como fue depositado sobre él.

A veces nos estimula tanto la adversidad, que no sabemos qué hacer con una bendición. Es casi como si no supiéramos cómo reaccionar cuando el favor de Dios recae sobre nosotros. Un motivo para que peleemos más con la bendición que con la tribulación es nuestro propio sentido de indignidad. Cuando quedamos cara a cara con la bondad divina, vemos nuestros propios fallos y defectos. Reconocemos que no hemos hecho nada para merecer el amor de Dios y nos sentimos indignos.

Dios nos asegura que no necesitamos merecer el amor. Es nuestro desde el principio de los tiempos. «En esto está el amor, no en que nosotros amáramos a Dios, sino en que Él nos amó...», escribe S. Juan. Cuando San Vicente soportó las torturas sin quejarse, demostró amor a Dios. Cuando finalmente se le permitió morir cómodamente, Dios demostró amor por Vicente.

¿En qué modo, el saber que soy amado por Dios cambia lo que pienso de mí mismo?

HOY RECORDARÉ CUÁNTO ME AMA DIOS.

SAN JUAN EL LIMOSNERO

619

«Que el sol no se ponga en tu ira», escribe San Pablo en su Carta a los Efesios. Es un buen consejo, pero difícil de seguir. Cuando nos sentimos airados, solemos ponernos también muy fanáticos. Estamos convencidos de que nuestra postura es absolutamente correcta, y la última cosa que deseamos hacer es plegar velas.

Como patriarca de Alejandría, San Juan el Limosnero fue un incansable campeón de los pobres y oprimidos. Cuando el gobernador propuso un nuevo impuesto, San Juan habló en favor de los pobres. El gobernador, sintiéndose indudablemente amenazado e insultado, estalló de enojo. Esa noche, San Juan le envió un mensaje, recordándole que «el sol va a ponerse». El gobernador, y esto ha de decirse en su honor, captó la indicación y pidió disculpas.

Cuánto más sencillo habría sido, de entrada, que el gobernador hubiese controlado su mal genio. Cuánto más fáciles serían nuestras vidas si controlásemos nuestro mal genio. Cuando hablamos airados, a menudo decimos cosas que posteriormente lamentamos. Una vez que una palabra abandona nuestros labios, sin embargo, no podemos engullirla de nuevo, por mucho que lo intentemos.

La próxima vez que te sientas airado, en vez de contar hasta diez y luego explotar, tratar de pedir disculpas diez veces mentalmente. Puedes descubrir que es mucho más fácil no estallar que tener que decir más tarde que lo sientes.

¿Cuál es mi primera reacción cuando me encolerizo? ¿Sustituyo alguna vez la ira por otras emociones, como el apuro o el temor?

HOY TRATARÉ DE VIVIR EN ARMONÍA CON TODOS AQUELLOS A QUIENES ENCUENTRE.

SAN FRANCISCO DE SALES
1567-1622

Recientemente un estudio reveló que, contrariamente a la creencia común, muchos ricos son en verdad felices. «El dinero *puede* comprar la felicidad», decían los provocadores titulares.

Bueno, sí y no. El estudio no afirmaba que la riqueza fuera la clave de la felicidad. Meramente decía que ser rico no era una barrera para la felicidad.

San Francisco de Sales observó la misma verdad hace más de quinientos años. «Hay una diferencia entre tener venenos y estar envenenado», escribió en su famoso clásico espiritual *Introducción a la vida devota*. San Francisco señaló que los farmacéuticos tienen a mano todo tipo de productos venenosos, pero no están envenenados ellos mismos porque esos productos se hallan en sus tiendas, no en sus cuerpos. Del mismo modo, mientras la riqueza se halle en nuestros monederos y en nuestras casas y no en nuestros corazones, no podrá corrompernos.

Todo esto es más fácil de decir que de hacer. Uno de los peligros de las posesiones es lo rápida y fácilmente que pueden poseernos. Todos hemos oído hablar de personas que guardan todo regalo de Navidad y cumpleaños porque «es demasiado bonito para usarlo». Los regalos languidecen en cajones y armarios hasta que un día acaban en una subasta o entregados a la caridad.

Las cosas de esta vida están para que las apreciemos, no para que las agarremos tan fuertemente que nuestros dedos se entumezcan. Es sólo cuando usamos nuestras posesiones para nuestro bien y el de los demás cuando contribuirán a nuestra felicidad más que perjudicarla.

¿Qué estás guardando que podrías estar disfrutando? ¿Por qué estás guardándolo?

HOY DISFRUTARÉ DE UNA COSA QUE HE ESTADO GUARDANDO PARA UNA OCASIÓN ESPECIAL.

SAN PABLO
SIGLO PRIMERO

Nada se iguala al celo de un recién convertido, sea alguien que acaba de dejar el tabaco, alguien que ha descubierto los beneficios del ejercicio o alguien que ha experimentado una conversión religiosa. La mayoría de las veces, sin embargo, el celo se agota. El primer impulso de entusiasmo es reemplazado por una aceptación mundana.

Cuando encontramos a alguien que se las arregla para mantener vivo el brío, somos atraídos automáticamente. Su entusiasmo y excitación es contagioso y, a veces, si tenemos suerte, su *joie de vivre* vuelve a encender el nuestro.

Saulo, nombre que tenía San Pablo antes de hacerse cristiano, siempre era celoso. Estaba tan determinado a perseguir a los judíos convertidos a la nueva religión que pidió permiso al sumo sacerdote para arrestar a todos los judíos conversos de Damasco y llevarlos a Jerusalén.

Fue en camino a Damasco donde Saulo tuvo una de las más grandes conversiones de todos los tiempos. Golpeado hasta caer al suelo, escuchó una voz que le preguntaba: «Saulo, Saulo, ¿por qué me persigues?» El que habló se identificó entonces como Jesús de Nazareth. Saulo, pronto Pablo, tuvo un cambio completo de corazón. Desde ese momento en adelante, el celo que mostró en perseguir conversos palideció en comparación con su celo por hacer conversos. Lo más impresionante es que su celo nunca murió. Hasta el momento de su muerte, predicó apasionadamente sus convicciones. De hecho, su celo ha recorrido casi dos mil años y sus cartas continúan inspirando y convirtiendo a millones incluso hoy en día.

¿En qué áreas de mi vida necesito tener una experiencia de conversión?

HOY ME APARTARÉ DE ESAS COSAS QUE ME IMPIDEN CELEBRAR LA VIDA, Y ME REGOCIJARÉ EN TODAS MIS BENDICIONES.

SAN TIMOTEO
SIGLO PRIMERO

Una de las primeras cosas que hacen los padres cuando ven a su recién nacido es tratar de concebir a quién se parece el bebé. Aunque sea excitante descubrir que el bebé tiene los ojos del abuelo o los hoyuelos de su papá, las características físicas son literalmente no más profundas que la piel. Las características importantes (las que conforman la personalidad) tardan tiempo en desarrollarse. ¿Será el niño de fiar? ¿Será el niño paciente? Más importante todavía, ¿tendrá el niño fe en Dios?

La madre de San Timoteo, Eunice, y su abuela, Luisa, eran mujeres de gran fe. Indudablemente estuvieron encantadas cuando, incluso de zagal, Timoteo mostró interés por las Escrituras. Más tarde, cuando se hizo uno de los discípulos y mejores amigos de San Pablo, deben de haber sentido el orgullo de que su propia fe profunda había sido pasada a él.

Recientemente ha vuelto a la escena la idea de que la virtud puede ser enseñada. Sin embargo, virtudes como la honradez, la bondad y el valor no pueden meramente ser enseñadas; deben también ser vividas.

El viejo adagio «muestra, no digas» se aplica también a la vida. Podemos hablar a nuestros hijos acerca de las virtudes, pero para que se hagan una realidad en sus vidas, deben primero convertirse en una realidad en las nuestras.

¿Qué legado estamos dejando a nuestras familias? ¿Qué valores estamos pasando a nuestros hijos?

ESCOJO UNA VIRTUD PARA HACERLA REALIDAD EN MI VIDA.

SANTA ÁNGELA MERICI

1470-1540

Santa Ángela Merici fundó la primera orden educadora de mujeres de la Iglesia: las Ursulinas. Podríamos pensar que tenía derecho a que su orden fuera llamada según su nombre. Pero Ángela colocó a las jóvenes que se unieron a ella bajo el patronazgo espiritual de Santa Úrsula. De aquí que la orden de Ángela porte el nombre de su santa patrona.

Un patrón es un benefactor o protector. Un santo patrón es un benefactor o protector *celestial*. Hay santos patrones para virtualmente toda ocupación, profesión, país y condición médica o social, desde los dolores abdominales (Erasmo) hasta el Zaire (María, la Inmaculada Concepción). A menudo, durante el bautismo o la confirmación se da a un individuo el nombre de alguien que ha de ser su santo patrón personal. Otros escogen sus propios santos patrones en algún significativo punto de sus vidas. Cada uno de los santos de este libro puede servir como amigo personal y santo patrón individual.

Los santos patrones pueden ser guías sabios y de fiar en nuestro viaje espiritual. Aunque no obren magia, siempre están dispuestos a responder cuando pedimos su ayuda. Debemos, sin embargo, estar dispuestos a escuchar y aguardar atentamente su respuesta. Podría no siempre venir en el tiempo y lugar que esperamos, pero si lo que hemos pedido se halla en la voluntad de Dios, podemos confiar en que nuestros santos patrones trabajarán incansablemente en nuestro favor. A través de su amistad podemos crecer en fe. A través del ejemplo de sus vidas, podemos crecer en amor.

¿Tengo un santo patrón? Si no es así, ¿a quién quisiera escoger como mi patrón?

ME COLOCO A MÍ MISMO BAJO LA PROTECCIÓN DE MI SANTO PATRÓN, CONFIADO EN QUE ÉL O ELLA ME GUIARÁ Y GUARDARÁ.

SANTO TOMÁS DE AQUINO

1225-1274

Cuando los dominicos dan la lista de sus miembros más famosos, Santo Tomás de Aquino casi siempre está de los primeros. Llamado el «Buey mudo» por sus compañeros de clase, Santo Tomás escribió la *Summa Theologica*, una de las más grandes obras teológicas.

Pero si su madre se hubiese salido con la suya, Tomás habría sido un benedictino en vez de un dominico. Tomás pasó la mayor parte de su juventud en la abadía benedictina de Montecassino. No fue sino hasta que estudió en la Universidad de Nápoles cuando se relacionó con la Orden de Predicadores y finalmente se unió a su compañía.

Teodora, que había tenido visiones de su hijo volviéndose abad de Montecassino, se sintió agraviada. Intentó muchas argucias, incluyendo hacer que sus hermanos lo secuestraran y lo mantuvieran bajo arresto domiciliario durante dos años, para tratar de disuadirlo de permanecer con los dominicos. Al final, sin embargo, la resolución de Tomás venció.

A menudo pensamos en la resolución como los objetivos que nos establecemos el Día de Año Nuevo y que abandonamos el 2 de enero. Por el contrario, la virtud de la resolución reside más en la determinación valiente que en el empeño mental. Es un aferrarse a algo, una tenacidad. Sin resolución, no podemos convertir nuestros sueños en realidad. Con ella, es posible literalmente cualquier cosa en que pongamos nuestras mentes. Santo Tomás suele ser recordado por sus profundos escritos, pero sin su firme resolución, ninguna de sus grandes obras habría sido nunca posible.

¿Cómo reacciono cuando familia o amigos tratan de disuadirme de hacer algo que creo esencial a mi crecimiento espiritual?

EJERCIENDO LA VIRTUD DE LA RESOLUCIÓN, PUEDO LOGRAR LOS OBJETIVOS QUE ME PROPONGO.

SAN GILDAS EL SABIO

¿500?-570

Ser sabio no es lo mismo que ser listo. Una persona puede ser muy inteligente y seguir siendo necia. La sabiduría es algo más que el coeficiente intelectual o la educación. Es la capacidad de hacer juicios sensatos; de saber qué es lo mejor que hacer en una situación dada.

No sabemos demasiado acerca de San Gildas. Aparentemente escribió una obra famosa llamada *De excidio Britanniae* sobre problemas que existían en Bretaña, donde parece haber pasado los últimos años de su vida. Sabemos, sin embargo, que a través de los años el apodo de «sabio» ha sido unido a su nombre. Quizá Gildas fuera como el viejo apócrifo que se sienta en lo alto de la montaña dispensando palabras de sabiduría. Quizá fuera sólo un hombre de un sentido común poco común. En cualquier caso, San Gildas nos ha llegado como un ejemplo de hombre *sabio*.

Dios dijo al gran Rey Salomón, pide lo que quieras que te dé. En vez de riquezas u honor, Salomón pidió la sabiduría. Dios quedó encantado y concedió a Salomón su petición. Dios está igualmente encantado cuando nosotros pedimos sabiduría, pues al hacerlo así estamos pidiendo la capacidad de ver nuestras vidas a través de los ojos de Dios. Estamos pidiendo ser capaces de tomar decisiones que se hallan en armonía con la voluntad de Dios. Estamos, en esencia, pidiendo volvernos santos. Puesto que Dios desea nuestra santidad más que ninguna otra cosa, Él nunca dejará de lado nuestra petición de sabiduría.

Cuando tengo que tomar una importante decisión, ¿qué hago? ¿Cuál es la persona más sabia que conozco?

CREO QUE CUANDO PIDO A DIOS SABIDURÍA, ME SERÁ CONCEDIDA.

SANTA JACINTA MARISCOTTI

1585-1640

Cuando somos forzados a hacer algo que no queremos hacer, tenemos dos elecciones. Podemos resistirnos con toda nuestra fuerza, haciendo sentirse miserables a todos los que nos rodean y a nosotros mismos, o podemos graciosamente acceder y sacar el mejor partido de una situación desagradable.

Santa Jacinta Mariscotti hizo lo primero. Cuando su hermana menor se casó antes que ella, se volvió tan insufrible que su familia la encaminó a un convento franciscano. Allí causó un enorme pesar llevando una vida tan lujosa como pudo durante al menos diez años. No fue sino hasta que se puso gravemente enferma cuando finalmente cambió su modo de ser, volviéndose un modelo de caridad y autodisciplina.

Santa Jacinta muestra que nunca es demasiado tarde para cambiar. Tras una década, la mayoría de sus hermanas del convento probablemente se figurarían que era una causa perdida. Imaginad su sorpresa cuando los cambios que hizo fueron reales y duraderos.

Cambiar nunca es sencillo, pues requiere un intenso examen de uno mismo. Cuando miramos profundamente en nuestras almas, descubrimos a menudo cosas que no nos gustan: egoísmo, orgullo, arrogancia. Somos forzados a ver un lado de nuestra naturaleza que mejor quisiéramos pretender que no existe.

Reconocer nuestro lado oscuro es el primer paso necesario para el cambio. Una vez hecho eso, entonces, como Santa Jacinta, estamos listos para comenzar el proceso de reemplazar la oscuridad con la luz de la verdad, la esperanza y el amor.

¿Tengo miedo del cambio? ¿Qué pienso que sucedería si hiciera cambios radicales en mi vida? ¿Qué creo que pasaría si no los hiciera?

ME MIRO A MÍ MISMO SINCERAMENTE Y SIN GUÍA.

SAN JUAN BOSCO
1815-1888

Todos estamos familiarizados con los sueños que ocurren durante periodos de dormir profundo y descansado. Hay otro tipo de sueño: los sueños proféticos. A diferencia de los sueños experimentados durante el dormir, los sueños proféticos provienen de Dios, delineando el futuro y mostrándonos nuestras esperanzas, aspiraciones y metas.

San Juan Bosco fue un soñador profético. A la edad de nueve años tuvo una visión de María mostrándole su vocación como líder sacerdotal de los chicos pobres. A lo largo del resto de su vida fue guiado por sus sueños. De hecho, más tarde en la vida a veces discernía el estado de las almas de los chicos de sus escuelas a través de sueños. A menudo soñó en nuevos proyectos y obras misionales, y aunque rara vez tenía los fondos para ella, empezaba la obra, confiando en que Dios proveería.

Aunque nuestros sueños puedan no ser nunca tan proféticos como los de Don Bosco, todos los sueños vienen con un mensaje. Cuando prestamos atención a nuestros sueños, obtenemos un discernimiento en nuestros deseos y aspiraciones más profundos. Nuestros sueños pueden ayudarnos a concebir quién somos y lo que queremos. Nos permiten despertar a nuestro potencial y ayudarnos a determinar nuestra dirección en la vida. Lo único que tenemos que hacer es prestar atención.

¿Recuerdo mis sueños? ¿He tenido alguna vez un sueño que parecía ser particularmente profético? ¿Qué hice respecto a ese sueño?

PRESTARÉ ATENCIÓN A MIS SUEÑOS.

SANTA BRÍGIDA DE IRLANDA
c. 452-524

Santa Brígida de Irlanda nació a mitad del siglo quinto, en algún lugar cercano a Dundalk. Hija de un rey irlandés secundario y de una madre esclava, dedicó toda su vida a Dios, fundando finalmente en Killdara una famosa comunidad religiosa. Aunque se hayan desarrollado muchas leyendas alrededor de Brígida, una cosa es cierta: vivió una vida de servicio, sabiendo que había nacido para un estado superior.

Cada uno de nosotros vive con una dicotomía similar. Somos todos criaturas de esta tierra, enraizados en sus ritmos y luchas. Al mismo tiempo, fuimos creados para el cielo y sus glorias, que superan toda imaginación. Nuestros cuerpos están sometidos a las fragilidades de la existencia, pero nuestras almas están destinadas a la vida eterna.

Es sólo cuando recordamos que somos creados tanto con un cuerpo mortal como con un alma inmortal, que podemos vivir plena y creativamente. Olvidamos uno a expensas del otro. Si, por ejemplo, nos concentramos demasiado en las necesidades de nuestros cuerpos, descuidamos las necesidades de nuestras almas. Y a la inversa, si nos centramos enteramente en el alma, podemos perder de vista los requerimientos del cuerpo. Lo que se necesita es un equilibrio. A través del ejemplo de Santa Brígida, podemos aprender a cuidar de las tareas ordinarias de la vida, al tiempo que recordamos siempre que estamos destinados a cosas más grandes.

¿Cuánto tiempo empleo en cuidar de mis necesidades corporales?
¿Cuánto tiempo empleo en mis necesidades espirituales? ¿Cómo
conseguir un mejor equilibrio?

HOY ME TOMARÉ TIEMPO EN NUTRIR TANTO MI CUERPO COMO MI ALMA.

SANTA JUANA DE LESTONNAC

1640

Quien escribiera «Palos y piedras pueden romper mis huesos, pero las palabras nunca pueden herirme», nunca fue objeto de una mentira. El daño infligido por las palabras maliciosas puede ser tan doloroso y duradero como cualquier herida física.

Tras enviudar y criar cuatro hijos, Santa Juana de Lestonnac intentó varias formas de vida religiosa, fundando finalmente su propia comunidad religiosa. Todo fue bien hasta que una de sus monjas, Blanca Hervé, empezó una conspiración viciosa que dio como resultado su elección como superiora y la deposición de Santa Juana. Blanca maltrató entonces cruelmente a su anterior superiora. Santa Juana soportó sus pruebas con gran paciencia hasta que Blanca finalmente se arrepintió. Para entonces, sin embárgo, Santa Juana ya no deseaba ser repuesta como superiora y vivió sus restantes años en el retiro.

Tratar de combatir una sucia mentira es como combatir una quimera. Cuanto más fuertemente protestemos, mayor número de gente creerá la falsedad.

Cuando somos víctimas de una mentira, es útil recordar que las acciones hablan más alto que las palabras. En vez de tratar verbalmente de convencer a otros de nuestra inocencia, haríamos mejor, como Santa Juana, en demostrar nuestra integridad viviendo con dignidad, honradez y gracia. Aunque no podamos tener la garantía de que nuestros atormentadores se arrepentirán como lo hizo Blanca Hervé, podemos tener la seguridad de que no nos habremos rebajado hasta su nivel dignificando su difamación con nuestras protestas.

¿Conté alguna vez una mentira? ¿En qué manera puedo arrepentirme de aquellas ocasiones en que he dejado de decir toda la verdad?

SI NO PUEDO DECIR ALGO BUENO SOBRE ALGUIEN, NO DIRÉ NADA EN ABSOLUTO.

SAN BLAS

c. 316

A San Blas se le conoce más como el santo patrón de quienes padecen males de garganta. Obtuvo este honor porque se cuenta que curó a un niño que fue llevado a su presencia con una espina de pescado que se le había atravesado en la garganta. En ese día, en muchas iglesias católicas continúa celebrándose la bendición de las gargantas con velas en honor de San Blas.

Aunque sea apócrifa la historia de San Blas y la espina de pescado, es reconfortante pensar que los santos se interesan en aspectos mundanos de nuestra vida como los dolores de garganta. Pero no debería sorprender. El amor y el interés de los santos es un reflejo del propio amor y la propia preocupación de Dios.

Cuando nos damos cuenta de que toda nuestra vida está impregnada de amor, sentimos una enorme libertad. Empezamos a entender que incluso lo que parece una desgracia puede realmente ser una lección que nos acerque a la verdad. Esta compresión no sucede de la noche a la mañana, pero, a medida que evolucionamos, sentiremos la presencia del amor en cada aspecto de nuestra vida, a veces, incluso en nuestros dolores de garganta.

¿Cómo reacciono cuando me ocurren calamidades?
¿Puedo cambiar mi forma de pensar para encontrar lo positivo de todos los acontecimientos?

BUSCO EL AMOR EN TODOS LOS ASPECTOS DE MI VIDA

SAN JUAN DE BRITTO

1547-1693

El director de una empresa contrató en cierta ocasión a un experto para analizar la disposición de su oficina. Éste llegó y procedió a cambiarlo todo. Se desplazaron las mesas y se cambiaron los puestos de trabajo. Incluso se cambió el contenido de los cajones. Cuando el experto hubo terminado su tarea, la oficina estaba totalmente reorganizada.

Los cambios duraron aproximadamente una semana. Después, los empleados volvieron a poner las cosas como habían estado en un principio. El experto había fracasado al no tomar en cuenta factores como qué empleados eran zurdos, quiénes fumaban y quiénes no, y quiénes insistían en sentarse cerca de la ventana. La oficina reorganizada, aunque sobre el papel parecía maravillosa, no funcionó en la vida real.

A la inversa del experto moderno en eficacia, San Juan de Britto, misionero jesuita del siglo XVII, comprendió que los «expertos» que llegan para cambiar las cosas nunca tienen ninguna posibilidad de hacerlo. Poco después de llegar al sur de la India, se dio cuenta de que para enseñar a la gente tenía que convertirse en parte de su vida. Así pues, adoptó su manera de vestirse, su dieta y, hasta donde le fue posible, el estilo de vida de los habitantes de aquella región.

Aunque pocos de nosotros estamos llamados a ser misioneros, todos estamos llamados a ser testigos de la verdad. Sin embargo, aunque creamos –incluso en secreto– que estamos especialmente en posesión de la verdad, no podemos librarnos de que se nos mire con desdén y de hacer el ridículo. Sólo cuando estamos dispuestos, como San Juan de Britto, a ser suficientemente humildes para reconocer que todos somos peregrinos de un mismo viaje, nuestras vidas tendrán un efecto duradero.

¿Qué puedo hacer hoy paras mostrar mi amor a mis amigos y vecinos?

HOY FLORECERÉ ALLÍ DONDE ESTÉ PLANTADO

SANTA ÁGATA
c. 251

La vida de Santa Ágata se halla envuelta en el misterio y la leyenda. Como muchas otras vírgenes mártires, se dice que mantuvo su castidad pese a numerosas torturas. Finalmente, murió dando gracias por la «paciencia de sufrir».

La idea de dar gracias por sufrir es bastante extraña a la mayoría de nosotros. Buscamos modos de acabar con el dolor, en vez de modos de abrazarlo. Incluso un simple dolor de cabeza puede enviarnos apresuradamente al botiquín en busca de una rápida cura.

Irónicamente, la mayoría de nuestro crecimiento y maduración tiene lugar en medio de nuestro sufrimiento. Cuando pasamos por pruebas, es difícil ver su valor. Posteriormente, podemos caer en la cuenta de que a través de sus dificultades nos hemos vuelto más fuertes y resistentes. Es como si el sufrimiento fuera la llama que templa el acero de nuestras almas.

Eso no quiere decir que debamos apartarnos de nuestro camino para buscar el sufrimiento. Cada uno de nosotros tiene ya su parte de lucha sin necesidad de buscar más. En vez de irritarnos y resistir el dolor que inevitablemente habrá de entrar en nuestras vidas, podemos dejar que nuestro sufrimiento nos haga más empáticos, solícitos y comprensivos. Viendo el sufrimiento como parte del modo en que aprendemos las lecciones esenciales de la vida, podemos, como Santa. Ágata, dejar que nos redima en vez de destruirnos.

¿Cuál ha sido la mayor dificultad de mi vida? ¿Me ha hecho más fuerte mi lucha?

VEO EL SUFRIMIENTO DE MI VIDA COMO UNA OPORTUNIDAD DE CRECER EN FE Y CONFIANZA.

SAN PABLO MIKI Y COMPAÑEROS
1597

Uno de los mayores misterios de la creación es la íntima interconexión de toda vida. La disciplina relativamente nueva que se denomina teoría del caos sugiere que el aleteo de una mariposa en una parte del globo puede efectuar enormes cambios de clima en otra parte.

No necesitamos a los científicos de la teoría del caos para que nos digan cuánto pueden afectar a los demás nuestras acciones. Una palabra imprudente. Un cumpleaños descuidado. Un aniversario olvidado. Parecen cosas menores y sin importancia, pero al crear profundas grietas y dolores de corazón, su efecto puede durar toda una vida. Del mismo modo, el bien que hacemos (incluso cuando parece ser rápidamente olvidado) puede crear ondas eternas de santidad.

San Pablo Miki fue uno de los veintiséis cristianos crucificados en una colina que domina Nagasaki una fría mañana de febrero. Miki, nativo japonés educado por los jesuitas, habló antes de su ejecución, pidiendo que su sangre cayera sobre sus compañeros «como una lluvia fructífera».

Podría parecer que su última plegaria quedó sin respuesta, pues cuando a los misioneros se les permitió retornar a Japón en 1860, toda traza del cristianismo había desaparecido. Sin embargo, una vez restablecidos los misioneros, se asombraron de descubrir miles de cristianos en torno a Nagasaki. La influencia y testimonio de San Pablo Miki y los mártires del Japón se había prolongado por más de doscientos años, preservando no sólo su propio recuerdo, sino también la fe cristiana.

¿Cómo he sido influenciado por mis padres y abuelos? ¿En qué modos estoy dejando un legado para quienes habrán de seguirme?

HOY DOY LAS GRACIAS A TODOS LOS QUE ME HAN AYUDADO A CRECER EN MI COMPRENSIÓN ESPIRITUAL.

SAN TEODORO DE HERACLEA

c. 319

Cuando dos personas se encuentran, una de las primeras preguntas es, invariablemente, ¿cómo te ganas la vida? Considera por un momento tu reacción si la respuesta es neurocirujano o productor de películas. Considera ahora cuál sería tu respuesta si te dijesen que sepulturero o portero. Aunque podamos pretender que la ocupación de una persona no nos influencia, con frecuencia nos formamos juicios sobre la educación, posición social, ingresos (incluso convicciones religiosas) de los demás, basándonos únicamente en su profesión.

Hacer tales juicios superficiales no es algo nuevo. En los primeros días del cristianismo, ser miembro del ejército no era necesariamente algo positivo. Ser un general se consideraba todavía menos positivo. Sin embargo, lo único que sabemos de seguro sobre San Teodoro de Heraclea es que era un general del ejército griego. Cuando fue decapitado por el emperador Licinio a causa de su fe, probablemente muchas personas se sorprenderían de saber que un oficial del ejército podía también ser un cristiano de convicciones profundas. El testimonio de San Teodoro demuestra que ninguna ocupación digna es una barrera a la santidad. Si llevamos a cabo nuestras tareas con cuidado y diligencia (sean cuales fueren) descubriremos que Dios está trabajando a nuestro lado. Después de todo, aunque nuestra profesión sea importante para nosotros, Dios se preocupa menos de lo que hacemos que de lo que somos. En el esquema eterno de las cosas, Dios mira nuestros corazones, no nuestro currículo.

¿Qué es lo que más me gusta de mi trabajo? ¿Cómo puedo usar mi trabajo como un camino hacia la madurez espiritual?

COMPRENDO QUE MI TRABAJO ES PARTE ESENCIAL DE MI CRECIMIENTO ESPIRITUAL.

SAN JERÓNIMO EMILIANI
1481-1537

¿Alguna vez has tratado de resolver un rompecabezas intrincado? Si lo has hecho, sabrás lo frustrante que es llegar a lo que parece un punto muerto. Sabes que debe de haber una salida, pero no puedes encontrarla.

A veces la vida real es como uno de esos rompecabezas. Nos sentimos atrapados y frustrados por nuestra incapacidad de ir más allá de las circunstancias del momento. Irónicamente, mientras nos concentremos en lo obvio, eso es todo lo que veremos. Es sólo cuando permitimos a nuestras mentes que consideren otras opciones (por improbables que sean) cuando somos capaces de ver la salida.

San Jerónimo Emiliani, soldado de la ciudad-estado de Venecia, probablemente pensaría que su vida estaba bastante bien asentada, hasta que fue capturado en una batalla sin importancia y arrojado a una mazmorra. De pronto, estaba literalmente atrapado. En su honor ha de decirse que usó su apresamiento para considerar sus opciones y reevaluar su vida. Una vez libre, dejó la milicia para entrar en el sacerdocio y dedicarse al cuidado de los enfermos y huérfanos. El antaño imprudente e irreligioso soldado se convirtió en un modelo de santidad.

San Jerónimo comprendió que lo que a veces parece ser un callejón sin salida es realmente una puerta encubierta. A fin de descubrir la puerta, sin embargo, hemos de estar dispuestos a abrir nuestros ojos a su existencia.

¿Qué hago cuando me siento como si me encontrara en un callejón sin salida?

ABRO MIS OJOS A NUEVAS POSIBILIDADES EN TODA SITUACIÓN DE LA VIDA.

SAN ANSBERTO

c. 695

Un famoso y motivador locutor preguntó una vez cuántas personas de su audiencia estaban haciendo exactamente lo que querían hacer. Sólo unas pocas alzaron la mano. Luego preguntó al resto qué les impedía realizar sus sueños. Para la mayoría, la respuesta consistió en algún tipo de temor: temor al fracaso, temor a la ruina financiera, temor al ridículo. Muy a menudo, el temor es como una paralización profunda, que conserva nuestro *statu quo* pero que nos impide crecer y cambiar.

San Ansberto era canciller del rey Clotario III de Francia. Como miembro de la corte, disfrutaba de los privilegios de su rango. Ansberto, sin embargo, se sentía atraído a la vida monacal. Abandonando la vida de la corte, entró en el monasterio de Fontenelle.

No podemos saber de seguro lo que sintió Ansberto cuando se despidió de la sociedad más alta de su tiempo, pero podemos adivinar que debió de sentir uno o dos remordimientos de temor. Después de todo, estaba corriendo un gran riesgo. ¿Qué pasaba si odiaba la vida monástica? ¿Qué pasaba si quería volver a la corte? ¿Qué diría la gente?

San Ansberto estaba dispuesto a correr el riesgo porque sabía que la verdadera felicidad proviene sólo de seguir los anhelos más profundos de nuestro corazón. Debió entender que cuando renunciamos a algo por un bien mayor, recibimos mucho más que lo que abandonamos. En el caso de San Ansberto, fue devuelto a un lugar de honor en la corte al convertirse en el confesor del rey Teodorico III, y finalmente en obispo de Ruán. Para Ansberto, la vida consistió en tener cada uno su pastel y comérselo.

¿Qué te impide cumplir tus sueños? ¿Tienes miedo del fracaso
o el éxito?

NO TENGO MIEDO DE SEGUIR A MI CORAZÓN, ME CONDUZCA A DONDE ME CONDUZCA.

SANTA ESCOLÁSTICA

480-¿542?

En ocasiones nuestros familiares nos frustran más allá de todo lo imaginable. Otras veces nos preguntamos qué haríamos sin ellos. Aunque Santa Escolástica y su hermano gemelo, San Benedicto, tenían mucho en común, incluyendo entrar en la vida religiosa, no siempre estaban de acuerdo. La última vez que discutieron, se requirió incluso la intercesión divina para resolver el asunto.

La comunidad de mujeres de Escolástica estaba a sólo siete kilómetros de distancia del monasterio de su hermano, de modo que ambos se encontraban una vez al año en una casa cercana para hablar y orar juntos. En su último encuentro, Escolástica, que quizá presentía su próximo final, pidió a su hermano que se quedara. Él rehusó, diciendo que no podía romper su propia regla que prohibía a los monjes pasar la noche fuera del monasterio. Cuando Escolástica comprendió que Benedicto no estaba dispuesto a transigir, pidió a Dios que intercediera. Inmediatamente, una feroz tormenta estalló y Benedicto gritó: «Dios, perdona a tu hermana. ¿Qué has hecho?» Escolástica replicó: «Te pedí un favor y lo rehusaste. Se lo pedí a Dios, y me lo ha concedido.» Benedicto se vio obligado a permanecer, hablando y orando con su hermana. Retornó a su monasterio al día siguiente, y tres días más tarde Santa Escolástica falleció.

A veces llegamos a un atolladero con los miembros de la familia. En esos momentos, en vez de continuar discutiendo y dar cabezazos a los demás, pidamos a Dios que interceda con su ayuda y curación. Mientras aguardamos la respuesta, sin embargo, ¡podría ser una buena idea ir sacando nuestro paraguas!

¿Cuándo fue la última vez que dije a los miembros de mi familia cuánto los amaba?

ME SIENTO AGRADECIDO POR CADA PERSONA DE MI FAMILIA.

NUESTRA SEÑORA DE LOURDES

1858

En este día de 1858 la Virgen María se apareció por vez primera a la muchacha de catorce años Bernadette Soubirous. La Virgen se apareció dieciocho veces entre febrero y julio a Santa Bernadette, diciéndole la última vez: «Soy la Inmaculada Concepción.» Hoy en día, el santuario de Lourdes es uno de los emplazamientos marianos más visitados del mundo.

Cuando Bernadette explicó sus visiones, describió una joven mujer vestida de blanco con un rosario colgando de su brazo. También mencionó que la señora no usaba el *tú* informal al hablar, sino el más educado y respetuoso *vos*. Dado que Bernadette era hija de unos pobres campesinos, ese modo formal de dirigirse a ella la impresionó mucho más.

Cuando estamos con gente a la que consideramos nuestro igual, es fácil ser respetuosos. Cuando tratamos con aquellos a quienes consideramos inferiores, puede ser tentador actuar un poco altaneramente. Cualquiera que alguna vez haya sido camarero sabrá lo que se siente siendo víctima de esa falsa superioridad. Independientemente de nuestra posición, somos llamados a tratar a todos aquellos con quienes nos encontramos con igual respeto. Hemos de otorgar a la persona de la calle que nos implora una limosna la misma cortesía que concederíamos al presidente.

Ser respetuoso sirve a un doble propósito: en primer lugar, da a la otra persona lo que le es debido; en segundo lugar, asegura que ejerzamos constantemente la virtud de la humildad.

¿En qué modo dejo que la categoría y la posición influencien mi tratamiento de los demás? ¿Doy a los demás el mismos respeto que pido para mí mismo?

TRATARÉ A TODO AQUEL CON QUIEN ME ENCUENTRE HOY DEL MODO EN QUE QUISIERA SER TRATADO YO MISMO.

SAN MELECIO

Existe un viejo dicho: atraes más moscas con la miel que con el vinagre. Aunque uno pueda preguntarse por qué alguien podría querer atraer moscas, es cierto que la miel constituye un mejor atractivo que el viangre. Similarmente, una disposición amable hace más amigos que una abrasiva.

San Melecio nació de una familia distinguida de Armenia Menor en el siglo cuarto. Pese a verse profundamente envuelto en controversias sobre la doctrina, «su amable disposición le ganó la estima tanto de católicos como de arrianos». Aparentemente San Melecio domeñó el difícil arte de estar en desacuerdo sin ser desagradable.

No es fácil defender nuestras convicciones sin golpear a los demás por las suyas. Cuando las emociones se aceleran, el asunto real puede quedar sepultado bajo una barrera de palabras airadas. En tales momentos, una de las mejores cosas que podemos hacer es poner nuestros propios sentimientos a un lado y concentrarnos en lo que la otra persona está diciendo. En medio de la discusión, necesitamos buscar algún trocito de terreno común. Las simples palabras: «Comprendo tu punto de vista», señalan a menudo el inicio de una discusión más racional.

No todo desacuerdo acaba en acuerdo, por supuesto. San Melecio tuvo a menudo tanto a católicos como a arrianos en su contra, pero como expresa otro viejo dicho: no puedes agradar a todo el mundo en todo momento. Puedes, sin embargo, agradarte a ti mismo siendo agradable a tus oponentes.

¿Cómo reacciono cuando entro en una discusión? ¿Siempre he de tener razón?

MANTENDRÉ MI TEMPLANZA CUANDO TODOS LOS QUE ME RODEAN ESTÁN EMPEZANDO A PERDER LA SUYA.

SANTA CATALINA DEI RICCI
1522-1590

La medicina moderna dice hoy en día lo que los santos y místicos han conocido durante milenios: que la meditación es buena para nosotros. La meditación regular puede rebajar la tensión de la sangre, estimular el sistema inmunitario, despejar la depresión y, en general, mejorar la salud tanto mental como física.

Pese a todos sus beneficios médicos, la meditación es aún más valiosa por lo que hace espiritualmente: abre en el alma una ventana a un estado superior de conciencia. Es por ello que durante mucho tiempo los que poseen gran discernimiento espiritual han utilizado alguna forma de meditación. A los santos cristianos, la Pasión y Muerte de Jesús a menudo les sirve de fundamento para su contemplación. Entrando en unión mística con Jesús, los santos son literalmente capaces de experimentar el cielo en la Tierra.

Santa Catalina dei Ricci, hija de una bien conocida familia florentina, entró en un convento dominico a la edad de trece años. Meditaba diariamente en la crucifixión de Jesús y, a los veinte años de edad, empezó a experimentar éxtasis en los que no sólo veía sino que realmente revivía los acontecimientos de la Pasión. Sus arrebatos, como se les denominó, crearon un gran revuelo, y mucha gente se precipitaba al convento para verlos cada jueves y viernes.

Afortunadamente, pocos de nosotros atraemos multitudes cuando meditamos. Por su naturaleza misma, a la meditación se la supone privada y personal. Es un alejamiento de las presiones diarias; un tiempo en el que no tenemos que *hacer* nada. Cuando meditamos, lo único que se requiere de nosotros es *ser*. En un mundo atareado, con sus demandas en creciente aumento, la meditación regular puede convertirse no sólo en un medio hacia la santidad, sino en un oasis de santidad.

¿Cuándo fue la última vez que robé tiempo a mis actividades diarias
para reflexionar sobre mi vida?

HOY EMPLEARÉ CINCO MINUTOS, NO HACIENDO, SINO SIMPLEMENTE SIENDO.

SAN VALENTÍN

c. 269

Casi no sabemos nada acerca del San Valentín real excepto que fue un sacerdote romano martirizado por su fe. Por qué un sacerdote célibe debería ser asociado con el amor y los amantes desde tiempos de Chaucer, es una buena pregunta. Cualquiera que sea la razón, el nombre de Valentín se ha vuelto prácticamente sinónimo de las expresiones de afecto.

Aunque podamos no entender por qué un sacerdote es el patrón de los amantes, es fácil saber por qué tenemos un santo asignado especialmente a la virtud del amor. El amor es un ingrediente esencial de la vida. Los experimentos han demostrado que los niños a los que se provee adecuado alimento y calor pero se les niega el contacto y el afecto humanos, morirán literalmente. Incluso plantas y animales responden positivamente al amor. De hecho, se podría decir que el amor es la sangre vital de toda la creación. Aunque el astrónomo Carl Sagan nos llame «materia estelar», somos más que eso: Somos amor.

Una de las leyes inmutables del universo es que cuanto más amemos, más seremos amados. Si tratamos de acumular nuestro amor, acabaremos con nada, pues el amor no puede existir en el mismo espacio que la posesividad, la dependencia o el egoísmo. La esencia misma del amor demanda que lo entreguemos.

¿Cómo me hace sentirme saber que fui creado tanto para amar como para ser amado?

SÉ QUE SOY AMADO.

BEATO JORDÁN DE SAJONIA

1237

BEATA DIANA D'ANDALO

c. 1201-1236

Hay algo maravilloso en una carta realmente buena. Abrir el buzón de la correspondencia y ver una caligrafía familiar entre los recibos es seguro que dará brillo incluso el día más plomizo. A diferencia de las llamadas de teléfono, las cartas están para leerse una y otra vez, saborearse y guardarse. En un mundo de desperdicios, son recuerdos tangibles de la realidad de la amistad.

Jordán de Sajonia, segundo maestre general de la Orden Dominica, y Diana D'Andalo, monja del convento de Santa Agnes en Bolonia, fueron grandes amigos durante más de quince años. Aunque raramente se vieron en persona, mantuvieron una profunda amistad a través de sus cartas. Teniendo en cuenta que vivieron en un tiempo en el que los servicios postales eran pobres, si es que existían, la extensión de su correspondencia es verdaderamente notable. De las cincuenta y seis cartas escritas por Jordán que han sobrevivido a los siglos, treinta y ocho fueron escritas a Diana.

En sus cartas, Jordán habla de sus éxitos y fracasos, así como de sus aspiraciones y sueños para la Orden Dominica. Consuela a Diana cuando mueren miembros de su familia, y la exhorta a obras de caridad y oración. Aunque no tenemos las respuestas de ella, está claro por las cartas de Jordán que ella le ofreció el mismo aliento y consuelo.

A veces creemos que las cartas han de ser perfectas antes de enviarlas. Pensamos tanto en lo que queremos decir y cómo queremos decirlo que nunca llegamos a escribir la carta. Mejor anotar una nota breve que realmente llega al correo, que un tomo voluminoso que nunca es compuesto.

¿A quién debería escribir? ¿Qué me impide enviarle una nota?

———————

HOY ESCRIBIRÉ ESA CARTA QUE HE ESTADO DEJANDO DE LADO POR TANTO TIEMPO.

SAN ONÉSIMO
SIGLO PRIMERO

Pon un tablón de dos metros de largo en el suelo y trata de recorrerlo sin perder el equilibrio. Probablemente alcances su extremo sin demasiado estrés o dificultad. Imagina ahora el mismo tablón suspendido en el aire a 25 metros del suelo. De repente parece imposiblemente largo y ridículamente estrecho. El tablón no ha cambiado, lo que lo ha hecho es tu percepción de él. En el primer caso parece seguro; en el segundo parece peligroso. Todo depende de cómo lo consideres tú.

San Onésimo, un esclavo huido, fue enviado de vuelta a su amo, Filemón, con una carta de San Pablo pidiendo que fuera aceptado «ya no como esclavo, sino como... un hermano amado». Aparentemente, Filemón hizo lo que Pablo le pedía, pues la tradición dice que Onésimo retornó a Roma y finalmente llegó a ser obispo.

Aunque en este día se celebre a Onésimo, quizá también debería ser honrado Filemón, pues pudo cambiar su percepción de Onésimo desde la de un esclavo sin valor y merecedor de la muerte, a la del «hermano amado» de la carta de Pablo.

Cuando no estamos dispuestos a cambiar nuestras percepciones, cuán diferentes (y difíciles) se vuelven nuestras vidas y las de quienes nos rodean. Nos encontramos atrapados en viejos patrones de pensamiento y comportamiento, incluso cuando ya no sirven a propósito útil alguno. Es sólo cuando estamos dispuestos a considerar las cosas de un nuevo modo cuando podemos destapar las opciones que siempre existen.

¿A qué prejuicios me aferro? ¿Qué hábitos y comportamientos mantengo, incluso sabiendo que no son interesantes para mí?

CONSIDERO TODAS MIS OPCIONES ANTES DE TOMAR DECISIONES CAPACES DE CAMBIAR LA VIDA.

SIETE FUNDADORES DE LA ORDEN SERVITA

c. 1240

Cuando Terry Anderson, el corresponsal de Mideast Associated Press, era mantenido cautivo en Líbano, uno de los que le acompañaban era fray Martín Jenco, un sacerdote servita. A lo largo de sus muchas horas como prisioneros, Anderson y fray Jenco hablaron acerca de la fe y el significado de la vida. Anderson atribuye a fray Jenco haberle ayudado a renovar su fe en un «Dios amable y benévolo».

Cumpliendo su papel como sacerdote, incluso en las circunstancias más horrorosas, fray Jenco siguió la llamada divina al servicio que fue oída por primera vez por los fundadores de su orden religiosa hace más de setecientos años atrás. A mediados del siglo trece, siete nobles florentinos se agruparon para llevar una vida de oración y penitencia bajo el nombre de Sirvientes de María, o Servitas.

Aunque los Servitas reconocen su necesidad de servir por su mismo nombre, todos somos llamados a ser sirvientes. Somos colocados en la Tierra, no para amasar riquezas y prestigio, sino para cuidar a nuestros compañeros los seres humanos y ser ministros de ellos. Aunque la mayoría de nosotros no queramos abandonar nuestros hogares y familias para unirnos a una comunidad religiosa como hicieron los fundadores de los Servitas, siempre podemos encontrar en nuestra vida cotidiana modos de servir a los demás. Incluso si es algo tan simple como dar las gracias al dependiente que comprueba nuestra compra o abrir la puerta a alguien que lleva un paquete, siempre podemos encontrar un modo de servir.

¿Qué es más fácil: servir o ser servido? ¿Cómo me siento cuando sé que alguien desea ayudarme?

AYUDO A AQUELLOS CON QUIENES VIVO Y TRABAJO.

BEATO FRAY ANGÉLICO
1400-1455

Fray Angélico, uno de los pintores más prolíficos e influyentes del Renacimiento italiano, entró en la orden de los Dominicos cuando tenía alrededor de veinte años. Aunque fue ordenado sacerdote, trabajó como artista profesional hasta su fallecimiento. Su obra embellece hoy en día muchos museos, y sus frescos de escenas de las vidas de San Esteban y San Lorenzo decoran la capilla privada vaticana del papa Nicolás V.

En la beatificación de fray Angélico, el papa Juan Pablo II citó de una antigua biografía: «Su pintura fue el fruto de la gran armonía entre una vida santa y el poder creativo con que había sido dotado.»

¿Qué poder creativo te ha sido dado? Puedes creer que cuando se repartió la creatividad tú te hallabas en otra fila, pero todos nosotros estamos rebosando energía creativa. Simplemente a modo de diversión, deja vagar tu imaginación. ¿Qué es lo que más te gusta? Quizá sea cocinar (¡o comer!). O trabajar en el jardín. O patinar. No tengas miedo de admitir tu pasión. Cada uno de nosotros tiene algo con que hace brincar nuestros corazones con el puro gozo de la vida. La clave de volverse más creativo es reconocer que pasión y creatividad están inseparablemente entrelazadas. Cuando estamos envueltos en nuestra pasión, no podemos evitar ser creativos. Si no te sientes creativo, es sólo porque no te has dado permiso para explorar tu pasión.

¿Cuándo me siento más vivo? ¿Qué me trae el mayor gozo de la vida?

HAGO LO QUE AMO, Y AMO LO QUE HAGO.

SAN BARBATO
682

¿Eres reticente a pasar bajo una escalera? ¿Te entra el pánico si un gato negro cruza tu camino? ¿Tienes miedo a romper un espejo por temor a siete años de mala suerte?

Las supersticiones son una parte de la mayoría de las culturas. La idea de que los acontecimientos futuros pueden ser controlados (o no controlados) por las acciones presentes es muy atractiva. Puede ser consolador, por ejemplo, creer que echar sal por encima de tu hombro derecho ahuyentará la mala suerte. También puede ser muy fastidioso pensar que un simple accidente, como romper un espejo, puede alterar el curso de los años venideros.

Las supersticiones, sin embargo, no se limitan a los sentimientos acerca de los gatos negros y las escaleras. A veces incluso la fe puede verse ensuciada por la superstición.

San Barbato vivió en Italia durante el final del reinado del papa Gregorio el Grande. Cuando vino a trabajar a Benevento, le molestó saber que la gente de la ciudad veneraba una víbora de oro. Fue sólo a través de su sincera plegaria y predicación que el populacho convino en fundir la serpiente de oro para convertirla en un caliz del altar.

Aunque no haya nada malo en utilizar objetos religiosos para fomentar nuestra fe, el peligro reside en perder el centro de enfoque. Si empezamos a creer que un objeto tiene en sí algún tipo de capacidad inherente para actuar en provecho nuestro, nos acercamos peligrosamente a la idolatría. El único modo de evitar que nuestra fe se deslice hacia la superstición es recordar que las bendiciones espirituales no provienen de la materia creada sino del Creador de toda materia.

¿Me considero supersticioso? ¿Dejo alguna vez que las supersticiones controlen mi vida?

TENGO CONTROL DE LO QUE CREO.

SAN WULFRICO

1154

Los santos medievales a menudo realizaban penitencias bastante peculiares. Por ejemplo, se dice que San Wulfrico, de Inglaterra, se sentaba de noche en una tina de agua fría recitando el salterio entero. Aunque un comportamiento así nos resulte extravagante, algunas de las cosas que nosotros hacemos podrían parecerles igual de extrañas a nuestros descendientes. Por ejemplo, ¿qué podría pensar un historiador del siglo veintiocho al leer que la gente de nuestro tiempo se levantaba antes de la salida del sol para correr largas distancias en la oscuridad, simplemente para mantener delgado su cuerpo? Si el *jogging* hubiese dejado de ser una actividad popular, un relato semejante podría parecer tan cómico como San Wulfrico sentado en su tina fría.

Con demasiada frecuencia juzgamos el comportamiento de los demás por nuestras propias limitaciones culturales y temporales. Sin embargo, se nos advierte: «No juzguéis, y no seréis juzgados. Pues tal como juzguéis, seréis juzgados; y por vuestro patrón de medida, se os medirá» (Mateos 7:1-2).

El peligro real de juzgar a otros reside en lo que nos hace a nosotros mismos. Empezamos a creer que el modo en que hacemos las cosas es correcto y apropiado. De ahí a creer que el nuestro es el *único* modo apenas hay un pelo de distancia.

Una de las mayores lecciones que tienen que enseñarnos los santos es la de cuidar de nuestros propios asuntos. San Wulfrico se sentó en el agua fría de la santidad. Que nunca nos encontremos sentados en el agua caliente del juicio.

Cuando me descubro juzgando, ¿me siento responsable del comportamiento de otra gente?

DEJO QUE OTRA GENTE TOME SUS PROPIAS DECISIONES.

SAN PEDRO DAMIÁN
1007-1072

San Pedro Damián estaría indudablemente de acuerdo con el proverbio de que unas manos ociosas son el seminario del diablo. Cuando no estaba trabajando u orando, se mantenía ocupado haciendo objetos útiles, como cucharas de madera.

Estar ocioso es duro tanto para la mente como para el cuerpo. Cuando no tenemos nada que merezca la pena hacer, las tentaciones automáticamente se precipitan para llenar el vacío. Algunas son relativamente inofensivas (quizá simplemente tome un par de pastelillos más). Pero otras son más destructivas (mi esposa nunca descubrirá que tengo un asuntillo de faldas). Incluso si no actuamos de acuerdo con nuestras tentaciones, volvemos la vida más difícil de lo que tendría que serlo exponiéndonos constantemente a su hechizo.

Uno de los mejores modos de escapar del cepo de la tentación es mantenerse ocupado. Mantenerse ocupado sirve para algo más que para mantener la tentación a raya. También nos permite sentirnos mejor respecto a nosotros mismos. Casi no hay nada que proporcione un sentido de realización y autoestima más grande que completar una tarea que dsifrutamos. No importa si se trata de plantar un jardín, hacer una colcha, o tallar cucharas de madera. Con tal de que lo hayamos hecho lo mejor que sabemos, podemos estar legítimamente orgullosos de nuestro logro.

La próxima vez que te descubras atraído por la tentación, mira a ver si te sientes aburrido u ocioso. Si es así, encuentra algo constructivo que hacer y mira cómo se evapora la tentación.

Cuando estoy aburrido, ¿qué es lo que más me tienta?

ME MANTENGO LO BASTANTE OCUPADO PARA EVITAR TENTACIONES INNECESARIAS.

SANTA MARGARITA DE CORTONA
1247-1297

A lo largo de veinticinco mil años, los perros han sido una parte íntima de la vida humana. Asombrosos en su diversidad (si no lo supieras, ¿creerías realmente que bajo esa piel un Pomerano y un San Bernardo son miembros de la misma familia?), los perros son nuestros compañeros leales y devotos. Aunque podemos con seguridad suponer que muchos santos han debido disfrutar de la compañía canina, tales detalles no suelen ser parte de la hagiografía corriente. Santa Margarita de Cortona es una de las raras excepciones. Incluso está representado un perro en la iglesia donde se halla enterrada.

Margarita vivió como concubina de un hombre rico durante nueve años. Un día, mientras aguardaba a que él regresara de una de sus haciendas, vio volver solo al perro que había marchado con él. El animal la condujo a la base de un roble, donde descubrió el cuerpo de su amante asesinado. Margarita se sintió tan llena de remordimientos que pasó el resto de su vida realizando exigentes actos de penitencia y caridad en favor de los pobres y enfermos. Tan completa fue su conversión, que las antiguas biografías la llaman la penitente perfecta.

Aunque sea llevar las cosas demasiado lejos atribuir a su perro el cambio de corazón de Margarita, está claro que el perro tuvo una importancia capital en su vida. Del mismo modo, los perros pueden jugar un importante papel en nuestras vidas mostrándonos ejemplos de amor incondicional y lealtad sin divisiones.

¿Qué pienso de poseer un animal doméstico?

ME AGRADA LA PRESENCIA DE ANIMALES, TANTO SALVAJES COMO DOMÉSTICOS.

SAN POLICARPO

¿155?

En el calor de una disputa, una de las cosas más difíciles de hacer es acordar estar en desacuerdo. Aunque podamos finalmente decir: «Simplemente dejémoslo estar», secretamente nos aferramos a nuestra posición. Si surge la oportunidad de recalcar nuestro punto de vista, gustosamente saltamos sobre él. Dejar que un desacuerdo legítimo continúe sin antagonismo o animosidad es un seguro signo de gran sabiduría y madurez.

San Policarpo fue uno de los primeros líderes de la Iglesia Cristiana. Enseñado directamente por San Juan Evangelista, él mismo preparó muchos discípulos famosos, incluyendo a San Ireneo.

Cuando surgió una controversia sobre la fecha de la Pascua, San Policarpo fue seleccionado por las iglesias de Asia para viajar a Roma y conferenciar con el papa Aniceto. Aunque San Policarpo y el papa Aniceto no pudieron llegar a un acuerdo sobre la fecha, convinieron en que la tradición local debía ser mantenida. Su acuerdo de estar en desacuerdo ha continuado incluso hasta el presente, en que las Iglesias Occidental y Oriental celebran la Pascua en días diferentes.

Cuando estemos envueltos en una discusión, recordemos que no vivimos en un mundo blanco y negro. No toda pregunta tiene una sola respuesta correcta. Pero si comprendemos que nunca seremos capaces de estar de acuerdo, como San Policarpo y el Papa, debemos, educada y respetuosamente, acordar un desacuerdo.

¿Me gusta discutir por discutir?

DEFIENDO MIS CONVICCIONES, PERO TAMBIÉN PERMITO A OTROS QUE DEFIENDAN LAS SUYAS.

SAN MONTANO

Si los campeones de la censura fueran a leer alguna vez los relatos expurgados de los mártires primitivos, gastarían sus lápices azules hasta los nudillos. Mientras que las referencias al sexo están tan veladas como para ser casi irreconocibles (una santa que en su juventud vivió con un hombre con el que no se casó se dice que tuvo una «propensión al vicio», y su relación fue referida como «los más grandes desórdenes»), la tortura es otra historia. Las películas modernas de terror lo tienen difícil para competir con las martirologías primitivas.

San Montano fue un mártir primitivo. Junto con varios otros, fue ejecutado por su fe durante la persecución de Valeriano en el siglo tercero. El relato de sus pruebas y ejecución está extensamente detallado. Realmente, no lo tuvieron demasiado mal. Sólo fueron apresados, arrastrados con cadenas por las calles, privados de alimento y agua, humillados públicamente y decapitados. Muchos otros mártires primitivos fueron sometidos a ingeniosos tormentos, incluyendo la parrilla, ser desollados vivos y ser quemados en la hoguera antes de ser finalmente matados.

Aunque tales relatos sean difíciles de leer, sirven de poderoso recordatorio de que el mal no es sólo una ficción de nuestro inconsciente colectivo. No es simplemente una ilusión que pueda ser desechada. El mal es real.

Pero no es ése el final de la historia. Real como es el mal, el bien es aún más real. Las historias de mártires primitivos como San Montano son relatos del triunfo de la fe y la resistencia del espíritu humano, incluso de cara al más grande mal.

¿Alguna vez me he encontrado con el mal real? ¿Cuál creo que es el mayor mal hoy en día en el mundo?

SÉ QUE EL MAL EXISTE, PERO NO LE DEJO TENER UN LUGAR EN MI VIDA.

BEATO SEBASTIÁN DE APARICIO

1502-1600

De entre todos los inventos que han alterado la historia, la rueda debe ser considerada uno de los más importantes. La carretera moderna debería venir a continuación. Sin buenas carreteras, la civilización tal como la conocemos es imposible. Una de las razones de que el Imperio Romano tuviera tanto éxito en mantener la paz a lo largo de sus lejanas provincias fue su extenso sistema de carreteras.

En el Nuevo Mundo, las carreteras se estaban desarrollando más lentamente. De hecho, las primeras carreteras transitables de México no se construyeron hasta mediados del siglo dieciséis. A un hombre, el Beato Hermano Sebastián de Aparicio, le corresponde el honor de haberlas construido. Incluso hoy en día, muchas de las autopistas de México, incluyendo la que va de Ciudad de México a Zacatecas, siguen mayormente la misma ruta que la carretera original de Sebastián.

Las carreteras que utilizamos para trasladarnos no son las únicas carreteras de nuestras vidas. Somos todos peregrinos de un viaje que se inicia al nacimiento y finaliza en la eternidad. La carretera que recorremos en este viaje rara vez carece de dificultades. Para la mayoría de nosotros, está llena de curvas y badenes, bifurcaciones y atolladeros. A menudo el camino es tan oscuro que apenas podemos ver lo suficiente como para poner un pie por delante del otro. Una cosa es cierta, sin embargo. Nunca estamos solos en nuestro viaje. Dios siempre está con nosotros, animándonos en las montañas, refrescándonos en las llanuras, conduciéndonos a través de los ríos. Finalmente, cuando nuestra carretera termine, Dios también estará ahí para darnos la bienvenida al hogar.

¿En qué cambia lo que pienso de mi vida, saber que nunca estoy solo en el viaje?

SÉ QUE DIOS SIEMPRE ESTÁ CONMIGO.

SAN ALEJANDRO
328

San Alejandro, obispo de Alejandría en el siglo cuarto, es conocido, sobre todo, por su resistencia a una doctrina que mantenía, entre otras cosas, que Jesús era capaz de pecar. Nos resulta difícil imaginar el furor que tales disputas teológicas podían causar. No sólo se veían envueltos los teólogos, sino que tanto las autoridades eclesiásticas como las civiles, e incluso los ciudadanos ordinarios, se hallaban divididos por la controversia.

El odio y la división por causa de las creencias religiosas no es algo que acabara hace mil seiscientos años. Incluso hoy en día se crean disputas por nimiedades. Cuando no estamos envueltos en la controversia, es fácil ver cuán ridículo puede volverse el asunto. Cuando se hallan implicadas nuestras emociones, sin embargo, no es tan fácil ser un observador imparcial.

Aunque las emociones sean parte esencial del ser humano, apoyarse demasiado en los sentimientos puede ser agotador. Todos hemos conocido personas que llevan sus corazones a flor de piel. Como borlas de diente de león en una tormenta de viento, son arrastrados en todas direcciones por sus sentimientos. Si nos vemos atrapados en sus remolinos, también nosotros podemos vernos arrojados y revueltos. Podemos descubrir que somos excitados y trastornados por sucesos y personas que realmente no nos atañen. Cuando eso sucede, necesitamos detenernos y preguntar, ¿es éste realmente un problema mío? ¿Estoy tratando de arreglar algo que no me corresponde a mí arreglar? La vida nos da a todos más que suficientes desafíos emocionales. No necesitamos asumir más de los que nos corresponden.

Cuando alguien a quien amo está herido, ¿trato de reparar las cosas?

ACEPTO EL HECHO DE QUE NO PUEDO RESOLVER LOS PROBLEMAS DE TODO EL MUNDO.

SAN GABRIEL POSSENTI

1838-1862

Un famoso cuento popular habla de un pobre hombre que fue a trabajar para un granjero tacaño. El pobre hombre trabajó todo el día, y al caer la noche el granjero le dijo que le pagaría por su labor «mañana». Al día siguiente el pobre volvió, pidiendo su paga, pero el granjero señaló que había convenido en pagarle «mañana» y entonces era «hoy». Por supuesto, «mañana» nunca iba a llegar.

Cuando se trata de realizar lo que deberíamos hacer, muchos de nosotros simplemente actuamos igual que el granjero. Aplazamos las cosas tanto como podemos.

San Gabriel Possenti entendió los aplazamientos. Aunque sintió la llamada para entrar en la vida religiosa, la hizo a un lado. Cuando estuvo gravemente enfermo, prometió entrar en una orden religiosa si se recuperaba, pero una vez que estuvo bien, su resolución desapareció. Uno o dos años más tarde, estuvo gravemente enfermo una vez más, otra vez prometió entrar en la vida religiosa, y una vez más lo demoró tras pasar la crisis. No fue sino hasta que su hermana muriera de cólera que finalmente dio término a su aplazamiento, convirtiéndose en el Hermano Gabriel-de-Nuestra-Señora-de-los-Dolores. Tristemente, él mismo no pudo vivir demasiado tiempo, En el término de cuatro años contrajo la tuberculosis y murió.

San Gabriel nos recuerda que puesto que no podemos saber de cuánto tiempo disponemos para hacer nuestras buenas obras, necesitamos actuar antes de que sea demasiado tarde.

¿Por qué demoro las cosas? ¿Cómo me siento cuando la gente que me rodea hace aplazamientos?

HOY HARÉ UNA BUENA OBRA (Y NO LE HABLARÉ A NADIE DE ELLA).

SAN ROMANO
460

¿Alguna vez tienes la sensación de que podrías hacer grandes progresos espiritualmente si simplemente pudieras tener algo de tiempo para ti? Es una tentación real creer que nos concentraríamos continuamente en lo esencial si no fuésemos distraídos por todas las demandas de la vida.

San Romano pensaba lo mismo. A los treinta y cinco años se puso en camino a los Montes Jura, entre Suiza y Francia, para vivir como ermitaño. Por un tiempo, estuvo beatíficamente solo; después llegó su hermano, seguido de un par de otros hombres. Luego su hermana y un grupo de mujeres se les unieron. Pronto había bastantes hombres y mujeres como para construir dos monasterios y un convento de monjas. San Romano, que no deseaba sino estar a solas, pasó el resto de su vida rodeado de gente.

La lección que San Romano aprendió es una que muchos de nosotros debemos también aprender: la mayor parte del desarrollo espiritual tiene lugar en el crisol de la existencia cotidiana. Es fácil sentirse benévolo y generoso cuando no hay nadie alrededor. Pero ¿qué tiene de bueno sentirse benévolo cuando no tenemos a nadie con quien serlo? A diferencia del vicio, que crece mejor en los oscuros y sombríos rincones de nuestra alma, la virtud requiere la interacción con los demás para brotar y florecer.

¿Soy un introvertido o un extravertido? ¿Cómo me siento cuando la gente se entromete en mi espacio?

COMPARTO GUSTOSAMENTE MI TIEMPO CON LOS DEMÁS, Y NO ME AÍSLO DE QUIENES NECESITAN MI AYUDA.

SAN DAVID
520-589

He aquí una prueba rápida. ¿Qué es más santo?
A) Fregar el baño, o B) Predicar un sermón.

Si elegiste B), San David sugeriría que reconsiderases tu definición de la santidad. David, santo patrón de Gales, hizo muchas cosas que normalmente consideramos sagradas: pasó largas horas en oración, sufrió varias penitencias, predicó elocuentes sermones. En su lecho de muerte, sin embargo, sus palabras finales incluyeron: «Mantened vuestra fe, y haced las pequeñas cosas que habéis visto y oído conmigo.»

La santidad no consiste en hacer grandes cosas. Como dice la Madre Teresa de Calcuta, reside en hacer pequeñas cosas con gran amor.

El amor es la única alquimia verdadera. A diferencia de la seudociencia de la Edad Media, que trató sin éxito de cambiar en oro los metales viles, el amor realmente funciona. Transforma las vidas corrientes, incluso cosas tan ordinarias como pasar la bayeta por el suelo del cuarto de baño, en el oro de la redención.

Una de las leyes inmutables de la creación es la de que todo lo que hacemos tiene consecuencias. Toda acción, cuando la hacemos con amor, tiene el poder de acercarnos a una unión más estrecha con Dios y con nuestros hermanos los hombres. Y a la inversa, cada vez que actuamos por egoísmo, odio o ira creamos una barrera a la unión con Dios y con los demás. Lo bueno de todo esto es que la elección depende siempre de nosotros. Por insignificantes o poco importantes que puedan parecer nuestras acciones, cuando tomamos la decisión consciente y deliberada de actuar en y con el amor, todos los santos se regocijan con nosotros y apoyan nuestra decisión.

¿Cómo cambian mis sentimientos acerca de las tareas mundanas cuando las hago con amor?

HAGO MIS ACTIVIDADES DIARIAS ALEGRE Y GUSTOSAMENTE.

BEATO PEDRO MANRIQUE DE ZÚÑIGA
1585-1622

«Sus padres y familiares se opusieron con vigor; pero finalmente él superó su oposición y recibió los hábitos agustinos en Sevilla el 2 de octubre de 1604», escribió un biógrafo del Beato Pedro Manrique de Zúñiga.

¿Cuáles fueron las objeciones de sus padres? ¿Por qué se oponían tanto a la decisión de su hijo de hacerse sacerdote? Si su familia hubiese sabido que Pedro estaba destinado a convertirse en misionero del Japón y ser quemado en la hoguera, su infelicidad habría sido comprensible. Pero es improbable que hubiesen podido sondear el futuro. Salvo raras excepciones, la mayoría de nosotros hemos de tomar cada día según nos viene.

Aunque tal vez creamos que sería maravilloso conocer lo que el futuro nos reserva, probablemente sea bueno que no podamos. Pensad simplemente en lo que sucedió el año pasado. Si hubieseis conocido de antemano todas las dificultades que teníais que afrontar podríais haber querido esconderos en la cama con las sábanas hasta arriba tapando vuestra cara. O tal vez, si las pruebas fueran lo bastante severas, podríais haber estado tentados de no pasarlas en absoluto.

El único modo en que podemos vivir la vida es un día cada vez. Incluso cuando nos hallamos en medio de un gran sufrimiento, si nos centramos en cada momento según viene, hallaremos la gracia que necesitamos para tirar hacia delante.

¿Tengo miedo del futuro? ¿Cómo me siento cuando suceden cosas que no preveía?

TOMO CADA DÍA SEGÚN ME LLEGA.

BEATA CATALINA DREXEL
1858-1955

Cuando hay una tarea que realizar, ¿eres el primero en dar un paso adelante, o te echas para atrás, aguardando a ver si alguien más cualificado toma la iniciativa? El problema de aguardar a que alguien más se presente como voluntario es que la tarea podría no hacerse nunca.

La Beata Catalina Drexel, hija de un rico banquero de Filadelfia y heredera de una enorme fortuna, se encontró con el papa León XIII durante una gira por Europa. Cuando pidió al Papa que enviase más misioneros para ayudar a los pobres negros y nativos americanos, él le sugirió que se hiciera misionera ella misma. Tras superar la conmoción sufrida por la sugerencia, así lo hizo, empleando su fortuna de doce millones de dólares en construir misiones y escuelas a todo lo largo de América. En 1915 fundó la Universidad de Javier en Nueva Orleans, la primera universidad para afroamericanos en los Estados Unidos.

Aunque podríamos pensar que no somos la mejor persona para una tarea determinada, a menudo Dios tiene una idea diferente. No importa si alguien más podría hacer el trabajo mejor o más fácilmente. Lo que importa es si hacemos lo que podemos con lo que nos ha sido dado.

Catalina Drexel fue capaz de hacer mucho porque se le dio mucho. Aunque pocos de nosotros tengamos fortunas de millones de dólares a nuestra disposición, todos tenemos la riqueza de nuestro tiempo y nuestro talento. Cuando ponemos nuestras vidas a disposición de Dios, suceden milagros.

¿Qué es lo que hago mejor? ¿Cómo puedo utilizar mis capacidades para hacer más fácil la vida a otros?

COMPARTO GUSTOSAMENTE MI TIEMPO Y MIS TALENTOS.

SAN CASIMIRO

1461-1484

«Benditos sean los que hacen la paz» (Mateo 5:9).

¿Qué significa hacer la paz? ¿Significa alcanzar un acuerdo internacional de paz como el de Camp David? Ésa podría ser una definición, pero no es la única, y no es la que se ajusta a San Casimiro.

San Casimiro, tercero de los trece hijos del rey de Polonia, es llamado El Hacedor de Paz, no porque encontrara una solución entre facciones en guerra, sino porque rehusó tomar parte en una guerra entre Hungría y Polonia. Inicialmente, por obediencia a su padre, condujo un ejército a Hungría, pero cuando sus propios oficiales le aconsejaron volver a casa, lo hizo. Nada que nadie pudiera decir o hacer consiguió nunca inducirle a tomar de nuevo las armas.

Hacer la paz no es algo que suceda porque miembros de alto rango del gobierno firmen importantes documentos. Hacer la paz es un proceso, un proceso que se inicia en cada uno de nosotros. Somos hacedores de paz cada vez que escuchamos el punto de vista de otra persona, cada vez que pensamos antes de hablar, cada vez que decidimos no enfrascarnos en disputas. Somos hacedores de paz cuando construimos en vez de destruir, cuando alabamos en vez de criticar, cuando tenemos esperanza en vez de desesperar.

¿Cómo puedo ser un hacedor de paz en mi familia o lugar de trabajo?

ESTOY EN PAZ CONMIGO MISMO, Y POR CONSIGUIENTE PUEDO ESTAR EN PAZ CON LOS DEMÁS.

SAN JUAN JOSÉ DE LA CRUZ
1654-1734

El recreo es un asunto serio. Trabajamos muy duro para jugar. A menudo los fines de semana están tan repletos de actividad que cuando llega el lunes necesitamos un día más para recuperarnos. Y en medio de todo ello, a veces olvidamos que el propósito del recreo es el de renovarnos y restablecernos de modo que podamos retornar a nuestras tareas cotidianas con renovado entusiasmo. Olvidamos que sin el recreo apropiado nos aburrimos y nos volvemos aburridos.

San Juan José de la Cruz es un incomparable campeón del recreo. Viviendo en la isla de Ischia (en el golfo de Nápoles) mostró de muchacho tan desacostumbrada piedad, que entró en los franciscanos cuando sólo contaba dieciséis años. Sobresaliente por su austeridad, insistió en una austeridad igual de estricta para los novicios a su cargo. Incluso tuvo la idea de edificar eremitorios fuera del edificio principal del monasterio, de modo que pudiese practicar una autodisciplina aún mayor. A pesar de su exacta observancia de las reglas de su orden, puso también un especial cuidado en que los novicios tuvieran tiempos regulares de recreo. Entendió, que lejos de ser un lujo, el recreo es una necesidad del espíritu humano.

Esta primavera, emplea menos tiempo en esforzarte por tener diversión, y más tiempo simplemente teniendo diversión. Hincha globos. Tómate un cucurucho de helado. Canta una canción estúpida. Besa un bebé. Camina como un perro. Regocíjate con el arco iris. Celebra la festividad de un santo.

¿Utilizo mi tiempo sabiamente? ¿Me siento culpable cuando «pierdo» el tiempo?

ME DOY PERMISO A MÍ MISMO PARA PERDER TANTO TIEMPO COMO NECESITO.

SANTA COLETTE
1380-1447

A comienzos del siglo quince, las Clarisas Pobres, la orden de monjas fundada por Santa Clara bajo la dirección de San Francisco de Asís, había perdido mucho de su espíritu original. Santa Colette se sintió llamada por Dios a restaurar la orden a su severidad inicial. Bajo el consejo de su director espiritual, se puso en marcha para su misión. No hace falta decir que no fue recibida con entusiasmo. Difícilmente podrías culpar a las monjas. Si una joven apareciese en tu puerta alegando que San Francisco se le apareció en una visión, y diciéndote que debías depurar tus actos, ¿cómo reaccionarías? Como dice un biógrafo suyo, «se encontró con la oposición más violenta y fue tratada como una fanática».

No es de sorprender. A ninguno de nosotros nos gusta que nos cuenten nuestras faltas. A menudo somos como el emperador del cuento. Quería escuchar lo apuesto que se hallaba con sus nuevas ropas, cuando, de hecho, estaba dando vueltas desnudo por el pueblo. Sólo después de que un muchacho tuviese el coraje de decir en alto lo que todo el mundo estaba pensando, tuvo el emperador el buen sentido de hacerse vestir.

Cuando alguien como Santa Colette o ese muchacho llega a nuestras vidas, ¿reaccionamos con indignación y lo rechazamos como si fuese un fanático, o consideramos la posibilidad de que pudiera estar en lo cierto? Aunque reconocer nuestras faltas pueda ser embarazoso, no es tan malo como dar vueltas por ahí creyendo que vamos vestidos cuando en realidad estamos completamente desnudos.

¿Soy demasiado sensible? ¿He de defender mi postura incluso cuando sé que estoy equivocado?

ACEPTO LAS CORRECCIONES CUANDO ES NECESARIO.

SANTAS PERPETUA Y FELICIDAD

Las segundas versiones de las películas son muy comunes, parece como si la película original hubiera sido meramente cortada por la mitad, con un signo de «continuará» puesto al final. Es una pena que los primeros historiadores no pensaran lo mismo acerca de las vidas de los santos. Lo poco que sabemos acerca de los mártires que murieron en el circo romano nos atormenta más que informarnos. Coged el caso de Perpetua y Felicidad. Sabemos que Perpetua fue una noble de Cartago y madre de un hijo. Su compañera, Felicidad, fue una esclava que dio a luz a una hija justo antes de morir. Sabemos también que fueron decapitadas como parte de un espectáculo público.

¿Dónde estaban sus maridos? ¿Qué pasó con sus hijos? ¿Crecieron y se hicieron cristianos? ¿Se conocieron entre sí?

Los interrogantes que rodean a Perpetua y Felicidad muestran cuán importante es dejar un registro de nuestras vidas para nuestros descendientes. Podemos pensar que no tenemos mucho que compartir, pero somos una parte esencial del tejido de nuestra familia. Sin nosotros, la colcha de la vida perdería mucho de su color y textura.

Dejar un registro no significa escribir una historia de la vida en seis volúmenes, con sus notas a pie de página y todo. Puede ser algo tan simple como añadir un comentario a las imágenes del álbum de fotos antes de que olvidemos quién es quien. O añadir una nota a un nombre de la agenda («madrina de Carrie») de modo que algún día alguien sepa por qué esa persona era importante. Lo esencial es hacer hoy alguna cosa, por insignificante que pueda parecer.

¿Qué sé de mis abuelos y bisabuelos? ¿Qué me gustaría saber sobre ellos?

SÉ QUE SOY UNA PARTE IMPORTANTE DE MI FAMILIA

SAN JUAN DE DIOS
1495-1550

San Juan de Dios era ante todo entusiasta. Movido por un sermón de San Juan de Ávila, corrió por las calles de Granada golpeando su pecho e implorando la misericordia de Dios. Lejos de quedar impresionadas, las gentes de la ciudad lo metieron en un manicomio. Sólo después de que San Juan de Ávila lo amonestase a empezar a hacer algo constructivo por los pobres, se calmó Juan de Dios. Ganándose su dinero con la venta de leña, alquiló una casa para cuidar de los enfermos y desposeídos.

Su entusiasmo puso a Juan de Dios en marcha, pero fue su duro trabajo cortando leña lo que le llevó adelante.

Si el entusiasmo fuera un caballo de carreras, sería bueno empezando pero malo finalizando. Todos sabemos lo que es volverse excitados con un proyecto. Digamos que encontramos una mesa antigua que sería perfecta para el comedor: si estuviera reparada. Es más que probable que para cuando la hayamos cepillado, lijado y pintado, ya no estaremos tan excitados por el trabajo como lo estuvimos al empezar. Si sólo nos apoyáramos en el entusiasmo, la mesa probablemente nunca estaría acabada. Sólo cuando añadimos el trabajo duro a la mezcla somos capaces de seguir adelante. Después de todo, no siempre es el primero en salir quien gana el premio, y no siempre la persona más entusiasta al principio es la que finalmente completa la tarea.

¿Empiezo cosas que no acabo? ¿Qué hago con los proyectos que sé que nunca voy a completar?

HOY ACABARÉ LO QUE EMPIEZO.

SANTA FRANCISCA DE ROMA
1384-1440

¿Os habéis encontrado alguna vez con gente tan atareada trabajando para la Iglesia que descuida las necesidades de su propia familia? Se pasan horas sirviendo en este comité y presidiendo aquel proyecto. Organizan excursiones y viajes de comida y dirigen servicios de oración. Ayudan a cualquiera que viene pidiendo ayuda. Mientras tanto, sus propias familias se sienten descuidadas y olvidadas. Lo más triste de tales personas es que a menudo creen estar haciendo justamente lo que Dios espera que hagan.

Santa Francisca de Roma nos da un consejo diferente. Aunque dedicó mucha de su vida a la oración, la penitencia, y las buenas obras, fue también una esposa y madre ejemplar. Parte de los motivos para que fuera tan querida por su familia fue que mantuvo claras sus prioridades. «Una mujer casada debe, cuando se la requiere, abandonar sus devociones a Dios en el altar, para encontrarlo en sus asuntos caseros», dijo.

Dios no espera que pasemos todo nuestro tiempo trabajando para la Iglesia. Dios reside con nosotros en nuestros hogares, entre los altibajos de la vida de cada día. Dios se halla en el lavado de la ropa, los platos y el coche, en las facturas y en la compra del mercado. Aunque podamos sentirnos más santos cuando estamos rodeados por vitrales y música sagrada, Santa Francisca de Roma nos urge a recordar que en cualquier lugar en que nos llame la tarea, ahí se encontrará a Dios.

¿Dónde busco a Dios? ¿Dónde he encontrado a Dios?

CREO QUE DIOS ESTÁ CONMIGO EN TODO MOMENTO Y EN TODO LUGAR.

SAN JUAN OGILVIE
1579-1615

Una de nuestras mayores bendiciones, y muy infravalorada, es la de un bueno sueño nocturno. En *Macbeth*, Shakespeare escribe que el sueño «anuda la enmarañada manga de los cuidados». La ciencia moderna ha probado que Bardo tenía razón. El sueño adecuado no sólo restaura nuestras reservas psicológicas, sino que también fortalece nuestro sistema inmunitario. Sin el descanso suficiente, empezamos a venirnos abajo literalmente. No resulta sorprendente que privar del sueño sea una forma clásica de tortura.

San Juan Ogilvie soportó muchos tormentos en nombre de su fe, pero ninguno fue más difícil que ocho días seguidos sin dormir. Juan, hijo de un barón escocés, se hizo católico a los diecisiete mientras estudiaba en Europa. Entró en la Orden de los Jesuitas y, pese a la prohibición de que entraran sacerdotes en las Islas Británicas, retornó secretamente a Escocia como misionero. Cuando se reveló su identidad, fue arrestado y juzgado por alta traición. Antes de ser colgado, sin embargo, fue mantenido despierto durante ocho días y ocho noches en un fútil intento por sacarle una confesión. Sólo después de que los doctores dijeran que tres horas más sin descanso serían fatales se le dejó tranquilo.

A veces, insensatamente, nos sometemos a la tortura de privarnos del sueño. Estudios recientes indican que la mayoría de nosotros dormimos cada noche al menos una o dos horas menos de lo que realmente necesitamos. Tal vez pensemos que hacemos más cosas durmiendo menos, pero de hecho nos volvemos menos productivos y más propensos a sufrir accidentes. Así que la próxima vez que te sientas cansado, haz lo natural. ¡Vete a dormir!

¿Cuánto duermo cada noche? ¿Me sentiría mejor si empezara a irme a dormir unos pocos minutos antes?

ME PERMITO TOMARME EL DESCANSO QUE NECESITO.

SAN ENGO (ENGUSIO)
c. 824

San Engo, monje y estudioso irlandés, fue apodado el Hagió-grafo, el Kélédé y el Vasallo de Dios. Estos apodos no son los sobrenombres habituales para un santo, como San Engo el Bueno o San Engo el Sabio. Sus apodos son creativos. (Imaginad a sus amigos gritando: ¡Eh, Vasallo de Dios! ¿Quieres bajar al pozo?)

Los apodos a menudo reflejan lo que los demás piensan de nosotros. Aunque puedan basarse en características físicas como el color del pelo (rojo) o el tamaño (pequeñito), los apodos pueden también reflejar aspectos de nuestra personalidad. ¿Cómo crees que sería una persona apodada El Profesor? ¿Qué te parece Terminator?

Aunque no podamos controlar los nombres que otros nos dan, podemos mentalmente darnos a nosotros mismos apodos que indiquen una virtud o una característica que quisiéramos adquirir. Escuchando la virtud asociada con nuestro nombre, podemos dar un paso en la dirección de hacerla realidad. Por ejemplo, si empiezas a pensar en ti mismo como Paciente o Comprensivo, pronto te verás viviendo esas cualidades. Del mismo modo, si te humillas a ti mismo utilizando apodos como Gordi o Pelma, esas imágenes negativas se insinuarán en la imagen que tienes de ti mismo.

Las palabras que resuenan en nuestras mentes tienen mucho que ver con nuestra propia autoestima. Hagámoslas lo más positivas y elevadoras posible.

¿Tengo un apodo? ¿Qué apodo me gustaría tener? ¿Cómo me siento cuando oigo una virtud asociada con mi nombre?

ME DARÉ A MÍ MISMO UN APODO QUE REALMENTE ME GUSTA.

SAN MAXIMILIANO
296

Nuestra cultura exalta lo extraordinario. Somos cautivados de tal manera por lo excepcional, que la palabra *corriente* ha asumido una connotación peyorativa. Si vives en una casa ordinaria, tu patrimonio no vale mucho. Si tu peso es corriente, más te vale acabar con los postres. Si tus ingresos son corrientes, probablemente estés buscando un segundo trabajo. De algún modo, corriente ha venido a significar menos que normal.

Pero ¿cuántos de nosotros somos realmente excepcionales? ¿No vivimos la mayoría de nosotros vidas ordinarias y, atrevámonos a decirlo, corrientes?

A todos los que nos sentimos más corrientes de lo que quisiéramos, San Maximiliano nos ofrece una esperanza. Aunque muchos santos hicieron actos asombrosos y maravillosos, San Maximiliano simplemente entró en el ejército a los veintiún años. Casi lo único que sabemos de él es que era «de estatura adecuada... como un metro setenta de alto». En otras palabras, el único dato que tenemos acerca de San Maximiliano concierne a una de las cosas más corrientes y ordinarias: su altura. E incluso ésta era corriente.

Cuando nos sintamos particularmente corrientes y creamos que todos aquellos que conocemos tienen más talento, y son más interesantes y más atractivos, necesitaremos recordarnos a nosotros mismos que lo corriente no es malo. Simplemente significa normal o acostumbrado. Cuando consideramos que el nivel de vida normal en la mayoría de las culturas occidentales incluye cosas como agua corriente, calefacción central y acceso a la educación, por no mencionar unas expectativas de vida por encima de los setenta, lo corriente comienza a parecer bastante bueno. Así que, la próxima vez que te sientas como una bolsa de papel en un mundo lleno de regalos, pide a San Maximiliano que te ayude a recordar que lo corriente, después de todo, no es tan corriente.

¿Se ven heridos mis sentimientos cuando la gente me considera corriente?

CORRIENTE NO ES UNA PALABRA FEA.

SANTA EUFRASIA

c. 420

La mayoría de nosotros hemos experimentado los «remordimientos del comprador». Tras haber hecho una compra, particularmente si se trata de algo grande y costoso como una casa o un coche, nos sentimos invadidos por un pesar instantáneo. Gastamos mucho dinero. No obtuvimos tanto como esperábamos. Deberíamos haber seguido buscando un poco más.

Cuando experimentamos el amargo sabor del remordimiento del comprador, Santa Eufrasia puede ayudarnos.

Eufrasia había sido comprometida a los cinco años, pero al acercarse el día de su matrimonio pidió poder retirarse a un convento. Dado que era una rica heredera, pidió también que su fortuna se entregara a los pobres y que sus esclavos fueran liberados. Sorprendentemente, consiguió su deseo. Es entonces cuando aparecieron los remordimientos del comprador. Eufrasia se vio inmediatamente tentada a conocer algo más de la vida que había abandonado.

Lo mismo nos pasa a nosotros. Una vez que hemos tomado una decisión irrevocable, empezamos a tener dudas y preguntas. Nos preguntamos si hemos cometido un gran error. En ese punto, tenemos dos opciones: sentirnos miserables o, como Santa Eufrasia, seguir adelante con la vida.

Uno de los mejores modos de dejar de vacilar es mediante trabajo físico. Santa Eufrasia dejó de darle vueltas a su decisión trasladando un montón de rocas hasta quedar agotada. Aunque no tengamos acceso a una cantera, siempre tenemos modos de poner nuestros músculos en movimiento: trabajando en el jardín, fregando el baño, lavando el coche. Aunque no siempre podamos estar seguros de haber tomado la mejor decisión, siempre podemos decidir sacar el mayor partido a nuestras decisiones.

¿Me replanteo alguna vez mis decisiones? ¿Cómo soy de impulsivo?

––––––––––––––––

PIENSO A FONDO MIS DECISIONES ANTES DE TOMARLAS.

SAN LEOBINO

558

Uno de los grandes placeres secretos de la infancia es leer bajo las sábanas con una linterna. Desde los tebeos hasta los clásicos, muchas páginas han sido devoradas en las horas de la madrugada. Los niños creen que están haciendo algo a espaldas de sus padres con este acto clandestino, pero los padres ya lo saben; pues ellos hicieron lo mismo.

¿Qué tiene la lectura nocturna para dar tanta vida a la palabra escrita? ¿Son menores nuestras inhibiciones? ¿Es más viva nuestra imaginación? Quizá se deba a que tenemos menos distracciones y podemos concentrarnos más completamente. Cualquiera que sea el caso, una historia de fantasmas no es lo mismo a mediodía que a medianoche.

Si os encanta leer de noche, podéis identificaros con San Leobino, un monje francés que vivió en el siglo sexto. Como tenía que trabajar todo el día, el único momento en que podía leer era después de oscurecer. Para volver las cosas más difíciles, los otros monjes se quejaban de que no les dejaba dormir con la luz de su lámpara. No obstante, seguía leyendo.

Leer, sea de día o de noche, es uno de los grandes disfrutes de la vida. No importa si se trata de una novela o de una biografía, de un éxito de ventas o de un tomo académico, los libros son el portal seguro al crecimiento y el desarrollo. Esta noche, acurrúcate con un buen libro y deja que tu mundo se expanda.

¿Cuál es mi libro favorito? ¿Cuándo fue la última vez que lo leí?

HOY LEERÉ ALGO CON LO QUE REALMENTE DISFRUTE.

SANTA LUISA DE MARILLAC
1591-1660

Santa Luisa de Marillac fue una mujer muy atareada. Junto a San Vicente de Paúl, fundó las Hermanas Vicentinas de la Caridad. Debido a su extensa obra en beneficio de los necesitados, el papa Juan XXIII la proclamó en 1960 santa patrona de los asistentes sociales.

Con ese tipo de antecedentes, podríamos pensar que Santa Luisa fue una «religiosa profesional», una de esas mujeres que se dedican a Dios durante la infancia y pasan toda su vida en conventos. Luisa, sin embargo, estuvo casada felizmente durante doce años antes de que muriera su marido.

Una de las pocas cosas que preocuparon a Luisa fue el bienestar espiritual de su único hijo, Miguel. Su biógrafo dice: «Pese a todas sus ocupaciones, nunca lo olvidó.»

¿Podrían nuestras familias decir lo mismo respecto a nosotros? Es demasiado fácil olvidarse de los que tenemos más próximos cuando estamos presionados por el tiempo. Santa Luisa podría haber tenido razones legítimas para permitir que su hijo adulto se las arreglase por sí mismo, pero no lo hizo. Él permaneció próximo a su corazón, y en su lecho de muerte, una de las últimas acciones de Luisa fue bendecirlo a él, a su esposa y a su nieto.

Por atareados que lleguemos a estar, no olvidemos el ejemplo de Santa Luisa. Aunque trabajemos para traer bendiciones a otros, recordemos también ser una bendición para nuestra propia familia.

¿Hay alguien en mi vida a quien haya estado descuidando últimamente?

DIRÉ HOY A LA GENTE QUE AMO CUÁNTO SIGNIFICA PARA MÍ.

SAN JUAN DE BRÉBEUF
1649

Se necesita un tipo especial de persona para hacer un explorador. Abrir camino en territorios que no entran en los mapas, enfrentarse bravamente a los elementos, buscar nuevos horizontes... muchos de nosotros preferiríamos leer tales hazañas que llevarlas a cabo.

San Juan de Brébeuf y otros misioneros fueron de los primeros exploradores blancos en establecerse en lo que hoy en día es Ontario. Siguiendo a los mercaderes de pieles, fray Brébeuf y otros sacerdotes fueron al Nuevo Mundo para tratar de convertir al cristianismo a los nativos americanos. Decir que encontraron resistencia es un eufemismo; fueron torturados y matados, y sus misiones destruidas. Como misioneros, su éxito fue problemático. Como exploradores se las arreglaron algo mejor, convirtiéndose en parte de los anales de la historia.

La mayoría de nosotros nunca seremos exploradores de nuevos mundos. Las oportunidades están mucho más limitadas hoy en día que en tiempos de San Juan de Brébeuf. No hay nuevos continentes que aguarden nuestro descubrimiento, y, salvo que salgamos al espacio exterior o bajemos a las profundidades marinas, no es probable que tengamos suerte.

Pero la exploración no está limitada a la aventura física. Todos somos llamados a convertirnos en exploradores de la verdad. Como todas las exploraciones, buscar la verdad puede ser peligroso. Podemos encarar una gran oposición. Podemos sufrir la tortura de la duda y la desesperación. Podemos incluso tener que morir a nuestro viejo modo de vida.

La exploración tiene siempre su coste, pero también tiene sus recompensas. San Juan de Brébeuf pudo haber perdido su vida, pero ganó la recompensa del cielo. Cuando busquemos la verdad, encontraremos también nosotros nuestras propias recompensas.

¿Cuánto estoy dispuesto a arriesgar por la verdad?

SOY UN BUSCADOR DE LA VERDAD.

SAN PATRICIO
389-¿461?

Hoy en día, todo el mundo, cualquiera que sea su origen, puede ser un poco irlandés. San Patricio, alguien cuya vida contiene tanta ficción como hechos, es sin duda uno de los santos más famosos de todos los tiempos. Aunque probablemente sea más conocido por los tréboles (y la cerveza verde), también se cree que escribió la hechiceramente bella oración titulada «El peto de San Patricio». Conteniendo la petición: «Cristo escúdame este día: Cristo esté conmigo, Cristo ante mí, Cristo tras de mí, Cristo en mí, Cristo bajo mí», la oración dice luego: «Cristo en la calma y en el peligro, Cristo en los corazones de todos los que me aman, Cristo en la boca de amigo y extraño.»

Aunque no podamos estar absolutamente seguros de que Patricio fuera su autor, esta antigua oración es un perfecto reflejo de su vida y creencias. Como todos los santos, Patricio centró su vida en Cristo. Todo cuanto hizo fue por una apasionada creencia en el mensaje de Jesucristo. En un tiempo en que poca gente podía leer y escribir, la vida de Patricio se convirtió en un evangelio viviente.

Del mismo modo, nuestras vidas reflejan el evangelio con el que nos desposamos. Si nos adherimos al evangelio del materialismo y el consumismo, nuestras acciones demostrarán nuestra convicción. Si seguimos el evangelio del interés propio, será evidente para todos aquellos con quienes nos encontramos. Si como San Patricio, en cambio, abrazamos el verdadero evangelio, que pide la generosidad y el sacrificio, nos volvemos mensajeros de la vida y una esperanza para un mundo caído.

Cuando la gente me encuentra, ¿qué mensaje transmito? ¿Reflejo mis creencias tanto en palabras como en actos?

ADMIRO LA DEDICACIÓN TOTAL DE SAN PATRICIO.

SAN CIRILO DE JERUSALÉN

¿315?-386

San Cirilo de Jerusalén podría probablemente entender la expresión «maldito si lo haces; maldito si no lo haces». Como arzobispo de Jerusalén, no sólo se vio envuelto en una acalorada controversia acerca de la doctrina, sino que además fue condenado por haber vendido propiedades de la iglesia para ayudar a los pobres. No negó haber hecho la venta, pero muchos otros santos han vendido pertenencias eclesiales para ayudar a los pobres. San Cirilo se vio atrapado entre su deber de ayudar a los menos afotunados y su responsabilidad de cuidar por las propiedades eclesiales. Aunque actuó en buena conciencia, se hallaba en una situación en la que no podía ganar de ninguna de las maneras. Hiciera lo que hiciera, alguien se iba a enfurecer.

Cuando seguimos nuestra conciencia, podemos encontrarnos en apuros similares. Quienes se hallan en desacuerdo con nuestras decisiones, pueden ser muy vociferantes en su condena. Los santos, incluyendo a San Cirilo, ofrecen muchos ejemplos de la dificultad en seguir nuestra conciencia, especialmente si va en contra de lo esperado.

Aunque nadie pueda decirte lo que debes hacer en cualquier situación, hay una regla a la que atenerse: si estás en duda, yerra por el lado de la caridad. Para San Cirilo, eso significaba vender pertenencias eclesiales para eliminar los efectos del hambre. En nuestras vidas puede ser tan simple como refrenarse del regodeo cuando hemos tenido razón, o tan difícil como adoptar una postura política impopular. Cuando quiera que seguimos nuestra conciencia, sin embargo, podemos estar seguros de que los santos entienden nuestra lucha y están prestos a apoyarnos con sus oraciones y aliento.

¿Sigo a la multitud o sigo mi conciencia?

CUANDO SIGO MI CONCIENCIA, LO HAGO POR CONVICCIÓN.

SAN JOSÉ
SIGLO PRIMERO

Las historias acerca de Jesús, María y José mencionan a menudo su pobreza. Aunque difícilmente fueran ricos, retratar la Sagrada Familia vestida de harapos y viviendo en una chabola semiderruida con sólo mendrugos de pan que comer, no es justo para con San José. Salvo que queramos creer que era completamente incompetente en su trabajo, tal vez debamos reconsiderar nuestra definición de la pobreza.

En primer lugar, José era carpintero, un profesional diestro emparentado con un constructor, que habría sido un miembro respetado y necesario en su comunidad. En segundo lugar, su trabajo probablemente sería pagado en parte con granos, animales y otros bienes no monetarios. Aunque no tuviera una reserva de monedas, eso no significa necesariamente que fuera un pobre. En último lugar, en el Israel del siglo primero no existía la clase media. Ser llamado pobre no te hacía un mendigo; te hacía ordinario. Todo el mundo, con excepción de la nobleza y los adláteres del gobierno, era pobre. Jesús, María y José no eran una excepción.

No quiero decir con esto que José fuera un hombre rico. No lo era. Pero José era «un hombre justo». En otras palabras, era un hombre de fe que confiaba en que Dios le ayudaría a proveer a su familia.

Dios honró su fe. Jesús, María y José no eran tan pobres que vivieran en medio de la calle, pero no tan ricos que fueran poseídos por sus posesiones.

¿Qué me hace sentirme rico? ¿Qué me hace sentirme pobre?

CREO QUE DIOS ME PROVEERÁ SIEMPRE DE TODO LO QUE
VERDADERAMENTE NECESITO.

SAN CUTBERTO

¿636?-687

En los cuentos de Snoopy, éste a menudo empieza su última novela con las palabras «Era una noche oscura y tormentosa...». Aunque no sabemos si era una noche oscura y tormentosa cuando San Cutberto llegó por vez primera a las puertas de la Abadía de Melrose, debería haberlo sido. Imaginad la escena...

Acaba de caer la noche. Los monjes acaban de terminar las vísperas y se están preparando para retirarse por la noche, cuando una solitaria figura corona la colina que hay frente a los muros de la abadía. A horcajadas de un noble caballo de guerra, la figura cansada por la batalla cabalga hasta la puerta, blandiendo su espada. «Vengo de combatir a los Mercianos», anuncia. «Estoy harto de batallas y deseo ser admitido en vuestra compañía.» Estupefacto, el guardián de la puerta despierta al abad, que cuestiona al joven. Convencido de su sinceridad, el abad ordena que la puerta sea abierta. San. Cutberto está por fin en casa.

Aunque sabemos que San Cutberto llegó a la Abadía de Melrose a lomos de un caballo armado con una lanza, el resto es simplemente un cuento, y los cuentos no han de creerse. ¿O sí? Somos criaturas del cuento. Los cuentos están fundidos con nuestras almas. Es el modo en que como criaturas humanas aprendemos. Incluso Jesús enseñó a sus seguidores principalmente a través de cuentos.

Cuando intentamos reducir la verdad a una mera recitación de hechos, la despojamos de mucho de su poder. Sólo cuando permitimos que nuestra imaginación rellene los espacios en blanco, podemos empezar a incorporar la plenitud de la verdad en los recovecos más profundos de nuestro ser.

¿Cómo podría contar mejor mi propia historia? ¿Escucho cuando otros desean compartir sus historias?

ESTOY AGRADECIDO POR EL DON DE LA IMAGINACIÓN.

SAN SERAPIO DE TMUIS

c. 370

Si estuvierais haciendo una lista de criaturas de las que el mundo pudiera prescindir, ¿qué incluiríais? Mucha gente probablemente pondría en la lista mosquitos, serpientes y otros cuantos seres horripilantes.

Aunque podamos pensar que criaturas como los mosquitos y las serpientes son «malas» porque nos molestan o atemorizan, nada de lo que Dios ha creado es malo. De hecho, el libro del Génesis dice explícitamente que todo lo que Dios ha creado es bueno. Lo que se dice a todo lo largo del relato de la creación es: «Y Dios vio que era bueno.»

Cuando examinamos de cerca el milagro de la vida, descubrimos que toda entidad tiene su lugar propio y único en el equilibrio de la naturaleza. Si interrumpimos un área, sea deliberada o accidentalmente, las repercusiones pueden ser mayores de lo que nunca imaginamos.

Aunque los santos nos advierten contra la adoración a la naturaleza, nos recuerdan que hemos de respetar la creación de Dios siendo buenos administradores del mundo. San Serapio de Tmuis, obispo que vivió en Egipto durante el siglo cuarto, comentó esa responsabilidad cuando dijo: «No hay criatura alguna de la que no pueda hacerse un buen uso.»

El problema reside en el modo en que definimos el «buen uso». Si hemos de pasar a otros la herencia de la creación, debemos aprender la diferencia entre hacer un buen uso de nuestro mundo y explotarlo.

¿Uso más de lo que me corresponde de los recursos del mundo? ¿Podría vivir con mayor simplicidad?

RESPETO LA CREACIÓN DE DIOS TENIENDO CUIDADO DE LA TIERRA.

SAN NICOLÁS OWEN
1606

Guardar un secreto es difícil. Tan pronto como se nos ha comunicado una confidencia, es casi como si un pequeño demonio diese brincos en nuestro cerebro musitando: «No pasa nada si compartes esto con una sola persona más.» Pero, desde luego, una vez que se lo decimos a una persona ella se lo dirá a otra, y antes de que tengamos tiempo de parpadear, el secreto habrá dejado de serlo.

San Nicolás Owen sabía cómo guardar secretos.

Cuando la fe católica fue declarada ilegal en Inglaterra, durante el reinado de Jaime I, Nicolás salvó la vida a un incontable número de sacerdotes católicos ocultándolos detrás de muros, en cámaras subterráneas y en pasajes inaccesibles. Eludió a las autoridades durante casi veinte años, hasta que finalmente consintió en ser capturado en lugar de un sacerdote al que había ocultado.

Aunque conocer algo pueda hacernos sentir importantes, también conlleva una gran responsabilidad. Cuando alguien desea compartir con nosotros una confidencia, hemos de estar dispuestos a aceptar esa responsabilidad. Necesitamos estar preparados para guardar ese secreto por tentador que resulte contarlo.

Por supuesto, algunos supuestos secretos, como el conocimiento de un abuso o de una actividad criminal, deben ser contados a las autoridades apropiadas, pero la mayoría de las veces las confidencias que se nos pide guardar son pequeñas y de índole personal. Revelarlas no consigue otra cosa que dañar a la persona que las compartió con nosotros.

La siguiente ocasión que alguien desee que seas el guardián de un secreto, pregúntate a ti mismo si estás preparado para aceptar esa responsabilidad. Si lo estás, recuerda honrarlo como una confidencia sagrada.

¿Qué tal soy guardando secretos? ¿Cómo me siento cuando alguien revela un secreto que compartí?

PUEDO MANTENER CONFIDENCIALES LAS CONFIDENCIAS.

SAN TORIBIO DE MOGROVEJO
1538-1606

Cuando el obispo de Lima (Perú) falleció en 1575, San Toribio de Mogrovejo fue designado para el puesto aun siendo laico. Pasando por encima de sus objeciones iniciales, fue ordenado sacerdote, consagrado como obispo y enviado al Nuevo Mundo donde, entre otras cosas, confirmó a Santa Rosa de Lima.

Hombre de gran fe y de profundo amor a los pobres y enfermos, San Toribio estuvo también hondamente preocupado por el uso apropiado del tiempo. «El tiempo no es nuestro», dijo. «Habremos de dar estricta cuenta de él.»

Todos tenemos las mismas veinticuatro horas en un día, pero algunas personas parecen realizar muchas más cosas en su porción de tiempo asignada. Si ves que tu tiempo se disuelve como el azúcar en café caliente, considera la posibilidad de llevar un registro de actividades durante uno o dos días. Antes de que argumentes que no tienes tiempo para mantener un registro de tus actividades, recuerda que no tiene por qué ser formal o extenso. Cada dos horas, anota lo que has estado haciendo. Sin embargo, no te censures. De lo que se trata es de descubrir *cómo* empleas tu tiempo, no cómo *piensas* que deberías emplear tu tiempo.

Por la noche, echa un vistazo al día entero. ¿Estás más preocupado por lo urgente o importante? ¿Controlas tu tiempo, o es tu tiempo quien te controla a ti? ¿Qué puedes eliminar para tener más tiempo con que hacer las cosas que realmente deseas hacer? Recuerda que todo crecimiento se inicia reconociendo la necesidad de cambiar.

¿Qué harías si pudieras tener una hora más cada día?

USO MI TIEMPO SABIA Y EFICIENTEMENTE.

SAN IRENEO
304

San Ireneo vivió durante la infame persecución del emperador Diocleciano. Cuando las autoridades decretaron que San Ireneo debería ser ahogado porque rehusaba denunciar su fe cristiana, protestó, diciendo que un final así no era adecuado para la noble causa por la que había padecido. Sea que las autoridades estuvieran o no de acuerdo con su afirmación sobre la cristiandad, le concedieron su deseo, decapitándolo antes de arrojar su cuerpo por un puente.

Aunque tal vez no estemos preparados para llegar hasta donde llegó San Ireneo en defensa de nuestras causas, tenemos la obligación de asegurarnos de que las causas que respaldamos son nobles. Debemos estar seguros de que estamos colocando nuestro tiempo, talento y recursos en algo o alguien que lo merecen. A fin de no ser embaucados, hemos de investigar. Necesitamos investigar la causa desde tantos ángulos como podamos, y hacer tantas preguntas como sea posible. Una vez hecho eso, no obstante, hemos de hacer algo más. Tenemos que analizar la causa que subyace a la luz de nuestra fe. Hemos de preguntarnos, ¿se acuerda esto con mis creencias? ¿Se me pide comprometerme de maneras que me hacen sentir incómodo? ¿Qué he de abandonar para apoyar esto?

Si hemos hecho nuestro trabajo casero sobre los aspectos prácticos *y* respondido estas preguntas a satisfacción nuestra, podemos entonces poner nuestro apoyo a la causa, confiados en haber hecho todo lo posible.

¿Cuál es mi causa o caridad favorita? ¿Cuánto sé realmente sobre ella?

INVIERTO MI ENERGÍA EN CAUSAS NOBLES.

BEATA MARGARITA CLITHEROW
1556-1586

Margarita Clitherow se convirtió a la fe católica durante la persecución inglesa del siglo dieciséis. Junto con otros amigos católicos romanos, ocultó sacerdotes y dispuso misas secretas hasta ser arrestada, y posteriormente ejecutada tras ser comprimida hasta la muerte con un peso de más de 300 kilos. Su marido, un protestante, la amaba muchísimo y dijo: «Que se lleven todo lo que tengo y la salven a ella, pues es la mejor esposa de Inglaterra, y la mejor católica.»

El matrimonio no es fácil. Por mucho que amemos a nuestros esposos, tendremos diferencias. Pueden ser tan pequeñas como por dónde exprimir el tubo de pasta dentífrica, o tan graves como querer morir por nuestras convicciones religiosas.

Juan Clitherow no compartía la fe religiosa de su esposa, pero respetaba su derecho a tener esa fe, incluso si la condujo a su ejecución.

Aprender a respetar las diferencias es un componente esencial de cualquier relación, pero es especialmente importante en el matrimonio. A veces suponemos que nuestros esposos deberían automáticamente pensar y actuar del mismo modo que nosotros. Tales suposiciones es inevitable que creen estrés y, si no se corrigen, pueden incluso estrangular el amor de la relación.

El mayor regalo que podemos hacer a nuestro esposo es la libertad devenir la persona que Dios pretende que sea. Conceder esa libertad puede causar temor. Puede significar que nuestro esposo o esposa recorrerán un sendero que no podemos seguir. Pero al conceder esa libertad, ganamos también la nuestra.

¿En qué modos trato de controlar el comportamiento de los miembros de mi familia?

DOY SU LIBERTAD A AQUELLOS QUE AMO.

SAN BRAULIO
651

Un amigo es alguien que da brillo a nuestros gozos y soporta nuestros pesares; que permanece a nuestro lado en los tiempos buenos y en los tiempos malos; que nos ama incluso cuando no nos amamos a nosotros mismos.

San Braulio fue un brillante estudioso y alumno del colegio de Sevilla fundado por San Isidoro. Fue también un amigo íntimo de Isidoro, pese a su gran diferencia en edad.

Nuestras amistades más íntimas tienden a ser con personas próximas a nosotros en términos de ingresos, posición social, y edad. Es natural que disfrutemos de la compañía de quienes comparten nuestros intereses y situación en la vida. Si limitamos nuestra amistad a quienes son como nosotros, sin embargo, perderemos muchos de los verdaderos dones de la amistad.

Tener un amigo más mayor puede darnos una perspectiva. Puede haber vivido situaciones similares y ofrecernos un conocimiento derivado de la experiencia práctica. Del mismo modo, tener un amigo más joven puede restablecer un sentido del entusiasmo y el interés en el potencial de la vida.

Para quienes no viven en familias numerosas que ofrecen un contacto automático con varias generaciones, puede ser difícil encontrar amigos de diferentes edades. Difícil, pero no imposible. Hay un viejo dicho: si quieres tener un amigo, has de ser un amigo. La próxima vez que encuentres a alguien interesante, cualquiera que sea su edad, ¿por qué no extender el círculo de tus amistades? Puedes ser rechazado, o puedes ver tu vida enriquecida. Nunca lo sabrás hasta que lo intentes.

¿Qué cualidades busco en un amigo?

ESTOY ABIERTO A LA POSIBILIDAD DE LA AMISTAD CON CADA PERSONA QUE ENCUENTRO.

SAN JUAN DE EGIPTO

304-394

Generalmente, cuando acudimos a los santos en busca de consejo, es acerca de la religión. A veces, sin embargo, olvidamos que los santos fueron gente real. Aunque siempre estén dispuestos a ayudarnos en nuestro crecimiento espiritual, pueden también proporcionarnos ayuda práctica para la vida diaria.

Cojamos el caso de las dietas, por ejemplo. Los cardiólogos modernos promueven alimentos bajos en grasas y ricos en fibra, como clave de la salud y la longevidad. Nos animan a comer tantas frutas y verduras como nos sea posible, y a evitar las carnes rojas y los alimentos sin calorías.

San Juan de Egipto estaría de acuerdo con su consejo. Durante cincuenta años vivió sólo con frutos secos y verduras. Es cierto que llevó las cosas un poco más lejos de que lo necesitamos hacerlo nosotros, puesto que evitó todo alimento cocinado. No obstante, su dieta debió ser saludable puesto que vivió hasta los noventa.

Los santos saben que una de las claves para una vida feliz y saludable es la autodisciplina. Nuestros cuerpos y nuestras almas están íntimamente interconectados. Una vida de indulgencia, aunque inicialmente agradable, nos deja física y espiritualmente flaccidos.

Si tienes problemas para seguir un régimen, hacer ejercicio o mejorar tu estilo de vida, recuerda que no tienes por qué hacerlo solo. El cielo está lleno de amigos que aguardan para prestarte su ayuda e inspiración. Lo único que necesitas hacer es pedirlo.

¿Qué área de mi vida desearía que los santos me ayudasen a cambiar?

———

ME ESTOY VOLVIENDO MÁS DISCIPLINADO CONMIGO MISMO.

SAN TUTILO

915

¿Qué constituye un genio? Si sólo te basas en el coeficiente de inteligencia, Albert Einstein ciertamente lo sería, sin embargo, se dice que a menudo se olvidaba de ponerse los calcetines. Tal vez fuera extremadamente inteligente, pero no siempre era brillante.

Conforme hemos empezado a reconocer los entresijos del cerebro humano, nuestra definición del genio se ha ampliado. El genio no está ya limitado al poder intelectual. Comprendemos hoy en día que la gente puede ser un genio atlético, o un genio musical, o un genio mecánico, por nombrar sólo unos pocos.

San Tutilo, monje benedictino del monasterio de Saint-Gall, era un genio en muchos aspectos. Poeta, orador, arquitecto, pintor, escultor, trabajador del metal, mecánico, y músico, se dice también que era «bello, elocuente e ingenioso». ¡Menos mal que también era humilde, o podría no haber llegado nunca a santo!

Aunque podamos no ser tan talentosos como San Tutilo, todos tenemos nuestra propia área de genialidad. Tal vez sepas ya exactamente dónde se encuentran tus talentos especiales. Si es así, permítete celebrar tu don en toda su plenitud. Si no estás seguro de cuál es tu talento, podrías pedir a San Tutilo que te ayude a destaparlo. Recuerda sin embargo que cuando pides ayuda a los santos, ésta puede presentarse del modo que menos esperas.

Si pudiera aprender una nueva habilidad, ¿cuál sería? ¿Qué me impide empezar hoy mismo?

SOY COMPETENTE Y CREATIVO.

SAN RUPERTO

c. 710

San Ruperto, obispo de Salzburgo a comienzos del siglo octavo, edificó varias iglesias y estableció al menos un convento de monjas. También animó a sus fieles a explotar varias minas de sal.

Explotar minas de sal parece una ocupación bastante extraña para un clérigo santo, especialmente porque la expresión «trabajar en minas de sal» suele significar esclavizarse en un trabajo difícil y que no compensa. Sin embargo alentar a la gente a trabajar en minas de sal se considera una de las virtudes de San Ruperto.

Que veamos una mina de sal como algo negativo o como algo positivo es como tantas otras cosas de la vida: depende de lo que andes buscando. Considera la sal en sí, por ejemplo. Aunque tenderemos a considerarla como algo a eliminar de nuestro alimento, en tiempos pasados era tan valiosa que formaba parte de la paga de un soldado romano.

¿Qué sientes respecto a las tareas difíciles y aparentemente sin recompensa de tu vida? Si las ves meramente como minas de sal, todo lo que se halle asociado con la tarea resultará laborioso y estresante. Si, por el contrario, te concentras en el objetivo, el trabajo no parecerá tan oneroso.

Dado que todos tenemos nuestras minas de sal personales, realmente sólo tenemos dos elecciones: podemos gruñir y quejarnos, y volver las cosas miserables para nosotros y para todos los que nos rodean, o podemos interesarnos por el resultado final y dar a nuestras vidas el sabor del gozo y del optimismo.

¿Cuál es la tarea que más odio?

ME ATENGO A LAS TAREAS QUE HE DE HACER HASTA HABERLAS COMPLETADO.

SAN ZÓSIMO
¿571?-660

¿Qué tal te sienta envejecer? ¿Piensas en el envejecimiento como mejorar, como el buen vino, o como hundirte, como una batería agotada?

A veces, conforme maduramos, podemos creer que nuestros mejores años quedaron atrás. El futuro, que en un tiempo nos parecía ilimitado, parece cerrado y apretado. Nos sentimos desanimados por todo lo que no hemos conseguido, y empezamos a pensar que la vida no tiene nada nuevo que ofrecer.

San Zósimo podía muy bien haberse sentido así. Hijo de terratenientes sicilianos, fue colocado por sus padres en el monasterio de Santa Lucía cuando tenía siete años. Durante los siguientes treinta años guardó la reliquia de Santa Lucía y atendió la entrada. Pero un día las cosas cambiaron. El abad de Santa Lucía murió y los monjes no pudieron ponerse de acuerdo sobre su sucesor. El obispo de Siracusa fue requerido a tomar una decisión. Oteando la asamblea, el obispo preguntó si faltaba algún monje. Alguien se acordó de Zósimo, que todavía estaba guardando la reliquia y atendiendo la entrada. Tan pronto como el obispo lo vio, declaró: «Ved a quien el Señor ha escogido.»

Pero no fue ése el final de las sorpresas de Zósimo. Cuando el obispo falleció en el 649, fue nombrado para el puesto por el papa Teodoro.

Por viejos que seamos o lo oscuros que podamos sentirnos, la vida está llena de sorpresas. A veces hemos de buscarlas; otras veces, como le sucedió a San Zósimo, lo único que hemos de hacer es ser fieles a nuestros deberes, y las sorpresas nos encontrarán a nosotros.

¿Me gustan las sorpresas? ¿Qué prefería? ¿Sorprender a alguien o ser sorprendido?

ESPERO TODO LO QUE LA VIDA TIENE QUE OFRECERME.

SAN GUY DE POMPOSA
1046

Todos hemos encontrado personas que no pueden pasar delante de un espejo sin arreglarse y contemplarse. Pero una cosa es ir bien arreglados, y otra estar tan preocupados por nuestro aspecto que se convierta en la cosa más importante de nuestra vida.

Se dice que de joven San Guy de Pomposa cuidaba mucho de su aspecto y vestimenta. Un día, sin embargo, cambió su actitud. Como parte de su despertar espiritual, abandonó sus finos ropajes y marchó a Roma para hacerse monje. Sus padres se horrorizaron cuando comenzó a vestir como un mendigo, pero San Guy comprendió que las ropas no hacen al hombre, ni a la mujer.

Los diseñadores de modas desearían hacernos creer que a menos que renovemos nuestro guardarropa cada año, nos volveremos parias sociales. Tratando de convencernos de que necesitamos tener los últimos estilos, la industria se ceba en nuestra inseguridad y en nuestro deseo de conformarnos. Sin embargo, el mensaje de los santos es el opuesto directo a la conformidad. En vez de acomodarnos a la multitud y seguirla, los santos nos dicen que dejemos las convenciones. Nos recuerdan que Dios no nos ama porque encajemos en el molde. Dios nos ama porque diseñamos nuestros propios moldes.

¿Cuán importante es mi apariencia? ¿Estoy satisfecho con mi aspecto?

SÉ QUE SOY BELLO A LOS OJOS DE DIOS.

SAN HUGO
1052-1132

De los siete enanitos de *Blancanieves*, ¿te identificas más con Tímido? Si es así, sabrás que ser vergonzoso puede constituir una verdadera prueba. Tal vez quisieras ser un poco más extravertido, pero ser reservado y tímido es parte de tu naturaleza fundamental.

San Hugo, obispo de Grenoble en el siglo doce, sabe lo que es combatir contra la timidez. No sólo era tímido; se dice que era «*extremadamente* tímido».

Ser vergonzoso no es un gran activo para un obispo. De hecho, probablemente sea un inconveniente. San Hugo, sin embargo, se las apañó para poner su timidez en buen uso transformándola en la virtud de la modestia. En vez de exhibir sus talentos —algo que su naturaleza tímida muy probablemente habría impedido en cualquier caso—, San Hugo honró su inclinación básica a la vergüenza y ocultó sus capacidades. Al hacerlo así, no sólo se ganó la admiración y el respeto de sus colegas, sino que además fue ampliamente alabado por su humildad.

A veces pensamos que a fin de ser santos hemos de renovar toda nuestra naturaleza. San Hugo nos demuestra la falacia de ese modo de pensar. Él convirtió su vergüenza en la modestia por la que se le recuerda hoy en día. Hacemos lo mismo con los rasgos básicos de nuestra personalidad cuando los usamos como ladrillos para edificar la santidad.

¿Qué palabra utilizaría para describirme a mí mismo? ¿Cómo puedo transformar ese rasgo en virtud?

BUSCO MANERAS DE DESARROLLAR VIRTUDES DE ACUERDO CON MI PROPIA PERSONALIDAD.

SAN FRANCISCO DE PAULA
1416-1507

El rey Luis XI de Francia tenía un miedo a la muerte fuera de lo común. Cuando supo que estaba muriéndose, intentó de todo para evitar lo inevitable, incluyendo oraciones y peregrinajes. Como su salud continuó resquebrajándose, pidió al santo eremita San Francisco de Paula que fuese a verlo. Cuando Francisco rehusó, Luis finalmente imploró al papa Sixto VI que ordenase a Francisco hacer el viaje. No teniendo elección, Francisco se puso en camino, llegando a la corte francesa en abril de 1482.

El rey Luis suplicó inmediatamente a Francisco que extendiese su vida. En respuesta, Francisco dijo que las vidas de los reyes, como las vidas de sus súbditos, están sólo en manos de Dios. Aunque el mensaje probablemente no fuera lo que el rey Luis esperaba oír, Francisco ayudó al rey durante los siguientes cuatro meses a prepararse para la muerte. El 30 de agosto de 1482 el rey murió apaciblemente en brazos de Francisco.

Ninguno de nosotros sabe cuándo va a morir. Podemos tener unos pocos meses de preaviso, como el rey Luis, o fallecer tan repentinamente como las víctimas de los desastres aéreos. La única certeza acerca de la muerte es que le sucederá a todos y cada uno de nosotros.

Los santos nos animan a vivir hoy como si fuéramos a morir mañana. Eso no significa que debamos quedar paralizados por el miedo, sino más bien que nunca deberíamos dejar de hacer buenos actos, decir buenas palabras o perdonar a quienes nos injurian, pues sólo cuando aceptamos la realidad de la muerte podemos vivir la vida en su plenitud.

¿Tengo miedo de la muerte? ¿Cómo me siento cuando pienso en mi propia muerte y en la muerte de los que amo?

NO PERMITO QUE EL MIEDO A MORIR ME PRIVE DEL GOZO DE VIVIR.

SANTAS ÁGAPE, QUIONIA E IRENE

304

Ágape, Quionia e Irene fueron tres hermanas martirizadas por su fe bajo la persecución del emperador Diocleciano. Durante su juicio, Ágape explicó que no querían comer la carne sacrificada a los dioses romanos, añadiendo: «Creo en el Dios viviente, y no perderé por una acción malvada todos los méritos de mi vida pasada.» Es difícil imaginar que una sola acción malvada pudiera tener consecuencias tan enormes, pero puede ser así. Un pecado de una sola noche puede destruir un matrimonio. Un solo soborno puede demoler una carrera política. Una mentira solitaria puede arruinar una reputación.

Cuando vemos los resultados de nuestras acciones pecaminosas, a menudo nos sentimos abrumados con los «si tan sólo». ¡Si tan sólo no me hubiera enfadado! ¡Si tan sólo no hubiera corrido esa aventura! Si tan sólo... si tan sólo.. si tan sólo... El problema del «si tan sólo» es que no cambia el pasado. Lo único que hace es erosionar la felicidad del presente y la esperanza del mañana.

Verte atrapado en la espiral del «si tan sólo» es un signo seguro de que necesitas pedir perdón. En primer lugar, pide a Dios que te perdone, confiando en la misericordia y la comprensión divinas. Luego, en la medida de lo posible, pide a quien hayas herido que te perdone. Finalmente, perdónate a ti mismo. Tal vez tengas que seguir viviendo con las consecuencias de tus acciones, pero pidiendo perdón por partida triple te descargas del peso de la culpabilidad no resuelta.

¿Vuelvo a pensar una y otra vez en mis errores pasados? ¿He pedido perdón? Si no es así, ¿por qué?

PIDO EL PERDÓN DE AQUELLOS A QUIENES HE HERIDO Y PERDONO A QUIENES ME HAN HERIDO.

SAN ISIDORO DE SEVILLA

¿560?-636

Los libros que tratan del manejo del tiempo están llenos de sugerencias sobre cómo exprimirle a cada día más tiempo productivo. Aunque las ideas son a menudo creativas, se basan todas en la misma premisa: hacer más de una cosa al mismo tiempo. Así que cogemos el libro que queríamos leer sobre el manillar de nuestra bicicleta de ejercicios con la última cinta de superación personal en nuestras cabezas y los telenoticiarios puestos, no sea que algo capaz de conmover la tierra suceda mientras hacemos nuestros 20 minutos precisos de aerobic. No es asombroso que nos sintamos agotados y abrumados. Nuestra energía está tan dispersa que conseguimos mucho menos que si utilizáramos una atención más enfocada. San Isidoro de Sevilla fue uno de los hombres más concentrados de su tiempo (y uno de los que más logros alcanzó). Brillante estudioso, prodigioso escritor y notable educador, de joven odiaba el trabajo en la escuela. Pero un día se fijó en una vieja piedra. Sobre sus muros había oquedades producidas pro la constante fricción de una cuerda húmeda. San Isidoro comprendió que igual que una cuerda puede desgastar la roca, también él podría tener éxito en sus estudios con una concentración enfocada.

Si deseamos tener éxito, necesitamos seguir el ejemplo de la cuerda de San Isidoro. En vez de tratar de hacer el mayor número posible de cosas, convirtiéndonos en aprendices de todo y maestros de nada, enfoquemos nuestra atención en una sola cosa a la vez. Haciendo esto, tal vez descubramos que conseguimos más de lo que nunca pudimos esperar.

¿Me decubro a mí mismo escurriéndome de una cosa a la siguiente?
¿Consigo tanto como creo que debiera?

PRESTO ATENCIÓN A LO QUE ESTOY HACIENDO.

SAN VICENTE FERRER
¿1350?-1419

La Iglesia de los siglos catorce y quince era, por ponerlo eufemísticamente, un caos. Había dos papas reinando: Urbano VI en Roma y Clemente VII en Aviñón. Cuando Clemente VII murió, Pedro de Luna (Benedicto XII) fue elegido su sucesor. Todo el mundo, del rey a los campesinos, discutía quién era el papa legítimo.

En medio de la controversia se encontraba un sacerdote dominico: San Vicente Ferrer, nacido en Valencia (España). La lealtad de San Vicente se inclinaba originalmente por Benedicto, que lo ordenó, pero finalmente Vicente fue convencido de que su antiguo amigo no tenía fundamentos para el papado. Trató de persuadirle de que abdicara, pero cuando Benedicto rehusó, Vicente finalmente lo denunció públicamente. Erosionada su base de apoyo, Benedicto fue forzado a renunciar y huyó para salvar su vida.

A menudo nuestras vidas están llenas de elecciones difíciles. Dedicidir enfrentarse a un amigo que está equivocado es una de las más difíciles. Si el asunto es lo bastante serio, debemos comprometer nuestra conciencia negando lo que sabemos correcto, o sacrificar nuestra amistad diciendo la verdad. Cuando se nos coloca en una posición en la que debemos elegir entre nuestra conciencia y nuestros amigos, recordemos que la honradez es la base de toda verdadera amistad. Si no podemos ser honrados con nuestros amigos, quizá no sean realmente nuestros amigos.

¿He tenido que enfrentarme alguna vez con un amigo? ¿Qué efecto tuvo eso en nuestra amistad?

SOY HONRADO CON TODOS MIS AMIGOS.

SAN GUILLERMO DE ESKILSOË
¿1125?-1203

La reputación de la santidad de San Guillermo estaba tan extendida que el obispo de Roskilde le pidió que restableciera la disciplina en los monasterios daneses. San Guillermo aceptó y emigró de Francia a Dinamarca hacia el año 1170. Una vez allí, pasó el resto de su vida reformando casas de religiosos.

Desplazarse a un nuevo lugar puede causar temor. Dejar detrás amigos y familia puede ser difícil. Pero el traslado también puede ser apasionante. Es una oportunidad de empezar de nuevo, de corregir los errores del pasado y crear nuevas oportunidades. A lo largo de la historia, la gente ha emigrado a nuevas tierras con la esperanza de construir un futuro mejor.

No siempre podemos desplazarnos físicamente a un nuevo lugar, pero toda mañana se nos da la oportunidad de crear un nuevo futuro. Las mañanas nos proveen una pizarra en blanco. Sea lo que fuere que hayamos o no hayamos hecho el día anterior, la salida del sol marca un nuevo comienzo. Cada uno de nosotros inicia la vida de nuevo cada mañana.

Hoy, cuando te despiertes, tómate unos pocos minutos para agradecer a Dios el milagro de un nuevo día. Pide a Dios que dirija tus horas y te dé el discernimiento que necesitas para moverte en nuevas direcciones.

¿Veo cada día como un nuevo comienzo, o simplemente como más de lo mismo de siempre?

ESPERARÉ LAS BENDICIONES QUE DIOS PRETENDE PARA MÍ A LO LARGO DEL DÍA.

SAN JUAN BAUTISTA DE LA SALLE

1651-1719

San Juan Bautista de la Salle era un joven rico. Abandonando su fortuna, fundó los Hermanos de las Escuelas Cristianas (Hermanos Cristianos). Aunque su énfasis siempre estuvo en los pobres, San Juan Bautista de la Salle estableció escuelas para jóvenes ricos delincuentes de modo que no fueran enviados a prisión.

Leemos mucho acerca de los crímenes juveniles hoy en día. No es raro oír de niños que tratan con drogas, cometen robos a mano armada o incluso matan a otros niños. Aunque todos estemos de acuerdo en que debe hacerse algo, no siempre podemos coincidir en qué es lo que debería hacerse. Sería interesante escuchar la opinión de San Juan Bautista de la Salle. Él estaba familiarizado tanto con el crimen nacido de la pobreza como con el crimen alimentado por el aburrimiento. En un tiempo en el que el castigo a menudo era rápido y duro, consideró que la respuesta estaba en la educación religiosa estricta. Los niños de su escuela asistían diariamente a misa, estudiaban religión y se les enseñaba según los principios cristianos.

Aunque sería una grave violación de la separación de Iglesia y Estado añadir la instrucción religiosa a la educación pública, la idea de que las escuelas deberían no sólo preparar a los estudiantes para sus carreras sino también ayudar a formar su carácter, es una idea que se retrotrae a los tiempos de los antiguos griegos. Al examinar los retos que encara la sociedad de hoy en día, quizá sería buena idea considerar cómo se solucionaron en el pasado problemas similares. Después de todo, quienes no recuerdan la historia están condenados a repetirla.

¿Cuál fue la lección más importante que aprendí en la escuela?

AL ENCARAR UN PROBLEMA, VEO CÓMO OTROS, INCLUYENDO A LOS SANTOS, HAN TRATADO ASUNTOS SIMILARES.

SANTA JULIA BILLIART
1751-1816

La relación entre nuestra mente y nuestro cuerpo es compleja. Todos sabemos que cuando nos hallamos estresados es más probable que enfermemos. A la inversa, cuando nos hallamos en un estado mental optimista (por ejemplo, cuando nos enamoramos) nuestro sistema inmunitario recibe un impulso enorme. Una actitud mental positva puede a veces incluso cambiar el curso de una enfermedad grave. Por ejemplo, se sabe que los pacientes de cáncer de mama viven más cuando se encuentran en un grupo de apoyo. Aunque una actitud positiva pueda operar maravillas, la fe puede obrar milagros.

Cuando Santa Julia Billiart era una joven muchacha, alguien disparó a través de la ventana de su casa. Como resultado de la conmoción, quedó paralizada gradualmente. Tras más de veinte años inválida, Julia encontró a un sacerdote misionero que la pidió orar una novena al Sagrado Corazón. Al quinto día se acercó a ella diciendo: «Madre, si tienes algo de fe, da un paso en honor del Sagrado Corazón.» Julia se puso en pie y empezó a caminar.

Las vidas de los santos abundan en historias de curaciones milagrosas. Aunque Dios no opera como una máquina expendedora cósmica (introduces tu oración y lo que pides te sale), de algún modo, por caminos que no entendemos bien, nuestra fe juega un papel clave en las curaciones. Cuando creemos que Dios *nos curará*, Dios *nos cura*. A veces la curación es física, como en el caso de Santa Julia, pero a veces es espiritual o emocional. La única cosa de la que podemos estar seguros es de que cuando pidamos la curación con fe, recibiremos una respuesta divina.

¿Cómo actúo cuando estoy enfermo?

CREO QUE DIOS RESPONDE LAS PLEGARIAS QUE BUSCAN UNA CURACIÓN.

SANTA WALDETRUDIS

c. 688

Todos hemos conocido familias en las que todo el mundo se parece. Todos tienen el mismo color de pelo o la misma nariz, pero sea lo que fuere que los hace parecerse, una vez que has visto a uno los has visto a todos.

La familia de Santa Waldetrudis también se parecía, pero no físicamente. Su familia era parecida en su notable santidad. ¡No sólo fue hermana de dos santos, sino que su hermana, su marido y sus cuatro hijos se hicieron todos santos!

¿Qué había en su familia que daba por resultado tal santidad? Ciertamente, estaban presentes el deseo personal de agradar a Dios y un énfasis en el crecimiento espiritual, pero vivir con gente que admiraba la santidad no podía hacerles daño. Las personas a las que dejamos entrar en nuestras vidas tienen un efecto profundo en nuestro ser más interno. Considerad por un momento el siguiente escenario: acabas de iniciar un nuevo proyecto y estás lleno de entusiasmo. Compartes tus nuevas con dos amigos. El primero dice: «¡Es magnífico! Sé que lo harás muy bien. ¿En qué puedo ayudarte?» El segundo dice: «Cuando lo intentamos no funcionó.» No cuesta mucho imaginar qué amigo es mejor para tu alma.

Una de las mejores cosas acerca de los santos es que siempre están dispuestos a ser un amigo de la mejor especie. Cuando estés en compañía de santos, siempre serás apoyado, animado y amado. Aunque no siempre podamos estar seguros de que la gente de la tierra nos dará la ayuda que precisamos, podemos tener una confianza total en el cuidado y preocupación de los santos.

¿Qué ayuda necesito de los santos en este preciso momento?

SÉ QUE LOS SANTOS ESTÁN A MI LADO.

SAN BADEMO

376

¿Alguna vez has permanecido levantado toda la noche? Tal vez preparando un examen, tomando una taza tras de otra de café bien cargado. O quizá acompañando a un niño enfermo. O tal vez padeciendo la tortura del insomnio. Pero ¿has pasado alguna vez la noche entera en oración?

San Bademo era un rico persa que fundó un monasterio en sus tierras. Practicó diversas penitencias y, como muchos otros santos, se dice que pasó noches enteras en oración.

Orar toda la noche no es fácil. Tal vez por eso sólo los santos están inclinados a intentarlo. Hacia las 3 de la madrugada, los ciclos circadianos se imponen, los ojos se tornan increíblemente pesados, e incluso el suelo comienza a parecer enormemente confortable. Las dudas acerca de la sabiduría de agotarse comienzan a aflorar en la superficie, y la tentación de abandonar se vuelve casi irresistiblemente fuerte.

En ese punto, es como golpear el muro cuando se corre. Puedes rendirte o seguir empujando. Si persistes, tal vez descubras que sucede algo increíble. Conforme tus barreras naturales se erosionan, Dios entra en tu vacío. Puedes sentir la presencia de Dios de un modo que no has experimentado antes. Puede ser algo sutil —un incremento de consciencia—, o algo más espectacular —una sensación definida de estar envuelto en el amor de Dios—. Incluso si crees que no está pasando nada, lo está. Dios recompensará el sacrificio que hiciste con tu sueño, bendiciéndote en modos que puedes no haber considerado nunca.

¿Soy una persona a la que le gusta la vida de día, o soy noctámbula?
¿Cuándo me resulta más fácil orar?

LA PRÓXIMA VEZ QUE ESTÉ DESPIERTO A ALTAS HORAS DE LA NOCHE
USARÉ ESE MOMENTO PARA ORAR.

SANTA GEMA GALGANI
1878-1903

El dicho de que la belleza no va más allá de la piel, no se aplica a Santa Gema Galgani. Aunque por sus fotografías resulta obvio que tenía una belleza extraordinaria, Santa Gema era una mujer de santidad igualmente extraordinaria. Una de las cosas más notables de Santa Gema era su capacidad de conversar directamente con su ángel guardián. Estaban tan familiarizados entre ellos, que a menudo enviaba a su ángel para un recado, generalmente para entregar un mensaje a su confesor de Roma.

Como Santa Gema, cada uno de nosotros tiene su propio ángel de la guarda individual, un mensajero de luz y esperanza enviado directamente desde el cielo para ser nuestro amigo, guía y compañero. Estos espíritus benditos nos acompañan a todo lo largo de la vida, prestando su asistencia y ofreciendo su amor. Aunque siempre estén con nosotros, no siempre nos percatamos de la presencia de nuestros ángeles. Aprender a comunicarse con los ángeles es muy parecido a aprender a comunicarse con los santos. El primer paso es reconocer que tanto los santos como los ángeles son reales. El segundo es estar atentos a las pruebas de su proximidad.

Aunque a unos pocos santos como Santa Gema se les ha concedido el don de ver sus ángeles guardianes cara a cara, la mayoría de nosotros hemos de conformarnos con signos más sutiles. ¿Has sentido alguna vez un pequeño aleteo o aviso? Tu ángel se hallaba cerca. ¿Has sentido alguna vez un profundo sentido de asombro? Tu ángel se hallaba cerca. ¿Has experimentado alguna vez un inesperado brote de gozo? Tu ángel, muy ciertamente, se hallaba cerca.

Si pudiera enviar a mi ángel a un recado, ¿cuál sería?

ESTOY ATENTO A SIGNOS DE LA PRESENCIA DE MI ÁNGEL GUARDIÁN.

SAN JULIO I
352

San Julio I fue papa durante una de las mayores convulsiones de la Iglesia primitiva. Unos obispos acusaban a otros de herejía. Se convenían concilios con y sin aprobación papal. La controversia teológica estaba rompiendo en pedazos la Iglesia. Sin embargo, se dice que durante toda la pugna San Julio ejerció «un vigor apostólico y una resolución templada con la caridad y la docilidad».

La «docilidad» nos conjura la imagen de un tipo de persona blandengue que carece del suficiente coraje para defender nada. Asertividad, confianza, autoafirmación, éstas son las cualidades que traen consigo la felicidad, ¿no es así?

Bueno, tal vez. O tal vez no.

Ser dócil no significa dejar que otros nos vayan zarandeando. Significa más bien que ponemos calma y paz en todas nuestras acciones. Significa que somos pacientes y tolerantes. En pocas palabras, significa que seguimos la Regla de Oro. Tratar a los demás con respeto es una parte importante de la Regla de Oro, pero a veces olvidamos que podemos aplicarnos la regla también a nosotros. Hoy, haz una pausa por unos momentos y presta atención al modo en que te tratas a ti mismo. Escucha tu tono de voz mental. Analiza cómo atiendes tu cuerpo. Pregúntate si estás siendo tan bueno contigo mismo como lo eres con otros. Si no es así, pregúntate por qué.

¿Cómo soy de crítico conmigo mismo? ¿En qué formas dejo de darme a mí mismo el respeto que merezco?

ME APLICO LA REGLA DE ORO A MÍ MISMO IGUAL QUE A LOS DEMÁS.

BEATA MARGARITA DE CASTELLO

1287-1320

Cuando los padres de Margarita de Castello supieron que iban a tener un hijo, estuvieron encantados. Cuando vieron a su hija, sin embargo, su gozo se tornó en disgusto. Margarita era ciega, enana, jorobada y con una cojera permanente. Sus padres rehusaron verla, y finalmente la recluyeron en una pequeña celda adjunta a una iglesia, en la esperanza de que muriera allí.

Margarita no murió. En un intento desesperado por encontrar una cura, su madre persuadió a su padre de llevarla a una tumba donde se decía que pasaban milagros. Cuando Margarita no sanó, sus padres la abandonaron. Finalmente fue recogida por varias familias pobres, donde encontró al fin el amor y la aceptación que sus padres no pudieron darle.

Alguien dijo una vez, irónicamente, que toda familia es disfuncional. La mayoría de nosotros no provenimos de una familia tan disfuncional como la de la Beata Margarita, pero pocos provenimos de familias perfectas. Todos portamos cicatrices de las cosas que hicieron (o que no hicieron) nuestros padres mientras crecíamos.

Culpar a nuestros padres del giro que tomaron nuestras vidas no sirve más que para inhibir nuestro propio crecimiento espiritual. Finalmente, hemos de encarar el hecho de que ya no somos niños. Si hemos de convertirnos en adultos completos y sanos, debemos dejar ir el pasado y querer perdonar a nuestros padres por todo lo que hicieron, o que no hicieron.

¿Albergo aún resentimientos que vienen de mi infancia? ¿Culpo a mis padres por lo que soy hoy?

TAL VEZ NO ME GUSTE TODO LO QUE HICIERON MIS PADRES, PERO LOS PERDONO.

SAN BENEZET
1184

Los puentes son unas estructuras fascinantes. Con apariencia a menudo de estar colgados en medio del aire, se lanzan por encima del agua abierta, enlazando dos riberas distantes con un nudo de carretera.

San Benezet no era un probable candidato a constructor de puentes. Era un pastor que, durante un eclipse, escuchó una voz que le decía que construyera un puente cerca de Aviñón. Tras muchos intentos, finalmente convenció al obispo de que le dejara intentarlo, y durante los siguientes siete años supervisó la construcción de un puente de piedra sobre una parte particularmente peligrosa del Ródano. Cuando falleció, en 1184, el puente estaba casi acabado, aunque no del todo.

Construir puentes es una ocupación difícil y peligrosa. Requiere nervios firmes, pies seguros y mucha fe. Tal vez por eso la construcción de puentes se utilice como metáfora de la reconciliación. Cuando la gente está fuertemente enfrentada entre sí, se requieren nervios firmes, pies seguros y mucha fe para intentar de nuevo la reunión.

Por peligrosa que sea la ocupación de constructor de puentes, aún más peligroso es dejar sin tender un puente sobre un abismo de ira. Aunque la ira se considera frecuentemente como algo ardiente, es más como un río desbordado: fría, implacable e incapaz de perdón. Cualquier cosa que se aproxima a sus orillas es arrastrada por su corriente, que todo lo consume. Dado que la ira discurre rápida y en profundidad, a menudo el único modo de sortearla es pasar por encima de ella; lanzando un nudo de perdón de una ribera a la otra. Alzar un puente.

¿Necesito construir un puente en mi vida? ¿Qué necesito para iniciar la construcción?

CONSTRUYO EN MI VIDA LOS PUENTES NECESARIOS.

BEATO DAMIÁN DE VEUSTER
1840-1889

Durante la mayor parte de la historia del mundo, los leprosos han estado entre las más temidas y aborrecidas criaturas. Como nadie entendía el modo en que se extendía la enfermedad, sus víctimas fueron condenadas al ostracismo. Todos los leprosos conocidos eran enviados a colonias de leprosos, lugares adonde nadie en su sano juicio querría ir. Si alguna vez habéis visto la famosa película *Ben Hur*, sabréis lo que era la vida para los leprosos.

Damián de Veuster no sólo fue gustosamente a la colonia de leprosos de la isla hawaiana de Molokai, sino que pasó allí el resto de su vida trabajando con y para los leprosos. Finalmente contrajo la lepra él mismo y murió a los cuarenta y nueve años de edad, con el cuerpo horriblemente devastado por sus efectos.

Aunque la lepra no es común hoy en día, otras enfermedades, como el cáncer y el SIDA, despiertan similares reacciones de temor y revulsión. A menudo rehuimos a sus víctimas, temblando ante el pensamiento mismo del contacto físico. Sin embargo, el contacto amoroso de otro ser humano es a menudo lo que más necesita la gente que padece una enfermedad terminal; una suave caricia, un apretón de manos, una palmadita en la espalda. Es natural que queramos protegernos de la enfermedad pero, irónicamente, las enfermedades que más tememos no suelen transmitirse por contacto. Dar la mano a un paciente de SIDA no te dará el SIDA, y las caricias no te harán «pillar» el cáncer. Retener tu contacto no te conservará bien; extenderlo puede ser un modo de ayudar a otra persona. ¿Qué eliges?

¿Cómo me siento en presencia de alguien que está terminalmente enfermo? ¿Tengo miedo por ellos o por mí?

INCLUSO SI TENGO MIEDO DE UNA ENFERMEDAD, NO TENGO MIEDO DE SUS VÍCTIMAS.

SANTA BERNADETTE
1844-1879

Santa Bernadette tenía sólo catorce años cuando la Virgen María se le apareció en Lourdes. No habiendo sido nunca brillante, a Santa Bernadette se le preguntó a menudo por qué la Virgen pudo querer visitarla. Bernadette dijo: «Me doy cuenta de que la Virgen Bendita me escogió porque soy la más ignorante. Si hubiese encontrado alguien más ignorante que yo, la habría escogido. La Virgen Bendita me utilizó igual que a una escoba. ¿Qué haces con una escoba cuando has acabado de barrer? La pones de nuevo en su sitio, detrás de la puerta.»

Generalmente no nos gusta la idea de ser utilizados. La mayoría de las veces significa sacar provecho de uno, ser embaucado y engañado. En el plano celestial, sin embargo, ser utilizado es parte de un acto creativo: algo así como ser un vaso. Un vaso sobre un estante puede ser atractivo, pero no sirve al propósito para el que fue hecho. Sólo cuando bajamos el vaso del estante, lo llenamos de agua, leche o vino, y lo compartimos con nuestros padres, hijos o amigos, se convierte en lo único que pretendía ser. Del mismo modo, es sólo cuando permitimos ser llenados de amor que nos convertimos en las personas para las que Dios nos creó.

Si yo fuera un vaso, ¿dónde estaría ahora? ¿Estaría sentado en el estante o sobre la mesa en medio de la vida?

PERMITO SER UTILIZADO, PERO NUNCA CONSUMIDO.

SAN ESTEBAN HARDING
1134

San Esteban Harding fue educado en un monasterio, viajó un poco, tuvo una experiencia de conversión, y finalmente creyó que Dios pretendía que fundara su propio monasterio. Su nueva orden no funcionó bien debido a una falta de novicios, junto con la aparición de una misteriosa enfermedad. La orden habría dejado de operar si no fuera por un joven que apareció a las puertas del monasterio con treinta de sus parientes y amigos, pidiendo ser admitidos a la vida religiosa. San Esteban, que reconocía una cosa buena cuando la veía, pronto les dio la bienvenida. A partir de ese comienzo dubitativo creció una de las mayores órdenes religiosas de todos los tiempos: los Trapenses; pues el joven no era otro que San Bernardo de Clairvaux, uno de los mayores místicos y escritores de la Edad Media.

Cuando San Esteban fundó su Monasterio, creía que estaba siguiendo la voluntad de Dios. A medida que las cosas iban de mal en peor, debió preguntarse si había malinterpretado el mensaje. Cuando San Esteban estaba a punto de rendirse, llegó San Bernardo. En ocasiones cuando suponemos que lo que creemos es la voluntad de Dios, todo parece venirse abajo. Si eso sucede, San Esteban nos anima a aguardar y confiar en que si lo que hemos iniciado se halla realmente de acuerdo con el plan de Dios, todo será finalmente para bien.

Cuando inicio algo nuevo, ¿estoy dispuesto a esperar y ver lo que sucede, o me pongo ansioso cuando el éxito me elude?

ESTOY DISPUESTO A SER PACIENTE, INCLUSO CUANDO LAS COSAS NO VAN COMO ESPERO.

SAN GALDINO
1176

En el siglo doce se creía que Milán había sido el lugar final de descanso para los tres reyes que visitaron al niño Jesús. Aunque los Evangelios no dicen de cuántos Magos se trataba, la opinión pública acerca de las famosas reliquias estaba tan caldeada que el emperador Federico ordenó fueran llevadas a Colonia, en Alemania, cuando saqueó Milán.

San Galdino fue arcediácono del arzobispo Hubert durante este periodo de la historia. No sólo fueron las reliquias de los tres reyes arrebatadas a su ciudad, sino que fue obligado al exilio junto con el arzobispo. Finalmente, se le asignó a un cardenal, y asumió la posición del arzobispo. En medio de un cambio tan radical en su vida, San Galdino debió sentirse víctima de la maldición china, acerca de vivir en tiempos interesantes.

Hoy en día vivimos tiempos muy interesantes. Desde los transbordadores espaciales hasta los satélites, desde los lápices electrónicos hasta el correo electrónico, ha sucedido más en los últimos 150 años que en los anteriores 1.500. Cada día se presentan nuevos inventos que dan por resultado un cambio aún mayor. La próxima vez que la acelerada velocidad de la tecnología te haga sentirte un poco como exiliado mientras los tecnócratas devastan tu confortable mundo, pide a San Galdino que te ayude a seguir la corriente. Si así lo haces, tal vez descubras que, después de todo, vivir en tiempos interesantes no es una maldición.

¿Soy un tecnócrata o un tecnófobo? ¿Me aferro al pasado, o doy la bienvenida al futuro?

ACEPTO GUSTOSAMENTE NUEVAS COSAS Y NUEVAS IDEAS.

SAN LEÓN IX
1002-1054

Cuando San León IX nació, su cuerpo estaba marcado por pequeñas cruces rojas, que se creyeron resultado de la intensa meditación de su madre sobre la Pasión de Jesús. Aunque sus marcas de nacimiento probablemente tuvieran un origen mucho menos fantasioso, es cierto que las acciones de una madre mientras está encinta pueden tener un tremendo efecto sobre la vida posterior de su hijo. Por ejemplo, a las embarazadas se les aconseja evitar el alcohol, el tabaco y la cafeína.

Los bebés pueden ser influenciados, tanto positiva como negativamente, antes de nacer. Se sabe hoy en día, por ejemplo, que los bebés responden favorablemente a la música, así como a las voces de sus madres.

De algún modo, nuestra vida en la Tierra es como nuestra existencia prenatal. Mientras nos hallamos en el útero no tenemos noción alguna de cómo será la vida fuera de la matriz. El proceso de nacimiento es doloroso y atemorizante. Sin embargo, ¿quién prefería no nacer tras haber experimentado siquiera alguna de las riquezas de la vida?

Similarmente, no tenemos experiencia de primera mano de cómo será la siguiente vida. La transición de esta vida a la siguiente a través del proceso que llamamos muerte es a menudo doloroso y atemorizador. Si las analogías entre el nacimiento y la muerte son ciertas, sin embargo, no tenemos nada que temer, pues igual que esta vida sobrepasa a la existencia dentro de la matriz, así también la siguiente vida sobrepasará todo lo que hemos experimentado sobre la Tierra.

¿Pensar en la muerte como una forma de nacimiento alivia algunos de mis temores?

———————

CREO QUE LA VIDA NO SE ACABA, SINO QUE SERÁ TRANSFORMADA.

SANTA AGNES DE MONTEPULCIANO
1268-1317

La medición del dolor es una ciencia inexacta. Dado que nunca podemos saber realmente lo que otra persona está sintiendo, no podemos juzgar con precisión cuánto dolor está experimentando. No obstante, la observación nos dice que los umbrales del dolor son bastante individuales. Algunas personas se vienen abajo al quitarles un esparadrapo, mientras que otras pueden pasar cirugías complejas con una anestesia mínimo.

Santa Agnes de Montepulciano tenía aparentemente un alto umbral del dolor, pues pasó quince años durmiendo sobre el suelo con sólo una roca por almohada, práctica que decididamente no es para gente de poco coraje.

Aunque no pensemos lo mismo cuando nos hallamos en medio de él, el dolor es una de las bendiciones del cielo. Sistema de advertencia corporal primario, nos alerta de que algo va mal, a tiempo de adoptar una acción correctora. Sin la capacidad de sentir dolor, nunca sabríamos que estamos gravemente enfermos o heridos hasta ser demasiado tarde.

Cuando ignoramos las señales de advertencia de nuestro cuerpo, corremos el riesgo de un daño permanente. Aunque los umbrales del dolor varían de una persona a otra, todos sabemos cuándo hemos cruzado nuestra frontera. Tras quince años, Santa Agnes alcanzó finalmente la suya, y dejó de dormir en el suelo. Cuando alcances tu límite, no aprietes los dientes para seguir adelante. Presta atención al mensaje que te está enviando el dolor, y descubre qué es lo que va mal.

¿Conozco mi umbral del dolor? ¿Voy alguna vez más allá de mis límites?

CUANDO TENGO DOLOR, PRESTO ATENCIÓN A LOS MENSAJES QUE MI CUERPO ESTÁ TRATANDO DE ENVIARME.

SAN ANSELMO
1033-1109

San Anselmo es conocido por muchas cosas, incluyendo las de ser arzobispo de Canterbury y doctor de la Iglesia, pero quizás su consecución más notable fuera la de conseguir que el concilio nacional de Westminster aprobara en 1102 una resolución prohibiendo la venta de seres humanos como si fuesen ganado. En un tiempo en el que virtualmente nadie cuestionaba la esclavitud, San Anselmo se convirtió en el primer paladín de la libertad humana en toda la Iglesia.

La libertad es uno de los derechos fundamentales de todos los seres humanos. Tenemos el derecho a ser libres, no sólo de la esclavitud, sino también del temor, la opresión, la duda y la crítica. Tenemos derecho a vivir abierta, creativa y positivamente. Estas cosas son nuestro derecho divino de nacimiento, pero nadie va a venir a entregárnoslas en bandeja de plata.

Si las queremos, hemos de obtenerlas por nosotros mismos redactando nuestra propia Declaración de Independencia personal.

Hoy, conviértete en paladín de tu propia libertad. Aprueba una resolución mental de que de hoy en adelante no te dejarás esclavizar por gente negativa o influencias negativas. Toma la decisión consciente de arrojar los grilletes de la preocupación y la duda y deshazte de las cadenas del desánimo. Finalmente, pide a los santos, especialmente a San Anselmo, que te ayude a romper las ataduras del pecado y del mal, de modo que puedas aproximarte a la libertad verdadera y permanente del cielo.

¿Creo realmente que tengo derecho a ser libre? ¿Soy esclavo de un mal hábito o de un patrón negativo de pensamiento?

REHÚSO SER ESCLAVIZADO POR PERSONA O COSA ALGUNA.

SANTA OPORTUNA

c. 770

Muy poco se sabe de Santa Oportuna excepto que fue abadesa de Montreuil, en Normandía, en el siglo octavo. Su hermano, un obispo, fue asesinado en 769 mientras volvía de una peregrinación a Roma. Ella falleció un año más tarde, tras una vida de humildad, obediencia, mortificación y oración.

Aunque su vida no sea terriblemente interesante, su nombre sí lo es: Oportuna, u *Oportunidad*.

La palabra *oportunidad* es definida en algunos diccionarios como «un tiempo o serie de circunstancias convenientes para un propósito particular».

Aunque el dicho popular de que la oportunidad sólo llama una vez a la puerta indica que sólo se nos dan unas pocas oportunidades en la vida, los santos nos enseñan otra cosa. A lo largo de nuestra vida nos son presentados tiempos y circunstancias convenientes para escoger entre el bien y el mal, la luz y la oscuridad, la esperanza y la desesperanza. Todos los días se nos dan oportunidades de tomar decisiones que nos acerquen un poquito más al cielo, o que nos aparten un poquito más de él.

Estas oportunidades no siempre se presentan con trompetas y fanfarrias. A menudo parecen pequeñas e insignificantes, pero no nos engañemos. Lo que parece minúsculo puede ser monumental a los ojos de Dios. Como dice Santa Teresa de Lisieux: «No pierdas una sola oportunidad de hacer algún pequeño sacrificio, aquí por medio de una mirada sonriente, allí por medio de una palabra amable; haz siempre bien las cosas más pequeñas, y hazlas por amor... Recuerda que nada es pequeño a los ojos de Dios.»

¿Alguna vez perdí una oportunidad porque pensé que era demasiado pequeña?

LA PRÓXIMA VEZ QUE PUEDA REALIZAR UNA BUENA ACCIÓN, NO DEJARÉ ESCAPAR LA OPORTUNIDAD.

SAN JORGE
303

Tratándose de leyendas, San Jorge tiene una de las mejores. El relato dice algo así: San Jorge, un caballero cristiano, estaba buscando aventuras cuando llegó a la ciudad de Silene, que era rehén de un dragón. Para apaciguar al dragón, los habitantes de la ciudad lo alimentaban con dos ovejas cada día. Cuando se les acabaron las ovejas, comenzaron a ofrecer al dragón jóvenes doncellas. Estas vírgenes inocentes eran escogidas por sorteo; sucedió que el día que San Jorge llegó a la ciudad, la propia hija del rey había sacado la pajita más corta. Cuando iba a ser devorada por la bestia (que no sólo tenía temibles hábitos alimenticios, sino también muy mal aliento), San Jorge la rescató, mató a la criatura y, para rematar el día, convirtió la aldea al cristianismo.

Obviamente, ésta es una de las historias de santos más fantásticas.

El San Jorge real probablemente fuera decapitado en tiempos de Constantino, lo que es mucho menos atractivo que el cuento de dragones y doncellas. Pero si es por eso, la mayoría de nosotros tenemos vidas mucho menos excitantes que las que se encuentran en la ficción.

Si basamos nuestra noción de lo que se supone debería ser la vida real en lo que aparece en las películas y la televisión, estamos abocados al desencanto. La vida de película nunca es lo mismo que la vida real. Es bueno que así sea. La única película que San Jorge tuvo que hacer fue la de combatir un dragón. El San Jorge real tuvo que ir al cielo.

Si mi vida fuera perfecta, ¿qué estaría haciendo en este mismo momento?

CUANTO MÁS VIVO LA VIDA REAL, MENOS ATRAÍDO SOY POR UNA VIDA DE PELÍCULA.

SAN FIDEL DE SIGMARINGEN
1577-1622

Entrar en la vida religiosa a menudo incita a cambiar el nombre propio ordinario. Un Guillermo se convierte en Reginaldo, un Carlos pasa a ser un Juan José de la Cruz, y una Mark Roy se convierte en Fidel de Sigmaringen.

Mark Roy era un abogado del siglo diecisiete especializado en casos de pobres y oprimidos. Disgustado por la corrupción del sistema legal (¡algunas cosas nunca cambian!), entró en la rama capuchina de los franciscanos, donde llamó la atención por su vigorosa predicación.

Mark Roy cambió algo más que su nombre cuando entró en los franciscanos: cambió también su profesión. Solía ocurrir que una vez que estabas establecido en una carrera profesional, permanecías en ella hasta retirarte. Tu trabajo se convertía en el centro de tu vida. Ahora los expertos dicen que la persona media no sólo cambiará de trabajo, sino incluso de carrera, cuatro o cinco veces. Con tantísimos cambios, tratar de centrar tu vida en tu profesión puede convertirse en una seria equivocación.

Una lección que los santos nos animan a recordar es que no fuimos creados para *hacer*. Fuimos creados para *ser*. Por supuesto, no podemos andar sentados todo el día simplemente *siendo*. Pero no deberíamos poner tanto énfasis en nuestros trabajos que olvidemos disfrutar otras cosas importantes de la vida: el reflejo de una nube sobre el cereal, el primer narciso de primavera, el sonido de la risa de un bebé.

¿Qué haría si ya no tuviera que trabajar?

TRABAJO CUANDO TRABAJO Y JUEGO CUANDO JUEGO.

SAN MARCOS
SIGLO PRIMERO

San Marcos, autor del evangelio más corto y antiguo, es mencionado al menos diez veces en la Biblia, lo más a menudo como compañero de misión de Pablo. Dado que los acontecimientos relatados en la Biblia sucedieron hace tanto tiempo, puede sernos bastante difícil imaginar a la gente. Añádase a eso las imágenes abiertamente piadosas y las historias edulcoradas de la Biblia que a menudo nos son presentadas de pequeños, y sería sorprendente que quedara algo de la personalidad real a través de los siglos. No obstante, ocultas entre las líneas de las historias bíblicas existen indicaciones de intrigas y controversias. Una de las mayores se centra en San Marcos.

Marcos, según parece, era un adolescente en los tiempos en que Jesús enseñaba. Hacia el año 46, Pablo y Bernabé lo llevaron consigo en su primer viaje misionero. Algún tiempo más tarde, Marcos decidió retornar a Jerusalén, para gran disgusto de Pablo. Marcos y Pablo no pudieron reconciliar sus diferencias, y Pablo rehusó llevarlo consigo en su segundo viaje misionero.

¿Por qué se volvió Marcos a casa? ¿Qué puso a Pablo tan furioso? Aunque estas preguntas sean intrigantes, simplemente descascarillan la superficie de la controversia, pues es evidente que más tarde Marcos y Pablo se reconciliaron. De hecho, Marcos incluso visitó y reconfortó a Pablo en prisión.

Los interrogantes que rodean su reconciliación son aún más intrigantes que su diatriba inicial. ¿Quién dio el primer paso? ¿Qué les impulsó a hacer las paces? Cuando estemos involucrados en una agria disputa, recordemos el incidente de Marcos y Pablo. No importa realmente quién da el primer paso, en tanto en cuanto estemos dispuestos a encontrarnos con la otra persona a mitad de camino.

¿Qué me resulta más difícil, pedir perdón o concederlo?

ESTOY TAN DISPUESTO A PERDONAR COMO LO ESTOY A SER PERDONADO.

SAN RICHARIO

645

¿Has estado alguna vez tan metido en un proyecto o actividad que el tiempo parece evaporarse? Te ves tan absorbido en lo que estás haciendo, que pueden pasar literalmente horas sin que te percates del tiempo. Es como si hubieses sido transportado a un lugar en el que el tiempo no existe; un lugar donde tu mente, cuerpo y alma se hallan en total armonía. Aunque hayas estado trabajando duramente, no te encuentras cansado. De hecho, te sientes totalmente vivo y renovado.

Ese tipo de absorción completa sucede lo más a menudo cuando nos hallamos envueltos en un acto altamente creativo, como escribir poesía, pintar u orar. ¿Orar?

Sí, orar. La oración no es algo que únicamente hagamos en la iglesia, y ciertamente no es el mero recitar de fórmulas preestablecidas. Para los santos, la oración es el acto más creativo de la vida. San Richario, un abad francés, pasó gran parte de su vida adulta en la contemplación y la oración. Al orar, quedaba tan totalmente absorbido, que «parecía casi olvidar que tenía un cuerpo». Para San Richario, como para todos nosotros, la oración real es una entrega total al omniabarcante amor de Dios. Cuando entramos en oración profunda, dejamos de ser conscientes de nosotros mismos y nuestros alrededores. Somos transportados a otro reino, un reino donde el tiempo se detiene y el amor se vuelve tangible; entramos en un intercambio íntimo y personal con el Creador de toda vida. ¿Qué podría haber de más creativo que eso?

¿Cómo oro? ¿Me siento más a gusto con las oraciones formales, o prefiero hacer mi propia oración?

COMPRENDO QUE LA CREATIVIDAD Y LA ORACIÓN ESTÁN
ESTRECHAMENTE RELACIONADAS.

SANTA ZITA
1218-1278

Hoy en día, muchos chicos esperan hallarse en profesiones muy bien pagadas para cuando salgan de la escuela, por ejemplo, medicina, leyes o deporte profesional. Los pocos chicos que planean entrar en carreras menos seductoras suelen suponer que en pocos años poseerán su propio negocio o se convertirán en ejecutivos de alto nivel.

Las aspiraciones juveniles son maravillosas, pero la mayoría de nosotros hemos tenido que conformarnos con algo distinto de lo que originalmente planeamos. Una de las líneas divisorias de la madurez surge el día en que comprendes que aunque las cosas no funcionen del modo que esperabas, la vida sigue estando llena de maravillas y bendiciones.

No podemos saber lo que Santa Zita querría ser mientras crecía. Soñaría con el matrimonio y los niños. O pudo haber deseado seguir los pasos de su hermana mayor, que se hizo monja cisterciense. A pesar de sus sueños, a los doce años Zita se hizo sirvienta de un mercader italiano de tejidos de lana y seda, y trabajó como ama de casa y niñera de la familia durante cuarenta y ocho años.

Aunque Santa Zita no tuviera demasiada elección en cuanto a su trabajo, convirtió éste en una bendición. Cuando falleció, a los sesenta años de edad, era mucho más que una sirvienta para la familia Fatinelli. Era su amiga, consejera y santa.

¿Qué quería ser mientras crecía? ¿Puedo aún hacer esa elección?

VALORO MI TRABAJO.

SAN PEDRO MARÍA CHANEL

1803-1841

San Pedro Chanel fue uno de los primeros misioneros en ir a las Nuevas Hébridas. Con esfuerzo, dominó la lengua de los nativos y comenzó a enseñar a los isleños. Sus esfuerzos, sin embargo, tuvieron corta vida. Cuando el hijo del jefe pidió ser bautizado, el jefe envió una patrulla de guerreros para matar a San Pedro a golpes. Aunque el jefe silenció a San Pedro, las palabras del santo continuaron. En menos de dos años toda la isla se había convertido al cristianismo. Hoy en día, San Pedro Chanel es no sólo el primer mártir de Oceanía, sino también su santo patrón.

Las palabras tienen un inmenso poder. Tomemos las palabras *yo* y *tú*. Pon la palabra *amor* entre ellas. Ahora pon la palabra *odio* entre ellas. Tanto *amor* como *odio* son palabras de cuatro letras. Ambas expresan fuertes emociones humanas. Pero piensa lo diferente que te sientes cuando dices te amo que cuando dices te odio. Más aún, piensa cuán diferente te sientes cuando lo escuchas.

Las palabras que utilizamos no sólo dan a los demás una indicación sobre nuestro nivel de educación y profundidad de conocimiento, sino que señalan también nuestra sensibilidad y consciencia. Fíjate hoy en las palabras que utilizas. ¿Son palabras de ánimo o palabras de crítica? ¿Son ásperas o afables? ¿Empleas palabras diferentes con los amigos y la familia que con los extraños? ¿Usas expresiones profanas u obscenas de forma regular? Finalmente, ¿te sientes cómodo con el silencio?

¿Cuál es mi palabra favorita? ¿Cuándo fue la última vez que aprendí una nueva palabra?

ESCOJO CON CUIDADO MIS PALABRAS.

SANTA CATALINA DE SIENA
1347-1380

Santa Catalina de Siena fue una mujer notable. Aunque casi iletrada, los cuatro tratados que dictó *(Diálogo de Santa Catalina)* le han conseguido el título de Doctora de la Iglesia. Ella y Teresa de Jesús son las únicas mujeres que han obtenido tal designación. Mujer en una sociedad dominada por los hombres, cambió la historia al convencer al papado para que retornara a Roma tras cerca de tres cuartos de siglo en Aviñón. Con su frágil salud, cuidó incansablemente de los enfermos, incluyendo las víctimas de la peste.

Fue también la más joven de una familia de veinticinco niños. Siendo el bebé de una enorme familia, es comprensible que Catalina estuviese poco inclinada a casarse y tener una familia propia. Sin embargo, en cierto sentido, sí lo hizo. Conforme la fama de su santidad crecía, grupos de sacerdotes, religiosos y laicos comenzaron a reunirse alrededor suyo, buscando su consejo y sabiduría espirituales. Ella los llamó su familia, y ellos a su vez la llamaron Mamá.

Una de las principales cualidades de un buen padre es la capacidad de cuidar de nosotros. Incluso si no somos padres en el sentido biológico, todos podemos volvernos padres espirituales de quienes nos rodean. Ofreciendo nuestro aliento, nuestra experiencia y nuestro discernimiento, podemos ayudar a otros a encontrar y realizar su potencial. Y eso, después de todo, es lo que mejor hacen los padres.

¿A quiénes considero mis padres espirituales? ¿Hay alguien a quien pudiera considerar como mi hijo espiritual?

COMPRENDO QUE A FIN DE DESCUBRIR MI PLENO POTENCIAL, DEBO AYUDAR A OTROS A DESCUBRIR EL SUYO.

SAN PÍO V
1504-1572

«El Topo había estado trabajando duramente toda la mañana, haciendo la limpieza primaveral de su pequeña casa. Primero con escobas, luego con plumeros; después subido en escaleras, sillas y banquetas, con un cepillo y un balde de lechada de cal; ... la primavera se movía en el aire de arriba, en la tierra de abajo y alrededor suyo, penetrando incluso su oscura y humilde casita con su espíritu de descontento y anhelo divino.» Así comienza el magnífico clásico para niños *El viento en los sauces,* de Kenneth Grahame.

Por esta época del año, todos sentimos el ansia de iniciar una limpieza primaveral. Nos sentimos enjaulados tras los largos y oscuros días del invierno, y deseamos empujar para afuera las ventanas, literal y figuradamente.

San Pío V debió sentirse de ese modo acerca de la Iglesia tras ser elegido Papa en 1566. Inmediatamente comenzó reformas monumentales, que iban desde la prohibición de las corridas de toros hasta ordenar a los obispos que viviesen en sus diócesis.

¿Qué hay en tu vida que necesite una buena limpieza primaveral? Quizá sean tus relaciones personales, que se han vuelto rancias y estancadas por falta de atención. Quizá sea tu vida espiritual, que ha quedado enterrada bajo las telarañas de la preocupación y el temor. Quizá sea tu intelecto, que ha sido embotado por demasiadas horas de entretenimiento descuidado. Sea lo que fuere, ahora es un momento ideal para salir del bache del invierno hacia la primavera, limpiando viejos hábitos y pensamientos negativos.

¿Qué mal hábito puedo empezar a cambiar hoy?

DEJO QUE LA MARAVILLA DE LA PRIMAVERA ME LLENE DE ENERGÍA
Y ESPERANZA RENOVADAS.

SAN PEREGRINO LAZIOSI

1260-1345

Una de las grandes verdades de la vida espiritual es que obtenemos lo que pedimos en la oración. «Pedid, y recibiréis», dice Jesús. «Sí, muy bien», pensaréis tal vez. «Si eso fuera cierto, ya habríamos ganado todos la lotería.»

Es verdad, de acuerdo, pero la mayoría de nosotros no sabemos cómo pedir. Oh, sí, sabemos cómo plantear nuestras peticiones, como si Dios fuese un cocinero de un restaurante de comida rápida, pero eso no es *pedir*. Pedir no es meramente el acto de articular nuestros deseos y luego sentarnos aguardando a que Dios envíe nuestro encargo. Pedir es el sometimiento total de nuestra voluntad a la voluntad de Dios. Llevamos nuestras peticiones hasta Dios, creyendo que serán cumplidas, no porque nosotros las queramos, sino porque Dios quiere concedérnoslas.

San Peregrino padeció cáncer de pie. Cuando todo tratamiento médico hubo fallado, los doctores decidieron amputar. San Peregrino pasó la noche antes de la operación pidiendo a Dios que lo curase, pero sólo si Dios quería hacerlo. Cuando los cirujanos llegaron a la mañana siguiente, se hallaba completamente curado.

Aprender la diferencia entre *pedir* y pedir lleva tiempo. Requiere un examen sin temor de nuestros motivos. Si hacemos nuestras peticiones por miedo y egoísmo, es improbable que Dios las vaya a conceder. Sólo cuando estamos total y completamente dispuestos a aceptar cualquier cosa que Dios nos dé podremos estar seguros de estar *pidiendo* realmente.

Cuando oro, ¿pido ayuda a Dios, o pido ayuda a Dios?

CREO QUE DIOS ME DARÁ EXACTAMENTE LO QUE NECESITO EN EL MOMENTO EXACTO EN QUE LO NECESITE.

SAN ATANASIO

¿297?-373

El dicho popular, basura adentro, basura afuera, es apropiado en muchas situaciones. Quizá sea más aplicable que nunca con nuestro material de lectura. Por ejemplo, si nuestra lectura no consiste más que en los carteles del expositor del tendero, acabaremos teniendo una visión del mundo bastante peculiar. Si deseamos crecer y madurar en nuestro pensamiento, hemos de leer material que sea intelectual y mentalmente estimulante.

Hace más de seiscientos años, San Atanasio entendió el principio de basura adentro, basura afuera, tal como se aplica al crecimiento espiritual. «No veréis a nadie que se esfuerce realmente por su avance y que no se entregue a la lectura espiritual», señaló, «y en quien lo descuide, el hecho pronto se observará en su progreso».

Al haber cogido este libro, mostráis que estáis gustosos de trabajar en vuestro avance espiritual. Las palabras de los santos a lo largo de los siglos proporcionan un maravilloso lugar para empezar a aprender lo que los grandes hombres y mujeres han pensado acerca de Dios, la creación, la santidad y la oración. Este libro, sin embargo, sólo puede proporcionar esos trocitos de sabidura de los santos que han llamado la atención de su autora. Si queréis saber más acerca de los santos, lo que los motivó a la santidad y cómo su discernimiento puede ayudaros en vuestro propio viaje espiritual, necesitáis buscar y leer sus escritos por vosotros mismos.

¿Cuándo fue la última vez que leí algo que expandió mi visión del mundo o cambió mi modo de pensar?

HOY HARÉ TIEMPO PARA LEER ALGO DIFÍCIL O CAPAZ DE PONERME A PRUEBA.

SAN FELIPE
SIGLO PRIMERO

¿Has tratado alguna vez de causar una buena impresión y decir justo lo correcto, para simplemente hacer el ridículo? Si lo has hecho, San Felipe te entiende.

Felipe, uno de los doce apóstoles, se encontraba presente en la Última Cena. Jesús acababa de decir que iba a preparar un lugar para sus seguidores. Tomás lo interrumpió, preguntándole: «Señor, no sabemos adónde vas. ¿Cómo podremos conocer el camino?» Jesús respondió: «Yo soy el camino... Si me conocierais, conoceríais también a mi Padre.»

Casi podemos ver lo que sucedió a continuación. Tomás queda molesto, de manera que Felipe trata de arreglar las cosas pidiendo: «Señor, muéstranos al Padre y eso será suficiente para nosotros.» La frustración que Jesús debió sentir se virtió en su respuesta. «Felipe, tras haber estado contigo todo este tiempo, ¿aún no me conoces?» Felipe debió de querer unirse a Tomás bajo los cojines de la mesa.

La enfermedad del pie en la boca no es sólo una afección veterinaria. Todos la hemos sufrido en un momento u otro. Cuando nos hemos puesto en una situación embarazosa más allá de todo lo imaginable, la única cosa que podemos hacer es una respiración honda y recordar que errar es humano, perdonar divino. Podemos también tomar consuelo en el ejemplo de San Felipe. Aunque públicamente se puso en situación embarazosa en presencia de Jesús, fue también públicamente honrado cuando el Espíritu Santo descendió sobre él en Pentecostés, dándole el coraje para esparcir las enseñanzas de Jesús a todo lo largo del mundo.

¿Qué lecciones he aprendido en mis momentos más embarazosos?

CUANDO ME ENCUENTRO CON EL PIE EN LA BOCA, LO SACO CON
CUIDADO PARA NO ASFIXIARME CON MIS PALABRAS.

SAN GOTARDO

1038

San Gotardo nació en el pueblo bávaro de Reichersdorf. Como monje benedictino, reformó varios monasterios a lo largo de Baviera. Cuando San Berengualdo, obispo de Hildesheim, falleció en el 1022, el emperador Enrique nombró a Gotardo su sucesor.

Una de sus más grandes actuaciones como obispo fue construir un hospicio en los arrabales de la ciudad para los enfermos y pobres. Cualquiera que se hallase en necesidad genuina podía permanecer allí, pero San Gotardo tenía poca paciencia con los vagabundos profesionales físicamente capacitados, y no les dejaba permanecer más de unos pocos días.

San Gotardo entendió que aunque se nos pide prestar ayuda a quienes lo necesitan, no estamos obligados a ser tontos o ingenuos al respecto. Si hubiese convertido su hospicio en un refugio de oportunistas, los verdaderamente necesitados habrían tenido que quedarse fuera por falta de espacio.

No obstante, San Gotardo dejó que la virtud de la caridad mandase en todas las ocasiones. Dejó entrar a todo el mundo en el hospicio, y les dio cobijo y alimento durante dos o tres días, tiempo suficiente para hacerse una idea de si intentaban engañarle.

La sabiduría de San Gotardo para tratar una situación espinosa nos enseña otra lección. Al insistir en que los vagabundos profesionales quedasen sin limosna, nos recurda que cuando tenemos necesidad genuina, no hay vergüenza alguna en pedir ayuda, pero que cuando pedimos ayuda para evitar nuestras propias responsabilidades, nadie está obligado a ayudarnos.

¿Hago la parte que me corresponde en el trabajo de casa y en mi profesión? ¿Espero alguna vez que sea otra persona quien haga el trabajo por mí?

NO RECORTO MIS RESPONSABILIDADES, Y NO ME ASUSTA EL TRABAJO DURO.

SAN HILARIO

449

San Hilario pasó malos ratos tratando de decidirse a entrar en la vida religiosa. Por una parte, tenía un gran potencial para una carrera de éxito como seglar; por la otra, su pariente San Honorato, fundador del monasterio de Lérins, trataba de convencerlo de que tenía vocación religiosa.

San Hilario no podía resolver qué camino tomar. «Mi voluntad oscilaba en uno y otro sentido, consintiendo y rehusando», escribió. Finalmente tomó una decisión y fue a unirse con su familiar.

La indecisión es uno de los mayores consumidores de energía. Mientras luchamos por aclarar nuestras ideas, podemos encontrarnos perdiendo el sueño, volviéndonos preocupados y, en general, sintiéndonos claramente miserables.

Aunque los santos nunca os recomendarían saltar sin mirar primero, no sugieren que vacilemos indebidamente. Cuando hemos de tomar una decisión, siempre es buena idea mirar el asunto desde todos los ángulos. Investiga tus posibilidades de elección lo más posible y sopesa los pros y los contras. Puedes incluso tomarte una o dos noches para «dormir el asunto». Finalmente, sin embargo, la reflexión debe dejar paso a la acción. Pesca o pon el anzuelo, como suele decirse.

Una vez que has tomado una decisión, no le des más vueltas tratando de reconsiderarla. Ve adelante, sabiendo que lo hiciste lo mejor que pudiste, y confiando en que la Providencia se encargará del resto.

¿Qué tan bueno soy para tomar decisiones? Una vez que he tomado una decisión, ¿sigo volviendo a ella en mi mente, preocupado de haber cometido un error?

TRAS HABER TOMADO UNA DECISIÓN, ME AFERRO A ELLA Y NO VUELVO A REPLANTEÁRMELA.

SAN JUAN ANTE PORTAM LATINAM
SIGLO PRIMERO

Los etimologistas explican que muchos apellidos, especialmente los que provienen del Norte de Europa, eran originalmente nombres descriptivos. Por ejemplo, el apellido Baker (panadero en inglés) probablemente se refirió originalmente a una familia, sí, de panaderos. Otros apellidos aluden a miembros de la familia; por ejemplo, Davidson, que en inglés significa, literalmente, hijo de David. Imaginad qué hubiera pasado si San Juan Ante Portam Latinam hubiera tenido descendientes. ¿Habría ahora una familia de BeforeTheLatinGateson (*hijo de Ante la Puerta Latina*)? Por supuesto que no, porque San Juan (conocido también como San Juan el Evangelista) nunca se casó. Incluso si lo hubiera hecho, sus descendientes habrían tenido nombres latinos o griegos. El apelativo «Ante la Puerta Latina» supuestamente fue unido a su nombre porque el emperador Domiciano ordenó que se le cociese en aceite hirviendo frente a las puertas de Roma que conducen a la ciudad de Latina.

Shakespeare escribió: «... una rosa con cualquier otro nombre olería igual de bien.» ¿Es eso realmente cierto? Podríais preguntar a Alan Alda, Brigitte Bardot o Tom Cruise. Nacieron como Alphonso D'Abruzzo, Camille Javal y Thomas Mapother.

Ninguna regla dice que debamos mantener el nombre que nos es dado al nacer. Podríais incluso leer acerca de los santos para encontrar alguno que os atrae especialmente y coger su nombre como propio. Entonces, cada vez que oigáis llamar vuestro nuevo nombre, podréis recordar el santo que os inspiró y pedir su protección especial.

¿Por qué se me dio el nombre que tengo? ¿Se esconde algún significado especial detrás de él?

SOY LIBRE DE LLAMARME COMO QUIERA.

SAN JUAN DE BEVERLEY

721

Uno de los más bonitos regalos que podemos hacernos a nosotros mismos es el de un día libre. No porque sea una vacación o una ocasión especial, sino porque sí.

San Juan de Beverley fue obispo de York en el siglo octavo. Tanto entonces como ahora, los obispos no disponían de mucho tiempo libre. San Juan, sin embargo, lo robaba tanto como podía para su recreo espiritual. Iba a la abadía por un rato, pero luego pasaba sus días libres en un bosque.

Los días libres son simplemente eso: libres. No has de pagar por ellos haciendo recados o limpiando los roperos, o pagando las visitas debidas a familiares más viejos. Son días para dejar que el pequeño niño que hay en ti salga y juegue. ¿Recuerdas cuando eras pequeño y te apetecía jugar? Llamabas a un amigo y decías, ¿puedes salir? No te preocupaba que tu amigo pudiera considerarte tonto o irresponsable o molesto. Simplemente preguntabas ¿puedes salir? Y si podía, lo hacía.

Una vez que crecemos, suponemos que nuestros amigos son demasiado sofisticados para simplemente jugar. Así que hacemos planes y comemos juntos, y hacemos otras cosas importantes. Bajo la superficie lo que se esconde es el temor a que si decimos que lo único que realmente queremos hacer es arrojar piedras a un arroyo y escalar un árbol y hablar, nuestro amigo se reirá de nosotros y nos dejará. Así que ya no preguntamos. Y ya no jugamos.

¿Cuándo fue la última vez que me tomé un genuino día libre, sincero conmigo mismo? ¿Cuándo fue la última vez que salí a jugar?

ALGUNA VEZ, PRONTO, LLAMARÉ A UN AMIGO Y LE PREGUNTARÉ:
¿PUEDES SALIR A JUGAR?

BEATA JULIANA DE NORWICH
1343-1423

Doña Juliana de Norwich no es sólo una de las santas oficiales del calendario romano, sino una de las místicas más queridas de todos los tiempos.

Juliana, según parece, era bien educada, pero no una niña feliz, e incluso oró pidiendo una muerte temprana. Dice: «Estaba cansada de mi vida y molesta conmigo misma, así que tenía la paciencia de seguir viviendo sólo con dificultades...» Pero seguir, siguió, volviéndose renombrada por su sabiduría y santidad.

Cuando comprendemos que Juliana conocía de primera mano lo que es sentir una gran desesperación, uno de sus dichos más famosos deviene aún más atinado. «Todo estará bien y todo estará bien y todo tipo de cosas estarán bien.»

Cuando nos sentimos oprimidos y cansados de la vida, las palabras de Juliana de Norwich actúan como un bálsamo para el alma. «Todo estará bien y todo estará bien.» No importa lo que esté sucediendo, pese a lo nubladas que las cosas parezcan por el momento, nuestra vida está desenvolviéndose como debiera. No hemos de *hacer* nada para que suceda. Lo único que hemos de hacer es confiar.

«Y todo tipo de cosas estarán bien.» Incluso cuando miramos a nuestro alrededor y vemos todos los horrores de la guerra, las enfermedades y los desastres no hemos de preocuparnos, pues todo, no sólo algunas cosas o las cosas que podemos controlar, sino *todo*, será para mejor.

¿Creo realmente que las cosas cambian para mejor?

LA PRÓXIMA VEZ QUE SIENTA TEMOR, RECORDARÉ LAS PALABRAS DE JULIANA DE NORWICH Y CONFIARÉ EN QUE TODO ESTARÁ BIEN.

SANTA CATALINA DE BOLONIA
1463

Una cosa bella es un gozo eterno:
Su encanto aumenta; nunca
Pasará a la nada; sino que seguirá manteniendo
Un cenador tranquilo para nosotros, y un sueño
Lleno de sueños dulces, y salud, y respiración calmada.

JOHN KEATS

Santa Catalina de Bolonia apreciaba la necesidad, inherente al alma humana, de cosas bellas. Dado que pasó muchas horas iluminando su breviario, se la considera santa patrona de los artistas.

Sin arte sobreviviríamos, pero no viviríamos.

Se dice que la belleza se halla en el ojo de quien la contempla. Si eso es cierto, no es necesario gastarse millones en una pieza de arte original para poseer algo bello. Todos nosotros, cualesquiera que sean nuestros ingresos, podemos agraciar nuestro hogar con algo que encontremos particularmente bello. Puede ser un objeto de la naturaleza (un guijarro o una concha especialmente bonitos), o un proyecto creado por un niño con amor como el principal ingrediente. Puede ser una fotografía, una planta o una antigüedad. Sea lo que fuere, el criterio principal es que nos dé una sensación de placer y bienestar al verlo.

Hoy, echa un vistazo a tus alrededores. ¿Alimentan tu necesidad de belleza? Si no, pide a Santa Catalina que te ayude a encontrar la cosa correcta que introducir en tu entorno para convertirlo verdaderamente en tu propio cenador tranquilo.

¿Dejo que la idea de otra gente sobre lo que constituye el buen arte influencie lo que me gusta?

ME ASEGURARÉ DE TENER SIEMPRE EN MI ENTORNO AL MENOS UNA COSA QUE ALIMENTE A MI ALMA.

SAN ANTONINO
1389-1459

Pese a ser pequeño y frágil, San Antonino anhelaba entrar en la vida religiosa. A sus quince años pidió al prior de Santa María Novella que lo admitiera en la Orden de Frailes Predicadores. El prior, creyendo al muchacho demasiado frágil para los rigores de esa vida, le envió de vuelta a casa, diciéndole que una vez que hubiese memorizado el *Decretum Gratiani* sería considerada su petición. Para gran sorpresa del prior, San Antonino retornó en menos de un año, listo para recitar todo el formidable tomo. No hace falta decir que fue prontamente admitido.

La memorización es un trabajo duro. La mayoría de nosotros no hemos memorizado nada desde que estábamos en la escuela... y es probable que no fuera voluntariamente. Sin embargo, confiar a la memoria trozos de poesía o literatura es el único modo de estar seguro de tenerlos siempre con nosotros.

Algunas personas gustan de memorizar las Escrituras o poesía. Otros prefieren pasajes de obras de teatro o de películas. Y aún hay otros que quieren recordar discursos famosos. Sea lo que sea, empieza por hacer una copia y ponerla en un lugar al que puedas referirte a menudo durante el día. (Cuando los actores están aprendiendo sus papeles, suelen llevar sus guiones consigo a cualquier sitio que van.) Al principio, simplemente léelo unas pocas veces. Luego trata gradualmente de recordar la primera línea, y después la segunda. No te desanimes si te lleva algún tiempo. Si sigues con ello, antes de que te des cuenta tendrás toda la pieza almacenada en tu memoria, de donde podrás recordarla cada vez que lo desees.

¿Qué desearía invocar de mi memoria en cualquier momento que quisiese?

―――――――

HOY EMPEZARÉ MEMORIZANDO ALGO QUE TENGA SIGNIFICADO PARA MÍ Y PARA MI VIDA.

SAN MAMERTO
477

Aunque los santos siempre estén dispuestos a escuchar nuestras peticiones y a ayudarnos en modos a menudo milagrosos, son los primeros en recordarnos que sin Dios carecen de poder. Cuando pedimos su ayuda, no es que puedan ponerse a la espalda de Dios para conceder nuestras peticiones. Ningún santo puede responder plegaria alguna, realizar ningún milagro o conceder favor alguno sin aprobación divina. Si lo que estamos pidiendo no está ordenado por la divinidad, ni el más grande santo del cielo puede dárnoslo. Si lo que estamos pidiendo *ha sido* ordenado por la divinidad, entonces ni el santo más grande del cielo puede impedir que ocurra.

San Mamerto, arzobsipo de Viena en el siglo quinto, fue bien conocido como hacedor de milagros. Como todos los santos, atribuía sus milagros, incluyendo la extinción de un misterioso fuego por medio tan sólo de oraciones, a la gracia de Dios.

El proceso de canonización se ha hecho mucho más estricto ahora que en tiempos de San Mamerto. A fin de ser declarado oficialmente santo, se requieren milagros certificables. Dado que los milagros deben cumplir normas estrictas, las curas médicas con amplia documentación son las más comunes. Debido a las rigurosas normas, las causas de canonización de muchos hombres y mujeres santos están aguardando la prueba de los milagros. Entre estas gentes se hallan los que aparecen en este libro como Beatos. Si tienes una petición de un milagro que sea particularmente urgente, podrías tratar de pedir su ayuda a uno de estos santos que se hallan a la espera. Al concederte tu petición, podrías tal vez ayudarles a alcanzar la posición oficial de santo.

Si pudiera pedir a los santos un milagro, ¿cuál sería?

———

CREO EN LOS MILAGROS.

SANTOS NEREO Y AQUILEO
SIGLO PRIMERO

Aunque conocemos muy poco acerca de San Nereo y San Aquileo, sabemos que fueron soldados del ejército romano que persiguieron a los cristianos primitivos como parte de sus deberes. Podríamos imaginar que tales actos hubiesen endurecido sus corazones, pero sucedió lo contrario. Nereo y Aquileo sintieron que Dios los llamaba para hacerse cristianos ellos mismos. Era una decisión que les costaría la vida. La tradición dice que fueron decapitados en la isla de Terracino.

Nereo y Aquileo tuvieron que conocer los riesgos de convertirse al cristianismo. Estaban dispuestos a afrontar el peligro porque también sabían que Dios estaría ahí para ellos. Entendieron que ninguna recompensa duradera llega sin un profundo sacrificio personal. Como dijo el papa Dámaso en su epitafio para los dos soldados santos: «Confesando la fe de Cristo se regocijan para portar testimonio de su triunfo.»

Aunque nunca seamos martirizados por causa de nuestra fe, somos llamados a morir a nuestro egoísmo y nuestra codicia. Somos llamados a abandonar las posesiones materiales de modo que podamos dejar sitio a la riqueza eterna. Como San Nereo y San Aquileo, sólo podemos tener el coraje de hacer esos sacrificios cuando confiamos lo bastante como para volver nuestras vidas y corazones enteramente hacia Dios.

¿En qué áreas de mi vida tengo miedo de confiar en Dios? ¿Qué sacrificio está pidiendo hoy Dios de mí?

HOY CONFIARÉ EN QUE NADA ME HA DE SUCEDER SIN EL
CONOCIMIENTO Y LA APROBACIÓN DE DIOS.

BEATA IMELDA LAMBERTINI
1322-1331

La tradición dice que la Beata Imelda Lambertini fue una niña devota y piadosa que entró en la vida religiosa a la edad de nueve años. Su mayor deseo era recibir la Sagrada Comunión, pero era demasiado joven. Finalmente, en la Vigilia de la Ascensión, arrodillada en oración, una hostia apareció por encima de su cabeza. El capellán se la dio. Un rato más tarde, cuando la priora fue a comprobarlo, estaba muerta —arrodillada aún ante el altar.

Independientemente de lo que realmente sucediera (o no sucediera) con la Beata Imelda, una cosa está clara: Imelda estaba dispuesta a aguardar pacientemente a que sus plegarias fueran respondidas.

Cuando oramos, a menudo deseamos una respuesta inmediata. Queremos que Dios diga sí o no, y que lo diga en el momento. Si no podemos obtener una respuesta inmediata, queremos algún signo de que Dios ha escuchado nuestra petición y al menos está considerando seriamente el asunto. Demasiado a menudo, sin embargo, lanzamos nuestras plegarias en dirección al cielo, sin estar nunca seguros de que hayan sido realmente recibidas.

Nuestras principales dificultades con la oración tienen lugar porque las respuestas no suelen venir del modo que esperamos. Miramos fijamente en una dirección, mientras la respuesta viene de la otra. Toma, por ejemplo, el caso de la Beata Imelda. Oraba para recibir la Comunión, no para que apareciese una hostia milagrosa. ¡Y fijaos lo que recibió!

Cuando oramos, necesitamos mantener nuestros ojos y corazones abiertos para observar la respuesta. Siempre vendrá, pero casi nunca del modo en que la esperamos.

¿He estado orando por algo durante largo tiempo? ¿Puede la respuesta haber llegado sin que la haya visto?

CUANDO ORO, SÉ QUE SOY ESCUCHADO.

SAN MATÍAS
SIGLO PRIMERO

Retomar algo donde otro lo dejó es delicado. Cuando se filmó la continuación de *Lo que el viento se llevó*, considera la presión a la que estarían sometidos los actores que tenían que recrear los papeles interpretados por Vivian Leigh y Clark Gable. No sólo tenían que conseguir interpretaciones creíbles por sí mismas, sino que eran constantemente comparados con la Escarlata y el Rhett originales.

Ya es bastante difícil tener que vivir a la altura de la reputación gloriosa de tu predecesor, pero más difícil aún es tener que vivir una mala reputación. San Matías tenía ese problema. Lo único que sabemos acerca de él es que fue escogido para coger el puesto de Judas Iscariote entre los doce apóstoles. Imagina lo que tiene que ser atravesar la historia conocido como el que reemplazó a Judas. Hiciera lo que hiciera Matías, lo primero que la gente iba a recordar sería que sustituyó a la persona que traicionó a Jesús.

Nosotros podemos tener dificultades similares. Si reemplazamos una persona bien querida y que tuvo que partir bajo condiciones favorables, podemos acabar siendo recordados constantemente que nuestro predecesor hizo las cosas de modo diferente. Y a la inversa, si la persona fue expulsada, somos conocidos como el que la sustituyó en tal y cual trabajo. En cualquiera de ambos casos, es difícil establecer nuestra propia identidad a la sombra de nuestro predecesor.

La mejor —y única— cosa que podemos hacer cuando nos enfrentamos a una situación así es la de centrar nuestra atención en la tarea que tenemos a mano. No podemos cambiar lo que hizo o dejó de hacer la persona que tuvo el trabajo antes que nosotros. Lo único que podemos controlar son nuestras propias acciones.

¿Cómo me siento cuando tengo que hacerme cargo del trabajo de otro?

HALLO MI PROPIO CAMINO Y LABRO MI PROPIA REPUTACIÓN.

SAN ISIDRO LABRADOR

1070-1130

Cuidar de la tierra nos ha sido confiado por la divinidad. Si no protegemos nuestro planeta, ¿a qué otro sitio vamos a ir? Pese a las fantasías de *Star Trek* y *La guerra de las galaxias*, no hemos perfeccionado la tecnología que nos permita colonizar alguno de los planetas próximos, y no poseemos naves capaces de conducirnos a otros sistemas solares. Para el futuro que podemos visionar, este mundo es todo lo que tenemos con que trabajar.

Cuidar de la tierra es algo más que un noble sentimiento. Si dejamos de proteger la tierra, no podremos cultivar. Si no podemos cultivar, nunca tendremos que preocuparnos de viajar a Alfa Centauro. En un sentido muy real, nuestro futuro descansa en los hombros de nuestros granjeros.

Es cierto que en interés de la producción masiva, la agricultura ha dejado de ser un estado de santa confianza entre la humanidad y el suelo, y ha pasado a ser más como la producción de alimento en una factoría. Es probable que para hacer frente a las demandas crecientes de más alimento y más barato, el cambio fuera inevitable. Sin embargo, no hemos de dejar que esa actitud invada nuestro pensamiento. Podemos seguir teniendo respeto por el alimento que consumimos y por los agricultores responsables de su cultivo.

San Isidro es el patrón de los agricultores y de Madrid, ciudad de su nacimiento. Labrador español, trabajó duramente toda su vida, combinando un profundo amor a Dios con un profundo amor a la tierra. Su reverencia por el suelo que cultivaba es para todos nosotros un maravilloso ejemplo del delicado equilibrio y la íntima relación que todos hemos de tener con la tierra y sus dones.

¿He cultivado alguna vez algo de mi propio alimento?

ESTA PRIMAVERA, PLANTARÉ ALGO, INCLUSO SI SÓLO ES UNA TOMATERA EN EL BALCÓN.

SAN BRENDAN
¿577?

Se cuentan muchas historias de San Brendan, incluyendo sus aventuras como explorador. El hecho que sí sabemos acerca de él es que fundó un monasterio hacia el año 559. Sus biógrafos dicen que sus reglas básicas fundacionales, llamadas la regla, le fueron dictadas por un ángel.

¿Alguna vez te ha hablado un ángel? Tal vez lo hizo y no te percataste de ello. «No dejes de mostrar hospitalidad», dice la Biblia, «pues de ese modo algunos han tratado con ángeles sin saberlo». Los ángeles no son los querubines pequeños y rechonchos que vemos en las imágenes. Los ángeles reales son impresionantes e inspiran temor. En casi todo relato de encuentros con ángeles (en la Biblia o en la vida de los santos) lo primero que dice el ángel es: «No tengas miedo.» Si todos los ángeles parecieran bebés inocentes, la advertencia no sería necesaria.

Los ángeles son enviados a la Tierra para un fin particular. El ángel de San Brendan vino para dictar las normas que gobernarían su monasterio. (¿Tal vez el ángel formaba parte de una burocracia celestial?) Los ángeles que encontramos pueden venir para advertirnos, instruirnos o simplemente recordarnos que hay más de lo que parece a simple vista tanto en este mundo como en el siguiente.

Aunque los ángeles sean criaturas de espíritu puro, pueden adoptar forma humana para un fin particular. Eso significa que un ángel podría tener el aspecto del oficinista de una ventanilla o el del conductor del coche de al lado. Una cosa es segura: ¡no puedes juzgar a un ángel por sus alas!

¿Creo que alguna vez me encontré con un ángel?

DOY GRACIAS A DIOS POR COMPARTIR LOS ÁNGELES CONMIGO.

SAN PASCUAL BAILÓN
1540-1592

No existen las coincidencias en el cielo. Todo sucede o porque Dios lo ordena o porque Dios lo permite. Cuando nos esforzamos por vivir nuestra vida según la voluntad de Dios, tampoco existen las coincidencias para nosotros. Todo lo que nos sucede tiene su razón y su propósito.

San Pascual Bailón nació un domingo de Pentecostés en Torre Hermosa, España. Pastor al comienzo de su vida, se unió a los Hermanos Menores a la edad de veinticuatro. Durante el resto de su vida tuvo una especial devoción por la Eucaristía, arrodillándose durante horas delante del Santísimo Sacramento. Murió en el momento de la consagración de la misa mayor el domingo de Pentecostés de 1592.

Una herramienta que puede ayudarnos a ver los hilos y conexiones de nuestras propias vidas es un cuaderno de notas. Hacer un cuaderno no es lo mismo que hacer un diario. Un diario registra los acontecimientos mundanos de la vida. (Querido Diario, hoy me levanté, me cepillé los dientes, me di una ducha y tomé unas galletas para desayunar.) En el cuaderno se registran acontecimientos de importancia personal.

En tu cuaderno, no te concentres en los acontecimientos, sino en lo que éstos te hacen sentir. Escribe sobre tus emociones, tus sueños y tus temores. Siempre podrás hacerte una idea de *cuándo* sucedieron las cosas. Tu cuaderno te ayudará a hacerte una idea de *por qué* sucedieron. Puede ayudarte incluso a descubrir que lo que parecía ser una coincidencia era realmente parte esencial de tu sendero vital.

¿He hecho alguna vez un cuaderno de notas? ¿Me parece que llevar un cuaderno es trabajar demasiado? ¿Tengo miedo de que alguien lo lea y descubra sobre mí cosas que preferiría mantener secretas?

CREO QUE TODO LO QUE ME SUCEDE ME AYUDA A CRECER ESPIRITUALMENTE.

SAN TEODOTO

¿303?

Cuando G. K. Chesterton escribió: «A las mentes rectas de los posaderos/Indúcelas de vez en cuando/A romper una botella con un amigo/O a tratar a hombres sin dinero», podría estar refiriéndose a San Teodoto.

San Teodoto fue un vinatero y posadero de la Galacia del siglo cuarto. Cuando el gobernador de la región ordenó que todo alimento y vino debía ser ofrecido a los dioses antes de poder ser vendido, la comunidad cristiana se horrorizó. Obedecer la ley significaba que incluso el vino de la Comunión debería ser sometido a rituales paganos. Así que, con gran riesgo personal, San Teodoto guardó una reserva de vino que proporcionó a los cristianos.

A menudo nos tomamos grandes molestias para asegurarnos de que el alimento que tomamos cada día es puro y carente de riesgos. Sin embargo, tal vez no tengamos el mismo cuidado con el alimento que nutre nuestras almas.

Alimentamos nuestros espíritus de muchas maneras (los libros que leemos, la música que escuchamos, las conversaciones que tenemos), pero el modo primario en que nutrimos nuestras almas es a traves de la oración. La oración nos permite abrir el grifo a los inacabables recursos de la divinidad, dándonos fuerzas para el viaje de la vida. Con toda su variedad de formas (intercesoria, peticionaria, individual, comunal, contemplativa, audible, silenciosa, formal y conversacional), la oración proporciona un verdadero bufet para nuestro crecimiento espiritual. Dado que no hay un solo modo correcto de orar, igual que no hay un solo alimento perfecto, somos libres de probar las diversas formas hasta encontrar la que mejor se nos acomoda.

¿Qué diferentes formas de oración he intentado? ¿Es llegado el momento de que intente alguna nueva?

———————————

ALIMENTO MI ALMA CON LA ORACIÓN REGULAR.

SAN DUNSTAN
c. 910-988

Muchos de nosotros creemos que el vicio de la indolencia ha seguido el camino del dodo. Después de todo, ¿quién tiene tiempo de ser perezoso?

La indolencia, sin embargo, tiene cuando menos tanto que ver con la negación como con la pereza y el mal uso del tiempo. Cuando somos indolentes, sabemos lo que deberíamos estar haciendo, pero tratamos de ignorarlo. Sabemos, por ejemplo, que deberíamos comer más frutas y verduras, pero seguimos ordenando hamburguesas y patatas fritas para comer. Nos damos cuenta de que seríamos más felices si utilizásemos las escaleras en vez del ascensor, pero de todos modos pulsamos el botón de «arriba».

La mayoría de nosotros nunca consideraríamos indolente a San Dunstan. Nacido cerca de Glastonbury, pasó mucha de su vida estrechamente relacionado con la familia gobernante. Fue consejero principal del trono, e incluso dirigió el país durante el reinado del joven Eduardo el Mártir. Sin embargo, San Dunstan reconoció que incluso en la más ocupada de las vidas puede insinuarse la tendencia a la indolencia. Es así que, siendo un joven monje, pasó el mayor tiempo que pudo haciendo trabajos manuales como modo de impedir que el vicio de la indolencia se hiciese con el control de su vida.

Como San Dunstan, todos podemos estar tentados de dejarnos llevar por la indolencia. Si negamos su posibilidad, abrimos un poco más la puerta para su admisión. Es sólo cuando reconocemos que la indolencia es un fallo encubierto en tanta medida como uno explícito cuando podemos prevenir su entrada en nuestras vidas.

¿Qué debería estar haciendo que no quiero hacer?

CONOZCO LA DIFERENCIA ENTRE EL DESCANSO NECESARIO Y LA INDOLENCIA.

SAN BERNARDINO DE SIENA
1381-1444

Seguimos usando la frase de «evitarlo como la peste», pero rara vez nos detenemos a considerar su origen. La peste, o Muerte Negra como se la llamó, diezmó literalmente Europa durante la Edad Media. Tan amplios fueron sus efectos, que mucha gente estaba convencida de que se trataba del fin del mundo. Dado que la peste muy a menudo era fatal, la gente llegaba a casi cualquier extremo por evitar el contacto con la gente o los lugares que habían sido infectados.

En 1400 el azote llegó a Siena. Hasta veinte personas al día morían en el hospital local. A esta sima de la muerte llegó un grupo de jóvenes conducidos por Bernardino Albizeschi. Durante cuatro meses, Bernardino y sus seguidores cuidaron de los moribundos. Aunque muchos de sus compañeros murieron, Bernardino escapó a la enfermedad, aunque cayó víctima de una fiebre que le incapacitó durante varios meses. Tan pronto como se había recuperado, una tía favorita suya quedó ciega y postrada en cama. Se dedicó a su atento cuidado hasta que murió, catorce meses más tarde. Sólo entonces quedó libre Bernardino para entrar en los franciscanos y convertirse en uno de sus más famosos predicadores.

En nuestras vidas hay momentos en que cuidamos y momentos en que necesitamos cuidados. Seamos tan gratos y amorosos cuando damos el servicio como cuando lo recibimos.

¿Qué clase de cuidado quiero cuando estoy enfermo? Cuando alguien a quien amo está enfermo, ¿cómo respondo?

ESTOY AGRADECIDO POR TODAS LAS VECES EN QUE ALGUIEN ME HA CUIDADO A LO LARGO DE UNA ENFERMEDAD.

SAN FÉLIX DE CANTALICE
1513-1587

¿Has estado alguna vez con alguien que tiene que decir siempre la última palabra en todo? Dices algo así como: «El domingo pasado por la tarde, a eso de las tres», y te interrumpe diciendo: «Creo que era a las dos y media, no a las tres.» Sonríes educadamente, y continúas: «El domingo pasado, a eso de las *dos y media*, estaba leyendo el periódico.» Nuevamente te interrumpe: «Si la memoria no me falla, estabas leyendo una revista, no el periódico.» Pronto estarás a punto de chillar, pero cuando reaccionas, la persona parece ofendida y dice: «Pero yo sólo estaba tratando de ayudar.»

De esa clase de ayuda todos podemos prescindir.

San Félix de Cantalice nos ofrece un modo de responder a la gente que necesita decir la última palabra. Cuando alguien lo contradecía en cuestiones sin importancia, estaba educadamente de acuerdo con lo que le decían, y nunca afirmaba lo contrario.

La próxima vez que encuentres una persona que necesita decir la última palabra, podrías intentar la técnica de San Félix. Las personas que están constantemente contradiciendo y corrigiendo, a menudo simplemente están buscando pelea. Desean perturbar tu paz y hacerte entrar en discusiones sobre algo que realmente carece de importancia. Cuando caes en sus redes y empiezas a defender tu postura, les dejas que ganen el combate. En vez de darles esa satisfacción, rehúsa seguirles el juego. Sé extremadamente educado mientras les dices: «Cómo no, creo que estás en lo cierto.» Dándoles la razón, no sólo revientas su combatividad, sino que mantienes tu propia paz mental.

¿Cómo reacciono cuando alguien trata de empujarme a una discusión? ¿Puedo dar la razón en cosas que realmente carecen de importancia?

PORQUE VALORO MI COMPOSTURA, REHÚSO ENTRAR EN JUEGOS.

SANTA RITA DE CASCIA
1381-1457

Cuando el marido de Santa Rita de Cascia fue asesinado, sus dos hijos juraron vengar su muerte. Santa Rita pidió en oración que antes murieran que cometer asesinato. Ella obtuvo su deseo. Los muchachos contrayeron una enfermedad fatal y fallecieron antes de ser capaces de actuar.

Santa Rita obtuvo exactamente lo que pidió en oración, pero afortunadamente para la mayoría de nosotros, Dios nos da lo que necesitamos, no lo que creemos que deseamos. Debido a nuestro discernimiento y visión limitados, pedimos lo que nos parece mejor en un momento dado. Dios, por su parte, ve lo que es mejor para la eternidad.

Digamos que te entrevistas para conseguir un trabajo que realmente deseas. Es para una buena compañía y tiene grandes ventajas. Atormentas los portales del cielo, implorando obtener el puesto. Entonces viene una carta: Gracias por su interés, pero... Naturalmente, te sientes decepcionado y enfurecido. ¿Por qué Dios no te permitió conseguir el trabajo? Tal vez el trabajo no habría durado. Tal vez Dios quiera que cambies de profesión. Tal vez habría habido tentaciones que resultarían desastrosas para tu desarrollo espiritual si se te hubiese concedido el puesto.

Probablemente nunca conoceremos las respuestas a nuestras preguntas, pero en momentos como éste, todo lo que podemos hacer es confiar en que Dios tiene otros planes en mente: planes siempre para nuestro mayor interés.

La próxima vez que no obtengas lo que pides en oración, da gracias por haber sido protegido de un juicio erróneo y da gracias por las bendiciones que sabes habrán de venirte.

¿Ha habido alguna vez en que no obtener lo que deseaba resultó ser una bendición solapada?

CREO QUE DIOS SABE LO QUE ES MEJOR PARA MÍ.

SAN JUAN BAUTISTA ROSSI

1698-1764

Los santos pueden ser compañeros celestes, pero a veces pueden volver un poco infernal la vida en la Tierra para quienes no comparten su impulso. San Juan Bautista Rossi es uno de esos santos que probablemente distrajera con sus buenos actos a todos aquellos que lo rodeaban. Por ejemplo, cuando se le dio un puesto eclesiástico que había sido tenido por su sobrino, rápidamente entregó el salario para comprar un órgano para la iglesia y pagar a un organista. Donó a su orden religiosa, los capuchinos, la casa asociada con su puesto y se mudó a un ático. Usó los estipendios que recibía de la Misa para alquilar una casa para mujeres sin hogar.

Cuando estamos arrebatados por el entusiasmo hacia nuestros proyectos, necesitamos recordar que siempre tenemos el derecho a gastar nuestro propio tiempo y dinero como elijamos, pero que no tenemos derecho a insistir en que otros hagan las mismas inversiones.

Es natural que queramos que otros se involucren en las cosas que nos interesan, pero necesitamos ser caritativos con quienes no se hallan en nuestro mismo plano espiritual o emocional. No es justo insistir en que otros hagan sacrificios por causas en las que no creen. Necesitamos tener especial cuidado con los proyectos que suponen contribuciones financieras. Por muy entregados que estemos a una causa, necesitamos conceder a otros un espacio en el que tomar sus propias decisiones y llegar a sus propias conclusiones. Si somos afortunados, seremos capaces de compartir nuestro interés. Si no, bueno, que prevalezca la caridad.

¿Cómo me siento cuando soy solicitado para una causa que no apoyo?

NO FUERZO MIS PROYECTOS FAVORITOS SOBRE NADIE.

SAN VICENTE DE LÉRINS

c. 445

¿Piensas a veces que perderías la cabeza si no la tuvieras pegada al cuerpo? ¿Haces listas para ayudarte a recordar y luego olvidas dónde pusiste la lista?

Si tienes problemas recordando cosas, San Vicente de Lérins es tu santo. Escribió *Commonitorium*, el libro que le aseguró la santidad, para ayudar su propia pobre memoria. En esta famosa obra, San Vicente delinea los principios que entendía para distinguir la verdad cristiana de la falsedad. Su libro se convirtió en su lugar seguro para almacenar la verdad.

Todos podemos crear nuestro propio lugar seguro para almacenar las verdades que hemos aprendido acerca de la vida. Para muchas personas, ese lugar seguro es un cuaderno de notas, pero si no eres escritor, puedes escoger otro tipo de lugar seguro. Quizá sea un sitio, un área especial a la que vas para estar a solas y pensar. El simple hecho de estar allí desencadenará un diluvio de recuerdos. O quizá se trate de una música particular capaz de entregar sus recuerdos cada vez que la oigas tocar. Cualquiera que sea tu lugar seguro, es únicamente tuyo. Es un lugar que sacudirá tu memoria y hará que se recupere tu alma; es un lugar en el que clasificar tus sentimientos y renovar tus sueños. Todos necesitamos un lugar seguro. Si careces de un lugar seguro en el que almacenar tus pensamientos y sentimientos, ¿por qué no escoges hoy uno?

¿Dónde está mi lugar seguro? ¿Qué clase de cosas almaceno ahí?

RESPETO MI NECESIDAD DE INTIMIDAD Y SEGURIDAD.

SANTA MAGDALENA SOFÍA BARAT

1779-1865

Aunque las cosas están cambiando gradualmente, hace 150 años las oportunidades para las mujeres inteligentes y ambiciosas eran decididamente limitadas. Santa Magdalena Sofía Barat, que vivió en los tumultuosos días de la Revolución Francesa y del Reinado del Terror, hizo todo lo que pudo por cambiar eso. Fundadora de la Sociedad del Sagrado Corazón, Santa Magdalena se dedicó a la educación de las mujeres, tanto ricas como pobres. Fundó numerosas escuelas, empezando por Francia, pero extendiéndose por todo el mundo. En el momento de su muerte, pudo ver a sus hermanas establecidas en doce países. Recalcando la importancia de la educación en las letras, creía también firmemente en equilibrar la educación del intelecto con la del cuerpo y el carácter moral.

Por delante de su tiempo en muchos modos, dijo: «Una mujer no puede permanecer neutral en el mundo», añadiendo que las mujeres deben ser «fuertes en toda batalla de la vida».

Agallas y feminismo de Santa Magdalena pueden parecer más apropiados para el siglo veinte que para el diecinueve, pero ella no permitió que los obstáculos de su tiempo y lugar la impidiesen hacer lo que sabía que había de hacerse. Cuando seamos llamados a corregir un error o a cambiar el modo en que han sido siempre las cosas, recordemos el ejemplo de Santa Magdalena y comprendamos que la fuerza y el coraje no provienen de la autocompasión, sino de la determinación y la acción.

¿Hay algún error que sé que podría corregir pero que presenta un desafío aparentemente insuperable?

CREO QUE DIOS AYUDA A QUIENES DEJAN SUS PANTUFLAS Y SE PONEN EN MARCHA.

SAN FELIPE NERI
1515-1595

Hacemos suposiciones continuamente. Algunas de ellas son lógicas y naturales, por ejemplo, suponer que el sol saldrá por la mañana o que la ley de la gravedad continuará operando. Nos metemos en problemas, en cambio, cuando hacemos suposiciones acerca de otra gente.

Los santos se hallan a menudo en el extremo perdedor de las suposiciones. Dado que son tenidos por modelos de santidad, y dado que la santidad es un asunto serio, suponemos a veces que son un atajo de quisquillosos: buenos para rezar pero unos auténticos plomos en las fiestas.

Por ejemplo, tomemos el caso de San Felipe Neri. Si sólo consideramos unos pocos hechos de su vida, que incluyen ser director espiritual de santos famosos como San Francisco de Sales y San Carlos Borromeo, podríamos suponer que se trataba de un parangón de la seriedad. Aunque dijo cosas serias —como «La humildad es la salvaguarda de la castidad. En cuestiones de pureza, no hay mayor peligro que no temer el peligro»—, se lo conoce más por su sentido del humor. De hecho, sus dos libros favoritos fueron el Nuevo Testamento y un libro de chistes. Era alegre incluso aconsejando a los penitentes. Una vez dijo a una mujer cotilla que arrojara un saco de plumas al aire y luego las recogiera todas. Cuando ella le dijo que una penitencia así era imposible, respondió que las palabras desenfrenadas eran como esas plumas; una vez que se sueltan son imposibles de recoger.

En nuestra marcha por los días, tengamos cuidado de hacer suposiciones sobre otra gente, no sea que ellos hagan suposiciones acerca de nosotros.

¿He supuesto alguna vez algo acerca de una persona, para descubrir más tarde que estaba completamente equivocado?

RESERVO MI JUICIO HASTA TENER TODOS LOS HECHOS.

SAN GONZAGA GONZA

1885-1887

Se han martirizado santos por causa de su fe en toda tierra y en toda nación del mundo. Entre 1885 y 1887, unos treinta anglicanos y católicos de Uganda fueron torturados y asesinados. Uno de ellos era Gonzaga Gonza.

San Gonzaga había recibido su instrucción religiosa de los Padres Blancos. Cuando el rey de Burgunda, que ahora forma parte de la actual Uganda, le ordenó retractarse de su fe, rehusó. Junto con los otros mártires, se le condujo en una marcha hacia la aldea de Namugongo, a unos 60 kilómetros de su hogar. De acuerdo con la costumbre, se ejecutó una víctima en cada cruce de caminos. San Gonzaga fue uno de los primeros en morir. Fue alanceado de muerte, y su cuerpo arrojado sobre una colina de hormigas, pero murió tan bravamente que incluso sus ejecutores admiraron su valor.

Aunque la mayoría de nosotros probablemente no tendremos que morir por nuestras convicciones, sabemos lo que es ser acusado y atacado por nuestras creencias. Quizá sea por nuestras opiniones políticas. O tal vez sostengamos una postura que actualmente no es políticamente correcta. O quizá hayamos escogido para nuestras vidas una dirección que la gente de nuestro entorno no puede comprender. Sea lo que sea, pocos de nosotros pasaremos por la vida sin encontrar resistencia en quienes nos rodean. Cuando eso sucede, tenemos la elección entre mantenernos fieles a nuestros propios principios o retractarnos. Lo último puede mantener la paz, pero lo primero mantiene nuestra fe.

¿He cedido alguna vez, bajo presión, a decir o hacer algo en lo que no creía? ¿Puedo perdonarme a mí mismo por mi flaqueza humana?

CUANDO ADOPTO UNA POSTURA, ESTOY DISPUESTO A DEFENDERLA.

SANTA MARIANA DE JESÚS
1618-1645

Una tentación a la que nos enfrentamos la mayoría es la de meter el dedo a través de la valla de la vida de otra persona. ¡El único problema de introducir un dedo a través del agujero es que no puedes estar seguro de lo que encontrarás al otro lado! Si realmente tienes mala suerte, podría estar esperándote un caimán para mordisquearte los nudillos.

Santa Mariana de Jesús, a menudo llamada la heroína nacional de Ecuador, vivió en Quito durante el siglo diecisiete. Nacida el Día de Todos los Santos, pasó su corta vida imponiéndose a sí misma extraordinarias penitencias, al tiempo que siempre era amable con quienes iban a ella en busca de oraciones y consejo. En contraste, muchos de nosotros somos muy duros con los demás, al tiempo que bastante comprensivos y perdonadores de nuestras propias faltas. Vemos muy claramente las faltas de los demás, al tiempo que olvidamos las propias.

Una de las muchas lecciones que los santos nos animan a aprender es la de prestar atención a nuestros propios asuntos. Indican que bastante tenemos con cuidar de nuestras propias vidas, sin convertirnos en guardianes de los asuntos de otra gente. Santa Teresa de Ávila, por ejemplo, dice: «No seáis curiosos con cuestiones que no os conciernen; nunca habléis de ellas, y no preguntéis al respecto.»

Introducir nuestros dedos a través de las vallas puede ser peligroso. Si queremos estar seguros de mantener intactos nuestros dedos, necesitamos tenerlos lejos de la vida de otras personas.

Cuando la gente no me dice lo que está haciendo, ¿me siento frustrado y marginado? ¿Pienso que debería saber todo lo que está pasando? ¿Por qué?

ME OCUPO DE MIS PROPIOS ASUNTOS.

SAN GUILLERMO DE TOLOSA
1242

¿Alguna vez te han tomado el pelo? Si así es, sabrás lo poco que puedes hacer por salvarte a ti mismo. A San Guillermo de Tolosa y sus compañeros, Guillermo Arnaud, Esteban, Raimundo y otros nueve, les tomaron el pelo: regiamente. Invitado a permanecer en un castillo perteneciente al conde Raimundo VII de Tolosa, fueron en cambio asesinados por una banda de soldados que los aguardaban allí.

Que le tomen a uno el pelo, incluso si no acaba en asesinato, no es agradable. En el mejor de los casos, nos enoja –más con nosotros mismos, por haber sido tan estúpidos, que con los demás.

A veces, sin embargo, no hay nadie más a quien culpar. Nos burlamos de nosotros mismos por causa del fracaso, la decepción y el desánimo. Cuando emprendemos un proyecto sin la preparación adecuada, cuando dejamos una abertura para alguien de lengua mordaz, cuando nos andamos con tantas dilaciones que no podemos cumplir nuestras obligaciones, entonces nos dejamos tomar el pelo. De un modo perverso, creamos situaciones en las que estamos abocados a fracasar de modo que no se nos pueda pedir cuenta por nuestras acciones. Puede deberse a que tenemos miedo de vivir a la altura del nivel que nos asignamos a nosotros mismos, o a que tenemos miedo del éxito. Cualquiera que sea la razón, las peores exposiciones al ridículo a menudo vienen de dentro.

No siempre podemos impedir que otros traten de burlarnos, pero podemos evitar ponernos nosotros mismos en ridículo. Podemos tratarnos a nosotros mismos con el mismo respeto que concederíamos a los demás. Y lo que es más importante, sin embargo, incluso cuando no nos ponemos en ridículo nosotros mismos, siempre podemos tratar la experiencia como un aprendizaje.

¿Me burlo de mí mismo por el fracaso?

DESDE HOY MISMO, LA ÚNICA COSA POR LA QUE HARÉ EL RIDÍCULO ES POR EL ÉXITO.

SANTA JUANA DE ARCO
1412-1431

A la edad de catorce años, Santa Juana de Arco comenzó a escuchar voces y a tener visiones del Arcángel San Miguel, Santa Catalina de Alejandría y Santa Margarita de Antioquía. A los dieciséis, fue convencida de que debía rescatar de los ingleses la ciudad de Orleans y restablecer el delfinato. Sorprendentemente, se las arregló para hacer justamente eso. Finalmente fue capturada, vendida a los británicos y quemada en la hoguera por bruja y hereje.

La mayoría de nosotros probablemente empezaría a buscar ayuda profesional si empezásemos a escuchar voces que nos animaran a iniciar una guerra. (Confiamos, cuando menos, en que tendríamos el buen sentido de buscar ayuda.) Sin embargo, a veces nuestra voz interior (el pequeño y tranquilo sonido de nuestro corazón) nos dice que corrijamos un mal, incluso si significa combatir contra fuerzas poderosas.

Dado que a menudo las advertencias son tan delicadas y discretas, pueden ser fáciles de ignorar. Incluso Juana trató de ignorar sus voces, quejándose de que le sería imposible dirigir un ejército pues no podía ni cabalgar ni combatir. Aunque no le faltaba razón, las voces le dijeron que Dios la dirigiría a ella y a su ejército.

Cuando empezamos a protestar de que posiblemente no podamos combatir los ejércitos de la burocracia y la opresión, nuestra voz interior nos dice lo mismo. Se nos recuerda que cuando nuestra causa es justa, no tendremos que luchar solos porque Dios estará con nosotros. Ese conocimiento debería darnos, como a Juana, el valor de enarbolar nuestra bandera y ponernos en marcha con confianza.

¿Considero posible para una sola persona cambiar el sistema? ¿Por qué sí, o por qué no?

HAGO MI PARTE EN CONVERTIR EL MUNDO EN UN LUGAR MÁS SEGURO Y MEJOR.

SANTA MECHTILDIS DE EDELSTETTEN

1160

Ver el noticiario de la noche o leer el periódico puede ser deprimente. Como las buenas noticias no son noticia, los medios de comunicación se encaminan hacia toda tragedia, accidente y horror. Una dieta continua de pensamientos mórbidos como ésos nos aboca a sentirnos un poco mórbidos nosotros mismos.

Un médico que trabajaba en una clínica de la sanidad pública dijo una vez que estaba empezando a sentir como si no quedase ya nada bueno en el mundo. Todos los días se veía rodeado por víctimas de la violencia, el abuso y la drogadicción. Hasta que no escapó de esa situación opresiva no pudo apreciar la belleza y bondad que aún se hallan presentes en el mundo.

Lo que vemos y oímos de forma regular influencia profundamente el modo en que pensamos. Cuando Santa Mechtildis de Edelstetten fue elegida abadesa de su convento, intentó restaurar la disciplina prohibiendo entrar en el claustro a los visitantes seglares con sus noticias mundanas.

Quizá debamos, por uno o dos días, seguir las órdenes de Santa Mechtildis eliminando de nuestra vida todas las noticias de televisión, radio y periódicos. Si algo *realmente* importante sucede, sabremos de ello por los amigos y conocidos. Mientras tanto, podemos usar el tiempo que normalmente emplearíamos prestando atención *al* mundo, en prestar atención a *nuestro* mundo. Podemos leer un libro que teníamos pensado, llamar a un amigo con el que no hemos charlado desde hace años. Podemos salir a dar un paseo con un niño, hacer un pastel, soñar despiertos. Podemos celebrar la bondad de la vida, en vez de vernos abrumados por sus penas.

¿Soy adicto a las noticias?

SIMPLEMENTE POR HOY, ME CONCENTRARÉ EN LA BONDAD Y ALEGRÍA DE LA VIDA.

SAN JUSTINO

¿100?-165

A veces los considerados grandes pensadores quisieran hacernos creer que la filosofía y la religión son antitéticos, que una vez que empezamos a utilizar nuestras mentes para un pensamiento serio, no tenemos otra elección que la de abandonar nuestras convicciones religiosas. Y a la inversa, pueden pretender que si mantenemos convicciones religiosas, no podemos perseguir consideraciones filosóficas. San Justino es la prueba de que la filosofía y la religión pueden y deben coexistir bastante bien.

De joven, Justino buscó la verdad en diversas filosofías y religiones, principalmente la escuela de Platón. Tras convertirse al cristianismo, se le conoció como el primer cristiano filósofo.

A los seres humanos se nos llama a veces animales racionales. Si nuestra capacidad de reflexionar las realidades que se encuentran más allá de lo que podemos experimentar a través de nuestros sentidos nos diferencia del resto del reino animal, entonces no sólo podemos usar nuestras mentes para las reflexiones filosóficas, sino que incluso tenemos la obligación de hacerlo así. Hacer menos que eso es rechazar el don de la razón. Cuando buscamos la verdad, hemos de tener la confianza de que su descubrimiento no destruirá nuestra fe.

«La filosofía es el conocimiento de lo que existe, y un claro entendimiento de la verdad; y la felicidad es la recompensa de un conocimiento y un entendimiento así», escribió San Justino. Si verdaderamente buscamos la felicidad aquí y en la vida venidera, debemos perseguir la verdad sin temor.

¿Cómo me siento aceptando cosas por fe ciega? ¿Creo alguna vez que examinar mis creencias religiosas es en cierto modo irrespetuoso con Dios?

ME TOMO TIEMPO PARA EXAMINAR LO QUE CREO Y POR QUÉ LO CREO.

SANTA BLANDINA Y LOS MÁRTIRES DE LYON

177

Cuando Santa Blandina, una esclava, fue sentenciada a morir en los infames juegos del Imperio Romano, su ama pensó que era demasiado frágil para mantener la fe. Sin embargo, Blandina fue la última en morir del grupo de mártires que recordamos como los Mártires de Lyon. Entre otras torturas, fue envuelta en una red y arrojada a un toro salvaje.

¿Acaso no es a menudo así? La persona que consideramos la más débil resulta ser la más fuerte. De algún modo, cuando más importa, esa persona consigue destapar asombrosas reservas de fuerza.

Todos tenemos esa capacidad. Para alcanzar esas profundas reservas, sin embargo, necesitamos hacer una cosa esencial: someternos. ¿Someternos? ¿A fin de volvernos fuertes? Sí. En una de las más grandes paradojas de la fe, cuando reconocemos nuestra debilidad es cuando la fuerza ilimitada de Dios puede operar a través nuestro.

Se dice que Santa Blandina repitió las palabras: «Soy cristiana, nosotros no negociamos ninguna maldad», a fin de obtener fuerza con que soportar su tortura. Del mismo modo, podemos repetir nuestra oración favorita (quizá la de Juliana de Norwich: «Todo estará bien y todo estará bien y todo tipo de cosas estarán bien») cuando estemos encarando pruebas que consideramos más allá de nuestra capacidad de aguante. Al hacerlo así, aprenderemos que con Dios a nuestro lado todo es en verdad posible.

¿Hay algo en mi vida que no me considero capaz de encarar por mí solo?

ENCARO LOS DESAFÍOS DE MI VIDA CON EL VALOR NACIDO DE LA ORACIÓN.

SAN CARLOS LWANGA Y COMPAÑEROS
1885-1887

En 1885, cuando José Mkasa, maestro de pajes en la corte del rey Mwanga de Bugunda, criticó al rey por su inmoralidad y por el asesinato del misionero protestante James Hannington, el rey hizo que lo mataran. Fue reemplazado por otro cristiano, Carlos Lwanga. Varios meses más tarde, cuando un paje llamado Mwafu rehusó tomar parte en los actos inmorales del rey Mwanga, éste supo que otro paje, Denis Sebuggawo, le había estado instruyendo secretamente en el cristianismo. Se capturó y ejecutó a Denis. Entonces el rey se dirigió a todos los otros pajes cristianos, y cuando rehusaron abandonar su fe, los sentenció a muerte. Fueron torturados, y quienes sobrevivieron fueron quemados vivos o decapitados.

Los mártires de Uganda eran muy jóvenes, la mayoría rondaba los veinte años. Sin embargo, mostraron una madurez superior a sus años en su disposición a sufrir y morir por su fe. Al hacerlo así demostraron su edad. No su edad cronológica, desde luego, sino su edad espiritual.

Todos nosotros somos llamados a demostrar nuestra edad espiritual. Mientras que nuestra edad cronológica es dictada por las leyes de la naturaleza, nuestra edad espiritual carece de tales límites. Mucho depende de cuándo comenzáramos nuestra búsqueda, y de cuánta energía hayamos puesto en ella. Cualquiera que sea nuestra edad cronológica, podemos continuar madurando espiritualmente hasta el día en que finalmente entramos en la eternidad.

¿Cuál es mi edad espiritual? ¿Qué edad quisiera tener el año que viene?

CADA DÍA QUE PASA ME VUELVO MÁS MADURO ESPIRITUALMENTE.

SAN FRANCISCO (ASCANIO) CARACCIOLO
1563-1608

En 1588 Juan Agustín Adorno tuvo la idea de fundar una nueva orden religiosa de sacerdotes. Consultó al deán de Santa María la Mayor de Nápoles y envió una carta a un sacerdote compañero suyo llamado Ascanio Caracciolo, explicándole el plan y pidiendo su ayuda. Ascanio se entusiasmó tanto con la invitación que al punto convino en ayudar. El único problema era que se trataba del Ascanio Caracciolo equivocado. La carta tendría que haber llegado a uno de sus familiares del mismo nombre. Afortunadamente para todos los implicados, a este Ascanio Caracciolo (que más tarde adoptaría el nombre de Francisco, en honor de Francisco de Asís) se le permitió participar en el plan. Él y Adorno se hicieron rápidamente amigos y fundaron los Clérigos Regulares Menores.

¿Alguna vez te ha pasado que lo que originalmente parecía un error resultase ser una bendición camuflada? Marcas el número de teléfono equivocado, pero la persona que se halla al otro extremo de la línea es alguien que realmente necesitaba hablar contigo justo entonces. Giras por donde no debes, para luego saber que hubo un accidente en la calle que evitaste. Tales sucesos son ejemplos de la providencia divina. Lo que parece ser un error es realmente parte de la amorosa atención de Dios hacia todos los detalles de nuestras vidas.

La próxima vez que suceda algo que parezca ser un error, no lo lamentes. En su lugar, di una rapida oración de gracias por otro ejemplo de la providencia divina en funcionamiento.

Al examinar mi vida en retrospectiva, ¿puedo ver cuándo lo que consideraba un error resultó ser para bien?

DIOS NO COMETE ERRORES CON MI VIDA.

SAN BONIFACIO
¿680?-754

A fin de mantenerse en contacto con miembros dispersos, algunas familias han desarrollado una rueda de cartas. Una persona empieza escribiendo una carta y enviándola a la primera persona de la lista. Conforme cada persona recibe el paquete, añade una carta y la envía también. Cuando finalmente le llega, la persona quita su vieja carta, añade una nueva, y envía la rueda de nuevo en su vuelta.

San Bonifacio, llamado el Apóstol de Alemania, nació realmente en Inglaterra con el nombre de Winfrid. Como creía que Dios quería que fuese misionero, abandonó las Islas Británicas camino de Europa. Mientras trabajó en el extranjero, nunca perdió el contacto con su amada Inglaterra, e incluso escribió una carta circular a todos los sacerdotes, religosos y laicos de Inglaterra rogando sus oraciones. Aunque no sepamos exactamente hasta dónde llegó la carta, o por cuánto tiempo se mantuvo en circulación, es divertido pensar que Bonifacio pudo haber iniciado una nueva tradición en el siglo octavo.

Quizá puedas iniciar una nueva tradición en tu familia enviando tu propia carta circular. Si no te gusta escribir cartas, tal vez puedas sustituirla por el correo electrónico. Cualquiera que sea el método, mantenernos en contacto con quienes amamos no es algo que debamos dejar al azar.

¿Funcionaría con mi familia, o un grupo de amigos, una rueda de cartas? ¿A quién pondría en la lista?

CONSIDERO IMPRESCINDIBLE MANTENERME EN CONTACTO CON
AQUELLOS DE QUIENES ME PREOCUPO.

BEATA MARÍA TERESA LEDOCHOWSKA

1863-1922

Aunque no haya un santo patrón para quienes desean dejar de fumar, si lo hubiera, podría ser la Beata María Teresa Ledochowska. La Beata María fue la hija mayor del conde Antonio Ledochowska, de Austria. Niña brillante y entusiasta, creció para convertirse en dama de honor en la corte del gran duque Fernando y la gran duquesa Alicia. Durante varios años combinó sus seductoras actividades con escritos en contra de la esclavitud. Finalmente, el año 1891, cuando su deseo de escribir acerca de las misiones africanas comenzó a usurpar una mayor porción de su tiempo, pidió ser liberada de la corte. Renuentemente, la familia real aceptó. La Beata María escribió en su diario: «Ofrecida la Sagrada Comunión para el nuevo modo de vida. Muy feliz y serena... abandono el tabaco.»

No sabemos si la Beata María tuvo éxito en su resolución, pero al menos no formó una liga antitabaco. Puede ser muy difícil soportar a alguien que se ha reformado. Los ex fumadores están entre los peores, pero cualquiera de nosotros que haya superado un mal hábito puede ser igualmente culpable. Alguien que sigue una dieta con éxito es a menudo impaciente con quienes continúan siendo golosos, y cualquiera que haya descubierto las virtudes del ejercicio podrá ser insufrible para quienes son menos activos.

Si alguna vez nos sentimos tentados a predicar los méritos de una virtud recién descubierta, recordemos cómo nos sentíamos cuando nos hallábamos en el bando receptor y practiquemos el noble ejercicio de comernos la lengua.

¿Siento la necesidad de sermonear a otros sobre sus malos hábitos?
¿Cómo me siento cuando alguien trata de sermonearme?

QUITO LAS MALAS HIERBAS DE MI PROPIO JARDÍN ANTES DE BUSCAR LAS MALAS HIERBAS EN EL DE MI VECINO.

VENERABLE MATT TALBOT
1856-1925

El Venerable Matt Talbot fue un alcohólico. Volvió bebido de su primer trabajo en un almacén de vinos cuando tenía doce años, después de lo cual pasó muy poco tiempo sobrio. Un día, cuando tenía veintiocho años, encontró a un sacerdote que le hizo prometer que no bebería en tres meses. Aunque no estaba seguro de poder cumplirlo, lo hizo, extendiendo su promesa por periodos mayores, hasta que finalmente la hizo para toda la vida.

Matt Talbot tuvo cuidado de no verse tentado indebidamente a romper su compromiso. Con ese fin, nunca llevaba dinero encima. Matt desarrolló esta práctica poco después de su conversión, tras haberse visto casi superado por el deseo de beber. Fue a una taberna y trató de comprar una bebida, pero nadie quiso servirle. Finalmente se marchó y permaneció en una iglesia cercana hasta que la cerraron.

Durante el resto de su vida, Matt Talbot trabajó duramente, dio la mayor parte de su dinero para obras de caridad, y pasó largas horas en oración y arrepentimiento. De camino a misa, se desplomó y murió de un fallo cardiaco. Tenía sesenta y nueve años. Había mantenido su promesa durante cuarenta y un años.

Librarse de una adicción es un trabajo duro. Requiere determinación, dedicación y una cantidad no pequeña de fe.

Si padeces una adicción del tipo que sea (el tabaco, el alcohol, la gula o las drogas), los santos están ahí para ayudarte. Cuando las tentaciones se recrudecen, pídeles, especialmente al Venerable Matt Talbot, que oren para que recibas la fortaleza que necesitas. Es una petición que los santos nunca podrán rehusar.

¿Hay algo en vida que esté manteniéndome cautivo?

MI VIDA ESTÁ LIBRE DE TENDENCIAS AUTODESTRUCTIVAS.

BEATA CECILIA CAESARINI

c. 1296

Uno de los atractivos de Hollywood es el de ver a una estrella de cine en la vida real. La gente está dipuesta a aguardar durante horas cerca de los clubes y restaurantes adonde suelen acudir las celebridades, ante la posibilidad de que alguien famoso pueda pasar por allí. Si su paciencia es recompensada, pueden estar seguros de que durante meses los amigos les harán preguntas; y durante meses, el afortunado oteador de celebridades estará encantado de contar y volver a contar su relato.

Los lugares cambian, pero no la naturaleza humana. Muchos de los detalles que conocemos de Santo Domingo provienen de la Beata Cecilia Caesarini, priora del convento dominico de San Sixto. Incluso cuando contaba ya casi noventa años de edad, podía relatar detalles precisos de su apariencia física, así como de su afable amabilidad con las monjas que se hallaban bajo su dirección.

Aunque podamos creer que los relatos testificales se limitan a las celebridades y los sucesos noticiables, todos somos llamados a ser testigos; testigos de la verdad.

Cuando hemos tenido un encuentro espiritual, sea una respuesta inmediata e innegable a una oración, un encuentro con un ángel o un momento trascendente de gracia, nos mostramos a veces reticentes a charlar sobre ello. Tenemos miedo de que se rían de nosotros, o lo que es peor, podemos temer que nuestra experiencia no parezca tan milagrosa una vez sometida al escrutinio. Tales momentos, sin embargo, no nos son dados para acumularlos. Nos son dados de manera que podamos compartir la experiencia con los demás y ayudarles a entender que el mundo entero se halla infundido del favor divino.

¿He tenido alguna vez una experiencia espiritual notable? ¿Se la he contado alguna vez a alguien?

PRESTO ATENCIÓN A LO QUE DE NOTABLE HAY EN MI VIDA.

SAN EFREM DE SIRIA

¿306?-373

Es difícil imaginar un oficio litúrgico sin canto. Desde las catedrales a las capillas, la música es parte integral de la celebración. Más aún, los himnos infunden enseñanza religiosa en nuestro mismo ser. Cojamos un himno tan popular como el «Amazing Grace» (Gracia asombrosa). Pocas historias de conversión han sido contadas de manera tan sucinta, o duradera, como las palabras del en un tiempo esclavista y capitán de navío John Newton.

El uso de los himnos como medio para educar e instruir no empezó en tiempos de Newton. San Efrem de Siria, que vivió en el siglo cuarto, cogía los cantos de los grupos disidentes y heréticos y reescribía sus letras para reflejar una doctrina exacta. Por añadidura, fue uno de los primeros en componer cantos para la adoración oficial de la Iglesia. Escribió tantos himnos que a veces se le llama el Arpa del Espíritu Santo.

A lo largo de los siglos se han compuesto muchas gloriosas piezas musicales para honrar y glorificar a Dios. Aunque puedan disfrutarse meramente por su deleite estético, pueden también utilizarse como un medio de fomentar nuestra vida de oración. Si tienes una composición favorita (quizá *El Mesías* de Haendel o el *Réquiem* de Mozart) basada en un tema religioso, ¿por qué no dejarla llenar los lugares vacíos de tu alma? Como Thomas Campion dijera una vez: «El cielo es música...»

¿Qué tipo de música me gusta escuchar? ¿Tengo algún tipo favorito de música?

APRECIO TODOS LOS TIPOS DE MÚSICA.

BEATO JUAN DOMINGO
1350-1419

Cuando Santo Domingo fundó los Dominicos en el siglo trece, uno de sus propósitos principales era el de predicar, y de hecho su nombre oficial es todavía el de Orden de Frailes Predicadores. Dado que la predicación era parte esencial de la vocación, un defecto del habla ponía a cualquier candidato en grave desventaja. El Beato Juan Domingo estuvo a punto de no ser admitido en la orden debido a sus problemas de lenguaje. Incluso después de ser ordenado, no se le permitía hablar en público. Finalmente, oró a Santa Catalina de Siena y su defecto desapareció.

El Beato Juan Domingo *quería* ser capaz de hablar en público, pero la mayoría de nosotros no querríamos afrontar ese desafío. Hablar en público encabeza a menudo la lista de los diez mayores temores de la gente. Afortunadamente para la mayoría de nosotros, no hemos de hablar en público, pero eso no significa que no tengamos que encarar nuestros temores.

En la novela *Duna*, el hijo del duque, Pablo, es forzado a encarar una prueba de dolor. Antes de empezar, se recuerda a sí mismo: «El temor es el asesino de la mente... encararé mi temor. Permitiré que pase por encima mío y a través de mí...» Aunque los santos podrían no utilizar las mismas palabras, probablemenete coincidirían con ese sentimiento. San Francisco de Sales dijo una vez: «El temor es un mal más grande que el mal mismo.» Sea lo que sea que más temas, los santos nos recuerdan que el temor es inútil. Lo que se necesita es amor, pues donde reside el amor, el mal no puede existir.

¿Qué es lo que más me gusta? ¿Puedo compartir mi miedo con alguien?

CREO QUE EL AMOR PERFECTO AHUYENTA TODO MIEDO

SAN BARNABÁS
SIGLO PRIMERO

Aunque no fuera uno de los doce apóstoles originales, a San Bernabé se le llama a menudo apóstol por su estrecha asociación con los dirigentes de la Iglesia primitiva. Por ejemplo, viajó mucho con San Pablo. Llamado originalmente José, los otros apóstoles le cambiaron su nombre por el de Bernabé, que significa Hijo del Ánimo.

Qué nombre tan maravilloso. La palabra *animar* significa dar esperanza, y qué podría ser más maravilloso que traer esperanza a un mundo carente de ella.

El mensaje del evangelio cristiano es esencialmente el de la esperanza. Pese a lo desapacibles que parezcan las cosas ahora mismo, por mucho dolor y pena que estemos soportando. San Pablo nos recuerda: «... la tribulación produce la paciencia; la paciencia, una virtud probada, y la virtud probada, la esperanza. Y la esperanza no quedará confundida, pues el amor de Dios se ha derramado en nuestros corazones...» (Romanos, 5:3-5).

De las tres virtudes principales (fe, esperanza y amor), la esperanza es la más estrechamente relacionada con esta vida. La esencia de la esperanza es la confianza: confianza en las cosas invisibles y en el amor de un Dios invisible. Una vez que dejemos este mundo, lo que está oculto nos será revelado y, por tanto, ya no tendremos necesidad de esperanza. Pero hasta que llegue ese día, la esperanza nos permite decir, como Robert Browning: «La alondra está en el alero; / El caracol en el espino: / Dios está en el cielo... / Todo está bien en el mundo.»

Cuando digo, espero que, ¿realmente quiero decir que deseo?
¿Entiendo la diferencia entre desear y esperar?

CUANDO ME SIENTO DESANIMADO DE LA VIDA, PIDO A SAN BERNABÉ, EL HIJO DEL ÁNIMO, QUE ENVÍE UN POCO DE ESPERANZA EN MI CAMINO.

SAN JUAN DE SAHAGÚN
1479

William Congreve escribió: «El cielo no tiene pasión como el del amor tornado en odio, / Ni el infierno furia como el de una mujer desdeñada.» San Juan de Sahagún tal vez perdiera su vida por la furia de una mujer desdeñada.

San Juan de Sahagún era tan carente de temor en su oposición al pecado y el mal, que el duque de Alba envió una vez a dos hombres para que lo asesinaran, pero los bandidos fueron incapaces de llevar a cabo su cometido. Lo que pudo haber hecho San Juan, sin embargo, es convencer a un hombre prominente para que abandonara a su querida. La querida se puso tan furiosa, que se cree que envenenó al cura.

Todos experimentamos la emoción de la ira. Es sólo una emoción y, como cualquier otra emoción, no es en sí misma ni mala ni buena. Es lo que hacemos con nuestra ira lo que la vuelve dañina. Cuando usamos la ira como un arma o una justificación para un comportamiento dañino, deja entonces de ser una emoción y se convierte en una fuerza para el mal.

La furia, sin embargo, es algo más que la mera ira. La furia es un huracán en el corazón. Sin apenas consideración por cualquiera o cualquier cosa que encuentre en su camino, la furia acomete por igual al culpable y al inocente. Cuando su energía se agota, su único legado es la destrucción. Aunque no podamos controlar el sentimiento de la ira, siempre podemos intentar controlar la intensidad fría y calculadora de la furia.

¿Alguna vez he estado tan encolerizado que he perdido el control?
¿Qué, si es que hay algo, me hace perder mi templanza?

NO PERMITO QUE LA IRA INCONTROLADA TENGA PARTE ALGUNA EN MI VIDA.

SAN ANTONIO DE PADUA
1195-1231

Cuando muchos católicos pierden algo, lo primero que hacen es orar a San Antonio. A todo lo largo del mundo la gente implora su intercesión para encontrar de todo, desde las llaves perdidas hasta las almas perdidas.

No sabemos con seguridad cómo un sacerdote franciscano pudo convertirse en una oficina celestial de objetos perdidos. Una leyenda dice que cuando un fraile robó un libro, Antonio oró que fuera devuelto. El fraile de dedos pegajosos fue poseído de remordimientos y volvió a traer el libro. Independientemente de cómo San Antonio llegara a asociarse con la recuperación de los objetos perdidos, es uno de los santos favoritos en todo el mundo.

Antonio era hijo de la nobleza portuguesa. Primero se unió a los agustinianos, pero cuando las reliquias de los mártires franciscanos fueron llevadas a su ciudad, entró en la Orden Franciscana. Amado como predicador e instructor, fue canonizado antes de que pasará un año tras su muerte.

Aunque solemos orar a San Antonio para que nos ayude a encontrar cosas, podemos también pedirle que nos ayude a perder al menos una cosa. Si tienes exceso de peso, San Antonio puede simpatizar contigo. Él era bajo y rechoncho, en modo alguno un asceta enjuto. Dado que sabe lo que es combatir el peso, podría tal vez ser un buen patrono al que invocar cuando empezamos a hacer régimen para poder ponernos un bañador o unos pantalones cortos. ¿Quién sabe? Dado que la mayor parte del tiempo de San Antonio se emplea en encontrar cosas, podría estar contento de atender una petición para perder algo.

¿Qué necesito encontrar (¡o perder!) ahora mismo?

PIENSO EN LOS SANTOS COMO AMIGOS CELESTIALES, PRESTOS A ECHAR UNA MANO EN CUALQUIER SITUACIÓN.

SAN FRANCISCO SOLANO
1549-1610

Las palabras reflejan con exactitud los valores de una cultura. Si los antropólogos del futuro fueran a examinar nuestro lenguaje, supondrían (¡correctamente!) que los coches eran esenciales para la vida del siglo veinte. Simplemente piensa en cuántos nombres utilizamos cada día para describir el vehículo. Tenemos nombres genéricos (coche, automóvil, camión). Nombres descriptivos (cuatro puertas, sedán, tracción a las cuatro ruedas, 4 por 4). Nombres de marca (Ford, Honda, Chevrolet). Nombres de modelo (Accord, Lexus, Nova). Finalmente, tenemos incluso nombres caprichosos (comprueba cualquier condecoración de tu vanidad). Y todo para algo que esencialmente es la misma cosa: un vehículo de cuatro ruedas con un motor interno de combustión. Cualquiera que viniese a nuestro país tendría que hablar con facilidad de los coches para hablar verdaderamente nuestra lengua.

San Francisco Solano, nacido en Montilla, pueblo de Córdoba (España), misionero franciscano de finales del siglo dieciséis, fue asignado al norte de Argentina. Español de nacimiento, su primera tarea fue aprender la lengua de los nativos argentinos. El hombre que le enseñaba informó que el Padre Solano dominó la lengua en catorce días. San Francisco tenía una motivación que le forzaba a ello: si deseaba predicar, bautizar, oír confesiones y enseñar al pueblo al que fue enviado, debía ser capaz de hablar con ellos.

Uno de los mayores dones que podemos cultivar es el arte de la conversación. Saber cómo hablar con la gente es algo más que hablar una lengua común. Significa saber cuándo escuchar y cuándo hablar. Significa intercambiar no sólo palabras, sino sentimientos y pensamientos. Significa estar dispuestos a correr el riesgo de una amistad.

¿A quién llamo cuando necesito hablar con alguien?

———————————

SÉ LA DIFERENCIA ENTRE HABLAR CON LA GENTE Y HABLAR A LA GENTE.

SANTA GERMANA DE PIBRAC

1579-1601

El de la Cenicienta es uno de los cuentos de hadas más populares. La historia de una pobre muchacha maltratada por su madrastra que acaba casándose con un príncipe ha sido contada de muchas maneras, desde los hermanos Grimm hasta Walt Disney.

La vida de Santa Germana de Pibrac se parece un poco a la de Cenicienta. Hija de un granjero francés, Germana padeció escrófula, enfermedad que ocasiona hinchazones y llagas. Por añadidura, su mano derecha quedó lisiada. Su madre había muerto mientras era niña, y su madrastra la aborrecía. En consecuencia, Germana fue obligada a vivir en el establo y comer los desperdicios de la comida.

Pero aquí es donde se acaba la similitud con Cenicienta. Ningún gran baile aguardaba a Santa Germana. En vez de ello, pasó el resto de su corta vida orando y atendiendo las ovejas. Agotada por el maltrato y la enfermedad, murió cuando tenía tan sólo veintidós años.

Aunque ningún príncipe con una zapatilla de cristal llegara para rescatar a Santa Germana, su historia tiene un final feliz. Se dice que la noche en que falleció dos viajeros vieron un rayo de luz bajando del cielo al establo donde vivía Germana. Por el rayo ascendían ángeles, que llevaban a la joven muchacha directamente hacia el paraíso.

Una de las lecciones que los santos nos enseñan es que por triste que pueda ser nuestro comienzo, siempre podemos tener un final feliz. Esta vida no es la suma total de nuestra existencia. Igual que hicieron con Santa Germana, los ángeles están aguardando para conducirnos a la compañía de los santos del cielo.

¿Aún me resiento de cosas que sucedieron en mi infancia? ¿No es tiempo acaso de pasar la página y seguir adelante con la vida?

NO PERMITIRÉ QUE UN MAL COMIENZO ARRUINE MIS OPORTUNIDADES DE UN FINAL FELIZ.

SANTA LUTGARDA
1182-1246

¿Alguna vez tienes la sensación de estar en la vida en el lugar incorrecto? ¿De que realmente deberías haber hecho algo diferente? Santa Lutgarda pudo tener la misma sensación.

Nunca planeó ser monja. Su familia la colocó en un convento cuando tenía doce años porque su dote se había perdido en un mal negocio y sus padres imaginaron que nunca podrían casarla. Santa Lutgarda no se aupó de inmediato a la santidad mística. Se tomó el convento por una especie de casa de huéspedes y continuó con su vida ordinaria. Pero un día Jesús se la apareció en una visión y supo que debía entrar en el convento, no sólo vivir en él.

Si esperamos a que una visión mística nos diga lo que se supone que hemos de hacer, podríamos esperar largo tiempo. Pero si abrimos los ojos a nuestro entorno, tal vez descubramos que ya estamos donde se supone que debemos estar. Todo lo que se requiere de nosotros es que entremos con decisión en la vida que se nos ha presentado. Como dijera el Beato Enrique Suso: «Que cada uno se preocupe de sí mismo, y vea qué quiere Dios de él y atienda a esto, dejando de lado todo lo demás.» Una vez que Santa Lutgarda atendió a su lugar en el convento, cayó en la cuenta de que no había sido colocada allí por accidente; estaba donde debía estar.

¿Me siento alguna vez como si me hallara en el lugar de la vida equivocado? ¿Qué quiero hacer: cambiar los lugares o cambiarme a mí?

CREO QUE TODA MI VIDA SE ESTÁ DESARROLLANDO COMO DEBIERA.

SANTA TERESA DE PORTUGAL

1250

Santa Teresa, hija del rey Sancho I de Portugal, se casó con su primo, el rey Alfonso IX de León. Tras varios años de feliz vida marital (y varios niños), el matrimonio fue declarado nulo por el parentesco demasiado estrecho entre ella y Alfonso y no haber recibido las dispensaciones apropiadas. Alfonso se casó con una mujer llamada Berengaria, y Teresa volvió a Portugal donde fundó una comunidad religiosa. Años más tarde, Berengaria buscó a Teresa para ayudar a resolver una disputa hereditaria entre sus hijos respectivos. Aunque Teresa pudo fácilmente haber guardado renocer tras aquella mala jugada, no lo hizo así. Con su ayuda se alcanzó un acuerdo pacífico.

Guardar rencor es como montar en bicicleta con una piedra en el zapato. A veces se va para un lado, pero la mayoría de las veces hace que cada pedalada sea miserable.

Lo peor de los rencores es la amargura que crean en nuestra alma. A menudo la persona a la que guardamos rencor ni siquiera sabe que estemos molestos y enfurecidos con ella. Acabamos por gastar extraordinarias cantidades de tiempo labrando y planeando nuestra venganza, para acabar descubriendo que la venganza nunca es tan dulce como creemos que lo va a ser. Si mantienes rencor contra alguien o contra algo, ahora es el momento de sacarte la piedra del zapato. Tienes la garantía de que te sentirás mejor y caminarás mejor.

¿Mantengo un rencor ahora mismo? ¿Qué me impide abandonarlo?
¿Lo sabe siquiera la persona con la que estoy enfadado?

PERDONO A QUIENES ME HAN HECHO MAL.

SANTA ISABEL DE SCHÖNAU
¿1130?-1164

Muchos libros son el resultado de la colaboración entre dos autores. Cada escritor aporta su inspiración y estilo propios, creando un producto acabado que es mejor de lo que podría haber logrado cada uno por su lado. Santa Isabel de Schönau y su hermano Egbert fueron compañeros en al menos tres libros, uno de los cuales se titula *El libro de los caminos de Dios*. Basadas en las visiones de ellas, estas obras incluyen escenas de la vida de Cristo así como exhortaciones al arrepentimiento y la penitencia. Aunque las obras muestran pruebas claras de la educación de Egbert, sin las visiones de Isabel nunca podrían haber sido escritas.

Las asocaciones creativas permiten a menudo a ambas partes hacer lo que mejor saben. Una de las colaboraciones más creativas que podemos formar es con Dios. Formar una asociación con Dios no es como firmar un contrato legal. Después de todo, difícilmente podría ser un encuentro entre iguales. Nosotros traemos nuestros humildes talentos, y Dios provee su poder ilimitado. Lo más increíble de todo es que Dios quiera entrar en semejante relación con nosotros. Parecería que Dios, creador del universo, tiene poca necesidad de hacerlo. Sin embargo, en este mundo, Dios no tiene otras manos que las nuestras; somos los instrumentos de Dios. La colaboración que formamos es el modo principal en que la gracia y la bondad de Dios se extienden a través del mundo. En un sentido muy real, nuestra asociación hace posible la obra de Dios en la Tierra.

¿Preferiría trabajar con alguien, o hacerlo por mí mismo? ¿Cómo me siento cuando he de compartir responsabilidades?

ACEPTO EL RETO Y EL GOZO DE COLABORAR CON DIOS.

SANTA JULIANA FALCONIERI

1270-1341

Los expertos en el desarrollo de los niños recomiendan a menudo que los padres permitan a los niños sufrir las consecuencias naturales en vez de imponerles un castigo. Por ejemplo, un niño que rehúsa comer se va a la cama hambriento.

Santa Juliana Falconieri fue forzada a sufrir las consecuencias naturales del intenso maltrato que dio a su cuerpo. Aunque la intención original de sus intensos ayunos fuera la de honrar a Dios con su penitencia, acabó por ser incapaz de digerir alimento alguno. La consecuencia no fue meramente que no pudiera comer; tampoco podía recibir la Sagrada Comunión. Ese resultado imprevisto de su penitencia tan estricta fue una de las más profundas tristezas de sus últimos días.

Muchas de nuestras oraciones en petición de la ayuda divina tienen que ver más con las consecuencias que con las acciones originales. Por ejemplo, podemos no lamentar terriblemente haber apagado por tres veces la alarma del despertador, pero cuando la sirena de la policía nos echa a un lado porque estábamos corriendo a fin de llegar a tiempo al trabajo, nuestra oración por evitar la multa es muy real.

En situaciones como ésa, Dios actúa a menudo como un padre. En vez de entrometerse e intervenir, Dios permite que suframos las consecuencias naturales de nuestro comportamiento. (Por supuesto, al igual que un niño, que insiste con sus padres hasta que éstos ceden, siempre podemos intentar la oración desesperada).

Conforme maduramos, sin embargo, caemos en la cuenta de que en vez de pedir a Dios que nos saque de situaciones que nosotros mismos hemos ocasionado, es mejor pedir la sabiduría suficiente para ver las consecuencias de nuestras acciones mientras aún estamos a tiempo de tomar mejores decisiones.

¿Pienso alguna vez que Dios está castigándome cuando realmente lo que están operando son las consecuencias naturales?

NO ESPERO QUE DIOS ME RESCATE CADA VEZ QUE ME HALLO EN UNA SITUACIÓN OCASIONADA POR MÍ MISMO.

BEATA OSANNA DE MANTUA

1449-1505

Los profetas carecen de honor en su propio país, y los santos a menudo carecen de honor en su propia familia. La Beata Osanna de Mantua caía en éxtasis, quedando insesible a todo cuanto la rodeaba. Una vez cayó en éxtasis mientras montaba a caballo y pasó todo el día sentada sobre éste.

Su familia no estaba precisamente entusiasmada con su comportamiento, y su madre le dijo: «Serás mi muerte y traerás la desgracia de la familia. No sé qué es lo que te pasa ni en qué acabará todo esto.» Su padre, hombre práctico, imaginó que tenía epilepsia.

Aunque sea enteramente posible que su padre estuviera en lo cierto, el hecho es que la Beata Osanna ponía en apuros a quienes se hallaban próximos a ella. Querían que actuase de una manera ordinaria en vez de atraer hacia sí la atención por medio de su extraño comportamiento.

A menudo queremos que nuestras familias sean ordinarias. A los excéntricos de otras familias los encontramos pintorescos y encantadores, pero queremos que nuestros propios familiares sean sensatos. No podemos controlar a los demás, por excéntrica o desacostumbradamente que se comporten. Podemos sugerir cambios; podemos incluso alentar los cambios, pero lo único que podemos controlar es nuestro propio comportamiento.

La otra cara de la moneda estriba en que a veces hemos de preguntarnos a nosotros mismos si nuestro comportamiento no está causando apuros a nuestra familia. Si así es, quizá debiéramos considerar el cambio o modificación de nuestras acciones; no porque tengamos que hacerlo, sino porque la caridad nos pide pensar en los demás antes que en nosotros mismos.

¿Algo de mi comportamiento crea apuros en mi familia o amigos?

MODIFICO MI DERECHO A ACTUAR DEL MODO QUE QUIERO, POR RESPETO AL DERECHO DE LOS DEMÁS.

SAN LUIS GONZAGA
1568-1591

Muchos santos se sometieron a actos de penitencia tan intensos que parecen casi masoquistas. San Luis Gonzaga fue uno de tales penitentes rigurosos. Ayunaba tres días a la semana con pan y agua, se flagelaba, rehusaba ninguna calefacción en sus aposentos y se privaba del sueño. Como Aloisio tuvo que aprender, sin embargo, que la penitencia autoimpuesta a menudo no es tan difícil como la obediencia.

Tras ingresar en la Orden de los Jesuitas, Luis tuvo que comer más, pasar tiempo relajándose con los demás estudiantes, y limitar las horas que dedicaba a la oración. Aunque fue obediente, no debió resultarle fácil. La obediencia nunca lo es. Sin embargo, como dice el Beato Jan Van Ruysbroeck: «Dios ama la obediencia más que el sacrificio.»

El sacrificio es a menudo cuestión de una sola vez. Puede ser duro abandonar algo que amamos, pero una vez que lo abandonamos, la dificultad está superada. Es como limpiar el desván y dar lo que nos sobra a la caridad. Una vez que el camión carga con las cajas, no hay vuelta atrás. La obediencia, en cambio, tiene lugar una y otra vez. Cada día, día tras día, hemos de poner a un lado nuestros propios deseos y hacer lo que hemos de hacer.

¿Qué es lo que hemos de hacer? No tenemos por qué ir a la búsqueda de actos extraordinarios o disciplinas estrictas. Lo único que hemos de hacer es mirar a nuestro alrededor y ver qué necesita ser hecho... y entonces hacerlo.

¿Cuál es mi principal responsabilidad ahora mismo?

COMPRENDO QUE LOS SANTOS OFRECEN DIFERENTES TIPOS DE SABIDURÍA PARA DIFERENTES OCASIONES. ESCOJO AQUELLA SABIDURÍA QUE MEJOR SE ADAPTA A MI VIDA EN ESTE MOMENTO.

SANTO TOMÁS MORO
1478-1535

Santo Tomás Moro no sólo fue Lord Canciller de Inglaterra bajo Enrique VIII, sino también un hombre de leyes, un teólogo, un filósofo y un autor. Pese a todos sus talentos, Santo Tomás Moro es más recordado por su integridad.

La vida Santo Tomás Moro, y especialmente su muerte, son un tributo a su integridad. Cuando rehusó firmar el Acta de Sucesión que establecía que los hijos de Enrique VIII con su segunda esposa, Ana Bolena, eran herederos legítimos del trono, Enrique lo apresó, juzgó y finalmente decapitó. Santo Tomás sabía cuando rehusó firmar que perdería la vida, pero se mantuvo en su postura. «Muero como buen sirviente del rey, pero Dios es lo primero.» Dado que Santo Tomás Moro era a la vez un hombre de leyes y un político, seguramente que pudo haber concebido alguna vía de escape en el marco de la ley, pero su no disposición a ir en contra de su conciencia es un extraordinario ejemplo de integridad.

En nuestro mundo cada vez más centrado en sí mismo, la honradez y la integridad parecen a menudo tener poco valor. Todos los días oímos de robos, escándalos y mentiras a monumental escala. Podemos empezar a preguntarnos si tiene algún sentido trata de seguir siendo honrado. Santo Tomás Moro nos muestra que lo tiene, pues la integridad no es sólo algo que nos pongamos o quitemos conforme nos plazca. La integridad es una virtud para todas las estaciones.

¿Soy completamente honrado conmigo mismo así como con los demás?

ESTOY DISPUESTO A ACEPTAR SOLUCIONES DE COMPROMISO CUANDO MI CONCIENCIA LO PERMITE, PERO NUNCA ESTOY DISPUESTO A SER LLEVADO A ELLO.

SANTA ETELDREDA
679

Santa Eteldreda, o Santa Audrey como a veces se la conoce, tiene el insólito distintivo de haber permanecido virgen a pesar de casarse dos veces. Su primer matrimonio duró tres años, durante los cuales ella y su marido vivieron como hermano y hermana. Su segundo matrimonio ocurrió cuando su familia insistió en que se desposase con Egfrid, el niño rey de Nortumbria. Doce años más tarde, Egfrid quiso más, y Eteldreda quiso ser monja. Ambos obtuvieron lo que querían. Dado que el matrimonio nunca había sido consumado, a Eteldreda se le permitió fundar un convento y a Egfrid se le permitió casarse de nuevo.

En nuestra sociedad que tanto premia la sexualidad, Santa Eteldreda y sus maridos son bastante desacostumbrados, por decir lo menos. Sin embargo, el tema de la autonegación como camino de crecimiento espiritual es común entre los santos.

En muchos modos nos hemos acostumbrado tanto a la gratificación instantánea que la idea de dejar el placer a un lado no es algo que acostumbremos a considerar. Sin embargo, si la vida es una continua ronda de fiestas, las celebraciones se vuelven ordinarias.

Los santos tratan de hacernos entender que debemos tener contrastes. Un vaso de limonada fría como el hielo es mucho más refrescante en un cálido día de verano que en medio de una ventisca. A fin de saber lo que significa tomarse un día libre, hemos de tener un día de trabajo. Los santos nos dicen que el único modo de saber lo que realmente significa festejar, es ayunar de vez en cuando.

¿Cuándo fue la última vez que experimenté el placer de una invitación largo tiempo aguardada? ¿Hizo la espera que mereciera más la pena lo que recibí?

TENGO LA DISCIPLINA NECESARIA TANTO PARA NEGARME COMO PARA RECOMPENSARME A MÍ MISMO. (Y SÉ CUÁL ES EL MEJOR MOMENTO PARA AMBOS.)

SAN JUAN BAUTISTA
SIGLO PRIMERO

En el *Show de Patty Duke* de comienzos de los años sesenta, Patty Duke hacía el papel de dos primos idénticos (algo interesante, aunque imposible). Los primos comparten algo del mismo acervo genético, pero no lo bastante como para ser idénticos. Sin embargo, fuera de los hermanos y las hermanas, los primos son nuestros parientes más cercanos. En los Estados Unidos los primos hermanos se consideran demasiado emparentados como para casarse.

Los primos son familiares interesantes. No tenemos que asociarnos con nuestros primos como hemos de hacerlo con nuestros hermanos, y, en algunos casos, podemos ni siquiera saber quiénes son nuestros primos. Si tenemos relación con ellos, ello permite algunas de las mismas y fáciles familiaridades que provienen de haber compartido muchas de las mismas funciones y tradiciones familiares, pero sin tanto estrés.

A Juan el Bautista y a Jesús se les ha llamado tradicionalmente primos porque sus madres estaban emparentadas. Nacieron con seis meses de diferencia uno del otro en ciudades no demasiado alejadas entre sí. Aunque la Biblia no lo diga, deben haberse encontrado en bodas y funerales de la familia. Juan comenzó su ministerio público unos pocos años antes que Jesús, y acabó aquél diciendo que meramente había preparado el camino para Jesús.

Cuando buscamos amigos y aliados, los primos pueden ser una de nuestras mejores fuentes. Ya saben algo acerca de nosotros y de nuestra historia. Si se les da la oportunidad, los primos a menudo pueden convertirse en buenos amigos.

¿Estoy en contacto con cualquiera de mis primos? ¿Quisiera establecer o restablecer los lazos?

APRECIO LA CONEXIÓN FAMILIAR DE LOS PRIMOS.

SAN GUILLERMO DE VERCELLI
1085-1142

Un dicho popular afirma algo así como que Dios nunca cierra una puerta que una ventana no vaya a abrir. A menudo la gente nos dice que cuando hemos sufrido un serio contratiempo, hemos de buscar las ventanas, pero antes de que podamos hacerlo tendremos que lamentarnos por el cierre de la puerta.

San Guillermo de Vercelli se hizo a la idea de marchar en peregrinación a Jerusalén. Su buen amigo San Juan de Matera le dijo que Dios tenía otras cosas en mente, pero eso no iba a detener a Guillermo. Se puso en camino a Tierra Santa, pero fue atacado por unos ladrones antes de haber llegado lejos. San Guillermo reconoció el ataque como una verificación por parte de Dios del consejo de Juan, y volvió a casa.

Que se nos cierre una puerta en las narices, como ocurrió con el acariciado deseo de San Guillermo de realizar una peregrinación, naturalmente que es un contratiempo. Cuando eso sucede, está bien que pasemos un poquito de tiempo lamentando nuestra pérdida y sintiendo pena de nosotros mismos. Pero sólo un *poquito* de tiempo. Ciertamente que no más de veinticuatro horas. Luego, es tiempo de empezar a buscar la ventana abierta.

A San Guillermo la ventana le vino en forma de montaña. En las laderas del Monte Vergine fundó la que sería la primera de varias comunidades religiosas. El ejemplo de S. Guillermo nos da la confianza para tomar decisiones e iniciar proyectos, seguros de saber que si van en la dirección equivocada, Dios nos hará saber cuál es la correcta.

¿Me muestro alguna vez renuente a iniciar algo por temor a cometer un error? ¿Qué sucedería si cometiese un error?

CONSIDERO LOS «ERRORES» COMO OPORTUNIDADES DE HALLAR UNA VENTANA.

SAN ANTELMO
1107-1178

A una anciana mujer le preguntaron en una ocasión qué invento moderno apreciaba más. Se le ofrecieron varias sugerencias (televisión, teléfono, automóvil, aeroplano). Negó con su cabeza todas ellas. Bien, ¿quizá la electricidad o la radio? De nuevo negó con la cabeza. Tras reflexionar sobre el asunto varios minutos más, encontró la respuesta: el agua corriente.

La mayoría de nosotros damos por supuesta el agua corriente. El único momento en que pensamos en ella es cuando abrimos el grifo y el agua *no* sale. Uno de los más grandes logros del Imperio Romano fue su vasto sistema de acueductos. Incluso hoy en día, un suministro continuo de agua fresca y limpia puede marcar la diferencia entre la salud y la enfermedad.

San Antelmo fue un gran reformador. Cuando se le nombró obispo de Belley, corrigió los abusos existentes tanto entre los clérigos como entre los laicos. Extendió su obra más allá de los asuntos eclesiásticos y reconstruyó el monasterio de Grande Chartreuse después de que gran parte de éste fuese destruido por una avalancha. Además de restaurar los edificios, renovó las tierras de cultivo y suministró agua fresca a través de un sistema de acueductos.

El agua corriente ha sido por mucho tiempo usada como símbolo de la nueva vida y el nacimiento. Hoy, cuando te laves las manos, tómate unos pocos minutos para pensar en el agua mientras fluye por encima de tus palmas y entre tus dedos. Ofrece una plegaria silenciosa para que igual que el agua se está llevando todo lo sucio y desagradable de tus manos, así también sean lavados el dolor de tu corazón y los fracasos de tu vida pasada.

¿Hay alguna parte de mi pasado que me impida disfrutar del presente?

CREO QUE NUNCA ES DEMASIADO TARDE PARA EMPEZAR DE NUEVO.

SAN CIRILO DE ALEJANDRÍA

¿376?-444

Cuando pensamos en un doctor, solemos pensar en un médico, sin embargo, la palabra *doctor* proviene del latín *docere* (enseñar). La Iglesia ha designado a varios hombres y dos mujeres (Teresa de Ávila y Catalina de Siena) como Doctores de la Iglesia. Este título honorífico es dado a esas pocas y selectas personas cuyos escritos han servido de instrumento para dar forma a la enseñanza de la Iglesia.

San Cirilo de Alejandría se halla en esa corta lista. Nacido en Alejandría, Egipto, San Cirilo no fue un estudioso de modales templados. Como arzobispo de Alejandría, por ejemplo, cerró iglesias pertencientes a sectas disidentes. Sin embargo, pese a su dureza, fue un orador elocuente de la enseñanza ortodoxa durante el Concilio de Éfeso. Sus reflexivos escritos sobre el nacimiento de Cristo y su naturaleza divina le consiguieron el título de Doctor de la Encarnación.

No siempre es agradable estar cerca de alguien que tiene la verdad de su parte. Cuando alguien adopta una postura diferente de la nuestra o sostiene un punto de vista con el que no podemos coincidir, tenemos la responsabilidad de tratar a esa persona con respeto y paciencia. San Cirilo podría haberse convertido en un santo incluso si no hubiese aprendido dicha lección, pero, afortunadamente para sus oponentes, se amansó un poco cuando envejeció. Nunca dejó de defender aquello que consideraba la verdad, pero se volvió más comprensivo de quienes no estaban de acuerdo con él. San Cirilo tuvo que volverse viejo antes de volverse sabio. Nosotros no tenemos por qué esperar tanto.

¿Me estoy volviendo más sabio, o simplemente me estoy haciendo más viejo?

LA SABIDURÍA VIENE DE LA PACIENCIA Y LA COMPRENSIÓN. ME ESFUERZO POR SER CADA DÍA UN POCO MÁS SABIO QUE EL DÍA ANTERIOR.

SAN IRENEO
¿130?-¿202?

Muchas religiones se han basado en la idea de que sólo unos pocos elegidos tienen el privilegio de un conocimiento especial acerca de Dios, incluyendo los secretos de la vida eterna. A fin de obtener ese conocimiento, has de pasar a través de procedimientos y rituales misteriosos destinados a hacerte parte de la elite de escogidos. Una vez que eres aceptado, has de jurar que nunca revelarás los secretos a nadie que no pertenezca al grupo.

El amor de Dios es justamente lo opuesto. Está para ser compartido con todo el mundo. «Id y haced discípulos en todas las naciones», dijo Jesús a sus seguidores. No dijo: «Id y guardad esto para vosotros.»

En el siglo tres, ciertos grupos empezaron a enseñar que Jesús había guardado secretos, que su enseñanza «real» había sido reservada para los doce apóstoles. Que sólo a unas pocas personas se les permitió oír la supuesta verdad.

San Ireneo, obispo de Lyon, se opuso firmemente a tal idea. Reconociendo el hechizo de la información secreta, escribió varias obras comparando el conocimiento denominado oculto con la enseñanza de los apóstoles y de las escrituras. Haciéndolo así, fue capaz de aplastar la idea de que Jesús vino sólo para unas pocas personas especiales.

Si la gente te dice que tiene un conocimiento secreto acerca de Dios, no la creas. Una información así no se halla disponible. La verdad divina está al alcance de cualquiera que la busque. Lo único que has de hacer es pedir, y recibirás.

¿Me pregunto alguna vez si realmente existe una información secreta sobre Dios?

SÉ QUE EL CONOCIMIENTO DE DIOS ES MÍO CUANDO QUIERA QUE LO BUSCO.

SAN PEDRO
SIGLO PRIMERO

¿Alguna vez te precipitas envalentonado? ¿Te descubres a menudo pegando patadas con la lengua? ¿Haces afirmaciones duras que posteriormente lamentas? ¿Eres impetuoso, exuberante y lleno del gozo de vivir? Si es así, te hallas relacionado espiritualmente con San Pedro.

Pedro fue un hombre que nunca creyó en hacer las cosas a medias. Estaba dispuesto a saltar de las barcas, caminar sobre el agua y declarar su amor sin fin por su Señor. También negó a Cristo tres veces, perdió su confianza y casi se ahogó. Todo lo que hizo, fue con todo su corazón y toda su alma. Cometió errores, pero se levantó, se secó y siguió su marcha. Pedro estaba lleno de pasión; pasión por Cristo, pasión por el evangelio, pasión por la vida.

A menudo sorbemos la vida como si fuera una taza tibia de té débil. San Pedro nos dice que en vez de tomar pequeños sorbitos, necesitamos atrapar la vida con ambas manos y engullirla como un vaso helador de agua de manantial en el día más caluroso del verano.

Hay una máxima que resume la filosofía de San Pedro: la vida no es un ensayo general. No podemos aguardar hasta cuando creemos que empieza la noche, para decidir saltar al escenario. Si así lo hacemos, descubriremos que el espectáculo casi ha acabado el telón está presta para caer.

¿Disfruto de la vida tanto como podría? ¿A qué espero?

HAGO DEL DISFRUTE MI LEMA VITAL.

SAN PEDRO TOUSSAINT
1776-1863

La mayoría de nosotros creemos en conceder crédito cuando es merecido; especialmente cuando es a nosotros a quien se nos debe. Casi no hay nada que genere tanto rencor como el que otra persona reciba los honores de algo que hemos hecho nosotros. Si eso sucede, a menudo nos sentimos impulsados a poner las cosas en su sitio, a asegurarnos de que el mundo sepa quién fue realmente el responsable de la buena acción.

San Pedro Toussaint siguió el camino opuesto. Hizo todo lo posible por ocultar su extraordinaria generosidad.

Nacido en el Haití francés, Pierre Toussaint fue un esclavo en la plantación de Jean Berand. Cuando la agitación amenazó a la isla, el señor Berand trasladó a su esposa y hermanas a Nueva York. Antes de volver a Haití, puso a Pedro de aprendiz con uno de los más prestigiosos peluqueros de la ciudad. Las cosas fueron de mal en peor para los Berands. Jean Berand murió de pleuresía, la plantación de la familia fue destruida en un gran levantamiento de esclavos, y las inversiones de la señora Berand en Nueva York se perdieron cuando la empresa quebró.

Durante el resto de su vida, Marie Berand fue mantenida por San Pedro, que se había vuelto rico y famoso como peluquero. Según todas las apariencias externas, él seguía siendo su esclavo, incluso sirviendo de camarero en las fiestas que ella organizaba (¡fiestas que eran pagadas con el dinero de San Pedro!). Finalmente, mientras la señora Berand moría, concedio a Pedro su libertad.

San Pedro hizo muchas de las cosas que hicieron otros santos. Asistió fielmente a la misa, dio generosamente a los pobres, cuidó de los enfermos y educó a los iletrados. Quizá lo más notable que hizo, sin embargo, fue permitir a una orgullosa aristócrata mantener su dignidad... a expensas de la suya propia.

¿Cuán importante es para mí salvar la cara?

─────────

HOY HARÉ UN BUEN ACTO POR UN EXTRAÑO, SABIENDO QUE NUNCA SERÉ RECOMPENSADO.

BEATO JUNÍPERO SERRA
1713-1784

Leer un mapa de la línea costera de California es recitar una letanía de santos: San Diego, San Juan Capistrano, San Luis Obispo, Santa Clara, Santa Bárbara, San Francisco: las veintiuna misiones establecidas por los frailes franciscanos. De esas veintiuna misiones, nueve fueron fundadas por un hombre español, el Beato Junípero Serra, de Petra (Mallorca).

Al Beato Junípero sin duda que le gustaba caminar. Cuando recaló por vez primera en el Nuevo Mundo, él y otro fraile anduvieron 500 kilómetros hasta Ciudad de México. En ese viaje fue mordido por algo venenoso (unos dicen que un insecto, otros que una serpiente) que le dejó cojo y dolorido para el resto de su vida. No obstante, cubrió miles de kilómetros mientras fundaba la cadena misionera en California. Incluso anduvo hasta la capilla de la Comunión la noche en que estaba muriéndose.

Todos sabemos que el ejercicio vigoroso es bueno para nuestros corazones, pero sólo recientemente han concluido los expertos en salud que gente como fray Serra lo han sabido siempre: caminar es una excelente forma de ejercicio.

Caminar sirve para algo más que poner la sangre en movimiento. Quita las telarañas de nuestros cerebros y el agotamiento de nuestras almas. La próxima vez que te sientas perezoso e indolente, date un paseo. Detente a apreciar las flores del jardín de tu vecino. Acaricia un gato bajo su barbilla. Observa cómo pasan las nubes. Tu corazón —y tu alma—, se alegrarán de que lo hicieras.

¿Disfruto dando un paseo solo o prefiero hacerlo en compañía?

HOY APRECIARÉ ESTAR AL EXTERIOR EN UNA TARDE DE VERANO.

SAN OTTO
1139

San Otto, obispo de Bamberg en el siglo doce, se vio atrapado entre la espada y la pared proverbiales. Como canciller al servicio del emperador Enrique IV, se le requirió que apoyase al Estado. Pero cuando Enrique estableció un antipapa, San Otto, como miembro leal de la Iglesia, no pudo aprobar la designación. Lo curioso es que parece haberse mantenido en buena disposición tanto con la Santa Sede como con el emperador, rehusando apoyar el cisma pero sí, en cambio, otras decisiones políticas.

Aprender cuándo y cómo adoptar una solución de compromiso es un arte sutil. Un compromiso no significa ni derrumbarse, ni ser inflexible. Significa dar un poquito de aquí, mientras se permanece firme allá. Todos nos hemos encontrado con gente que nunca aprendió a adoptar soluciones de compromiso. Han de combatir toda batalla como si fuera el punto de inflexión de la guerra. Aunque a veces obtienen exactamente lo que quieren, es a expensas de su (y nuestra) paz mental y compostura.

Una de las sabidurías que nos proporcionan los santos es la de saber que no todo exige una postura firme. Para San Otto, la cuestión de cuál era el Papa legítimo demandaba una postura resuelta. Otras decisiones de Enrique no requirieron la misma actitud inflexible. Otto fue capaz de mantener la paz sabiendo cuándo resistir y cuando ceder. Cuando afrontemos situaciones similares, pidamos la sabiduría para saber qué postura adoptar.

¿En qué áreas no puedo ceder nunca? ¿Hay áreas en las que podría ser un poco menos rígido?

SÉ CUÁNDO AFERRARME A ALGO Y CUÁNDO SOLTARLO.

SANTO TOMÁS
SIGLO PRIMERO

Duda n. 1, un sentimiento de incertidumbre acerca de algo, un estado de mente indeciso. 2, un sentimiento de escepticismo. 3, un estado incierto de las cosas. (Diccionario Americano Oxford).

Cuando se trata de cuestiones espirituales, debe ser bonito poder decir que nunca hemos experimentado dudas, pero la mayoría de nosotros estaríamos mintiendo. Puede tratarse de un pensamiento pasajero o puede ser una noche del alma, más larga y oscura, pero la mayoría de nosotros nos hemos preguntado cuando menos por los misterios del universo, incluyendo la existencia de Dios. Incluso si creemos haberlo concebido, podemos todavía experimentar momentos en que las preguntas pesan más que las respuestas.

Santo Tomás tuvo esos mismos sentimientos. La única diferencia es que nosotros podemos a veces mantener ocultas las dudas. La incertidumbre de Santo Tomás ha sido registrada para la posteridad. No sólo eso, sino que su nombre mismo ha quedado asociado con el de alguien que todo lo cuestiona: el incrédulo Tomás.

Cuando Jesús se apareció a sus apóstoles tras la resurrección, Tomás no se hallaba presente. Cuando oyó las nuevas, Tomás rehusó creerlo salvo que tocara por sí mismo las heridas de Jesús. Ocho días más tarde, para gran conmoción suya, Jesús apareció y le invitó a hacer justamente eso.

Tomás pudo tener sus dudas resueltas gracias a una visita personal de Jesús. La mayoría de nosotros no tendremos el mismo privilegio, pero a través de los ojos de la fe podemos pasar del escepticismo a la convicción. Después de todo, cuando Tomás cayó de rodillas, diciendo: «Mi Señor y Mi Dios», Jesús respondió: «Porque me has visto, Tomás, has creído. Benditos quienes no han visto y han creído.»

¿Encuentro difícil creer?

———————————

TENGO CONFIANZA DE QUE, BUSCANDO LA VERDAD, ENCONTRARÉ A DIOS.

SANTA ISABEL DE PORTUGAL
1271-1336

Hay un dicho: un lugar para cada cosa y cada cosa en su sitio. Santa Isabel de Portugal podría modificarlo para que dijera: «Un momento para cada cosa, y cada cosa en su momento.»

Hija del rey de Aragón, casó con el rey de Portugal cuando sólo contaba doce años de edad. Aunque él no fuera un hombre piadoso, nunca interfirió en las devociones de su esposa, que se levantaba temprano y recitaba numerosas oraciones antes de la misa diaria. Por la tarde decía las vísperas y otro conjunto de oraciones. Entremedias, seguía un plan de trabajo que incluía cuidar de sus deberes domésticos (después de todo, tenía un castillo del que encargarse), sus responsabilidades regias y sus asuntos familiares.

A veces creemos que estar atado a un plan de trabajo resulta monótono y aburrido. Sin embargo, sin algún tipo de planificación, lo probable es que malgastemos nuestro tiempo.

Seguir un plan de trabajo no significa mantener un esquema detallado minuto a minuto. No significa siquiera que no podamos hacer ajustes si aparece algo que no habíamos planificado. Lo que significa seguir un plan de trabajo es que hacemos un dobladillo con nuestras vidas de manera que no se deshilachen por completo. Significa asegurarnos de tener suficiente tiempo para el trabajo y el juego, para el ejercicio y el descanso, para la soledad y la compañía. Seguir un plan de trabajo significa simplemente poner equilibrio en nuestros días.

Si lo planifico todo demasiado, ¿qué puedo hacer para no exagerar? Si nunca planifico, ¿cómo puedo arreglármelas para poner un poco más de disciplina en mis días?

VEINTICUATRO HORAS AL DÍA SON SUFICIENTES PARA MÍ.

SAN ANTONIO ZACARÍAS

1502-1539

Una de las medidas del crecimiento espiritual es el modo en que tratamos a quienes nos maltratan. Cuando buscamos venganza o modos de dañar a nuestros enemigos, no hemos avanzado demasiado en el viaje espiritual. Cuando, sin embargo, somos capaces de mirar benévolamente a quienes nos desean mal, sabemos que estamos en camino hacia la madurez.

San Antonio Zacarías primero estudió para médico y luego entró en el sacerdocio. Vigoroso predicador, su franca presentación no fue del agrado de todos. Aunque sabía lo que era recibir críticas, San Antonio escribió: «Deberíamos amar y sentir compasión por quienes se nos oponen, dado que se dañan a sí mismos y a nosotros nos hacen bien...»

Una de las defensas más efectivas contra quienes nos maltratan es la de «matarlos de amabilidad». En vez de devolver el mismo tipo de tratamiento que recibimos, podemos ser pacientes, amorosos y comprensivos.

Tal comportamiento puede hacer que nuestros enemigos inviertan su postura y dejen de atacarnos. Incluso si eso no sucede, nuestras inesperadas acciones pueden ponerlos en guardia, preguntándose qué es lo que pretendemos.

¿Hay en mi vida alguien a quien desagrado, pero a quien puedo «matar de amabilidad»?

SÉ QUE CADA VEZ QUE ESCOJO AMAR EN VEZ DE ODIAR, CREZCO ESPIRITUALMENTE.

SANTA MARÍA GORETTI

1890-1902

Es fácil hablar del perdón cuando no tenemos a quien perdonar, pero ¿qué hay de esos crímenes tan atroces que cada fibra de nuestro ser pide venganza?

Santa María Goretti sólo tenía once años cuando fue atacada por un joven que conocía. Varias veces antes del ataque final, Alessandro Serenelli había tratado de tocarla, pero ella había conseguido alejarlo. Esta vez, sin embargo, cuando su intento de violación fracasó, la apuñaló catorce veces. Durante las veinticuatro horas que tardó en morir, María Goretti oró repetidamente para que su atacante se arrepintiera.

Eso ya hubiera sido bastante notable, pero la historia no acaba ahí. Alessandro salió de prisión tras veintisiete años de confinamiento. Durante su encarcelamiento, dijo que María se le apareció en un sueño, sosteniendo un ramo de lirios blancos. Uno de sus primeros actos fue ir a ver a la madre de María, que aún vivía, y pedir su perdón. Aunque la canonizada fue María, el hecho de que su madre perdonara gustosamente al asesino de su hija es testimonio de su propia santidad. Tanto Alessandro como la madre de María asistieron a su ceremonia de canonización el 25 de junio de 1950.

A veces pensamos que el perdón es sólo para quienes han cometido un mal. Pero el perdón va en ambas direcciones. Bendice al perdonado, pero bendice igualmente a quien perdona. No se necesita ser un santo para pedir perdón, pero puede hacer uno de la persona que lo concede.

¿Alguna vez he rehusado perdonar a alguien? ¿Ha rehusado alguien alguna vez perdonarme?

DESDE ESTE MISMO MOMENTO, PERDONO A TODOS LOS QUE ME HAN DAÑADO, VIVOS O MUERTOS.

BEATO PIER GIORGIO FRASSATI

1901-1925

A veces pensamos que si realmente fuéramos a comprometernos espiritualmente, tendríamos que abandonar todo lo que amamos. Después de todo, nadie fue nunca canonizado por comer todo el chocolate que quería. Parafraseando a San Agustín, estamos inclinados a orar «hazme un santo; pero aún no».

El Beato Pier Giorgio Frassati era joven, hermoso y aficionado a esquiar y a los puros baratos. Escalaba montañas, cantaba desafinado y se enamoró. También asistía a la misa diaria y frecuentemente se pasaba toda la noche rezando. El Papa Juan Pablo II lo llamó «hombre de las Beatitudes». Sus amigos lo llamaban el santo con un cigarro puro. El Beato Pier amó cada momento de su corta vida. (Falleció de polio cuando sólo tenía veinticuatro años.) «Es la certidumbre de una vida mejor en el más allá si obramos haciendo el bien», decía, «así que vayamos al trabajo, permaneciendo unidos, y confortándonos unos a otros, y animándonos entre nosotros en el camino del bien».

El Beato Pier tal vez viviera con sus ojos fijos en el cielo, pero sus pies estaban firmemente plantados en tierra (excepto mientras escalaba montañas). Asistía al teatro y la ópera, aunque compraba entradas baratas a fin de tener dinero que dar a los pobres. Por el mismo motivo, viajaba en tercera clase en los trenes. Estudió en la universidad, se involucró en la política, hacía bromas prácticas... y no dejaba de ser santo.

Ser un santo no significa que debamos dejar de hacer lo que amamos; significa meramente hacer *con* amor todo lo que amamos.

¿Qué santos encuentro más atractivos?

CREO QUE LA VIDA HA DE VIVIRSE CADA DÍA.

ROSA HAWTHORNE LATHROP
1851-1926

Si el nombre de Hawthorne nos suena familiar, es normal. Rosa Hawthorne Lathrop fue hija del famoso novelista americano Nathaniel Hawthorne. Rosa, una unitaria, y su marido, George, se hicieron católicos tras casi doce años de matrimonio. Aunque ella siempre lo amó, el alcoholismo de George forzó finalmente a Rosa a pedir la separación legal. Tras la muerte de George, Rosa empezó a trabajar con pacientes de cáncer, fundando finalmente una orden religiosa, las Servidoras Dominicas del Alivio para el Cáncer Incurable.

A diferencia de muchos santos de este libro, que practicaron una disciplina severa, la madre Alfonsa, como pasó a ser conocida Rosa, se deleitaba tanto en los caprichos como en las necesidades de sus pacientes de cáncer. Compró un perro para uno y un loro para otro. Incluso gastó 150 dólares en una radio, una elevada suma a comienzos del siglo veinte.

Aunque Rosa aún no sea una santa oficial, su amor y su compasión por los pobres y enfermos, así como su comprensión de la necesidad de unos pocos «extras» en la vida, la hace merecedora de nuestra atención.

Todos ansiamos unos pocos caprichos. Aunque las palabras a veces se usen como sinónimos, *capricho* es diferente de *lujo*. Un lujo es algo costoso. Un capricho, en cambio, es meramente algo agradable. Hacer que nos manden diariamente flores frescas sería un lujo. Tener una sola rosa roja perfecta es un capricho.

Los santos nos advierten a menudo contra los peligros de volvernos demasiado apegados a los lujos, pero como señaló uno de los pacientes de Rosa Hawthorne Lathrop tras haber sido cuidado, hasta en sus caprichos, por las hermanas: «¡Esto es el cielo!» ¡No tengamos miedo de traer un poco de cielo a la Tierra de vez en cuando!

¿Me permito a mí mismo y a quienes me rodean disfrutar nuestros pequeños caprichos?

HOY SORPRENDERÉ A ALGUIEN (¡QUIZÁ INCLUSO A MÍ MISMO!) CON UN TRATO ESPECIAL.

SAN NICOLÁS PIECK Y COMPAÑEROS

1572

Pocos temas pueden crear una disputa más acalorada que la religión. Lo que puede iniciarse como una discusión educada puede rápidamente desintegrarse en discordia. Muchas veces las diferencias religiosas han conducido incluso a la violencia.

En el verano de 1572 San Nicolás Pieck y dieciocho sacerdotes y religiosos compañeros suyos fueron ahorcados. Los mártires de Gorkum, como se les llama, murieron por el simple hecho de ser católicos. Uno de ellos, San Antonio Van Willehad, tenía noventa años.

Incontables páginas de la historia han sido manchadas con la sangre de los mártires. No hay grupo alguno que escape al reproche. Los no cristianos han matado cristianos. Los cristianos han matado no cristianos. Los protestantes han matado católicos. Los católicos han matado protestantes. Todo por falta de una tolerancia religiosa.

A veces tenemos la equivocada noción de que tolerar significa estar de acuerdo. Creemos que salvo que denunciemos algo vehementemente, se puede considerar que estamos de acuerdo con ello por completo. Sin embargo, practicar la tolerancia religiosa no significa que debamos abandonar nuestra propia fe. No significa que debamos creer que todas las religiones son intercambiables. No significa siquiera que debamos pretender que no hay diferencias. La tolerancia religiosa significa que tratamos con respeto las creencias de otra gente, no porque las creamos correctas, sino porque no hacerlo así no sería caritativo. Una buena regla para cualquier discusión, pero particularmente cuando se trata de religión, es la de no decir nunca acerca de las creencias de otros algo que no nos gustaría que dijeran de las nuestras.

¿He sido alguna vez discriminado por mis creencias?

ESTOY DISPUESTO A DISCUTIR MIS CONVICCIONES Y DEJO A LOS DEMÁS
QUE DISCUTAN LAS SUYAS.

SAN TEODORO PECHERSKY
1074

Si te sientes estancado en un bache espiritual y no sabes cómo hallar el camino de vuelta a la carretera, podrías necesitar un director espiritual. Como abad de las Cuevas de Kiev, San Teodosio Pechersky invitó a gente de todas las edades a que compartieran con él sus luchas, sirviendo como director espiritual para todo el que se lo pedía.

A diferencia del líder de un culto, un director espiritual no intenta hacerse con el control de tu vida o cambiar tus creeencias. Un buen director meramente te ayuda a reflexionar sobre la obra de la divinidad en tu vida. Su papel es el de ayudarte a separar lo auténtico de lo falso, lo real de lo ficticio. En muchas maneras, un director espiritual actúa como poste indicador, señalando el camino que te saca del bache y te devuelve al sendero.

¿Dónde puedes hallar un director espiritual? Aunque muchos sacerdotes y ministros religiosos dan dirección espiritual, algunos de los mejores directores no han sido ordenados. Un hombre o una mujer de oración que hayan llegado lejos en su propio viaje espiritual pueden ser tu mejor elección. Aunque nadie podrá decirte exactamente dónde encontrar tu director espiritual, las palabras de un viejo proverbio te ofrecen la mejor clave. «Cuando el estudiante esté preparado, el instructor aparecerá.» Cuando estés listo para la dirección espiritual, ten confianza en que la persona correcta estará ahí para ti.

¿Conozco a alguien que haya llegado lejos en su propio viaje espiritual? ¿Sería posible que se convirtiera en mi guía espiritual?

SÉ QUE CUANDO ESTÉ LISTO PARA ADENTRARME EN LA OSCURIDAD,
SE ME ENTREGARÁ UNA LUZ.

SAN BENITO

¿480?-547

La expresión «murió con las botas puestas» se refería originalmente a alguien que murió inesperadamente (probablemente de un disparo), que no tuvo tiempo siquiera de quitarse las botas. Con el tiempo, sin embargo, ha venido a significar una persona que nunca se rinde en la vida.

San Benito construyó doce monasterios; uno, Montecasino, fue reconstruido tres veces. Bajo su regla, los monasterios se convirtieron en santuarios del aprendizaje y la hospitalidad en la Edad Media. Sin los monasterios para mantener encendida la luz del aprendizaje, la Edad Media habría sido oscura en verdad.

La influencia de San Benito sobre la vida monástica fue tan grande que su regla para los monjes se convirtió en la norma a lo largo de toda Europa. Incluso hoy en día, muchas órdenes religiosas operan bajo la Regla de San Benito.

Al pie de la letra, Benito murió con sus botas puestas (o mejor, con sus sandalias). Aunque necesitaba apoyarse en sus monjes, se hallaba de pie en la capilla con las manos alzadas al cielo cuando falleció.

Muchos de nosotros tememos la vejez. Nos preocupa convertirnos en una carga para nuestra familia y para nosotros mismos. Aunque la vida no venga con garantías, los santos nos animan a no preocuparnos por lo que pudiera pasar o no pasar. Indican que incluso cuando ya no podemos trabajar físicamente, podemos todavía realizar labores espirituales, como las de perdonar a quienes nos han dañado, orar por otros y consolar a los afligidos.

¿He pensado alguna vez en mis labores espirituales como un trabajo real? ¿Qué clase de labores espirituales estoy llamado a hacer hoy?

CUALQUIERA QUE SEA MI CONDICIÓN FÍSICA, PUEDO TENSAR MIS MÚSCULOS ESPIRITUALES.

SAN JUAN GAULBERT
1073

¿Qué es más difícil de hacer? ¿Comer un panchito (¡pero sólo uno!), o no comer ninguno?

Para muchos de nosotros es más fácil dejar a un lado todo el paquete que tomar una sola muestra. Mejor no ser tentados, decimos. Pero ¿sabías que cuando simplemente pruebas y dejas el resto, no estás siendo tentado; estás ejercitando la virtud de la templanza?

La templanza cobró mala fama cuando se la relacionó con la Prohibición de la Ley Seca. De ahí en adelante su verdadero significado quedó oculto. La templanza, sin embargo, tiene tanto que ver con los panchitos, las compras incontroladas y la conducción imprudente como con la bebida.

Templanza simplemente significa moderación. Significa hacer un equilibrio entre los extremos. Significa tomar unos pocos panchitos en vez de todo el paquete; comprar las cosas que necesitas, no todo lo que atrae tu fantasía; obedecer los límites de velocidad, incluso cuando la carretera es recta y no hay policías de tráfico a la vista.

Cuando actuamos templadamente, escuchamos la sabiduría interior que nos dice cuándo nos estamos extralimitando. Prestamos atención a un codazo que nos advierte que estamos intentando hacer demasiado (o demasiado poco). Atendemos al consejo divino que dice que hemos de encontrar un término medio para nuestra salud mental... y la de todos los que nos rodean.

¿Estoy inclinado a sobrepasarme?

PRACTICANDO LA TEMPLANZA, ENCUENTRO LOS EQUILIBRIOS
APROPIADOS PARA MI VIDA.

SAN ENRIQUE II
972-1024

En el 1021, cuando San Enrique II, emperador del Santo Imperio Romano, volvía de un conflicto con los griegos, se detuvo en Montecasino, la abadía fundada por San Benito. Mientras se encontraba allí, cayó enfermo. La historia cuenta que Benito lo curó con sus oraciones. Si fueron sólo las oraciones quienes curaron a Enrique, o si fueron las hierbas medicinales por las que eran famosos los monasterios de la Edad Media, no podemos estar seguros, pero de lo que sí estamos seguros es de que la oración marca una diferencia en las enfermedades.

Estudios científicos han demostrado que, aunque la oración no trae consigo la curación en todos los casos, puede tener un profundo efecto en la recuperación. En algunos casos, puede incluso obtener una cura total.

Las curaciones milagrosas no pueden ser explicadas del todo. Si pudieran serlo, dejarían de ser milagros. Siempre queda un elemento de duda: quizá el cáncer podría haber entrado en remisión por sí mismo, quizá el tumor no era maligno después de todo. Tratar de analizar una cura milagrosa no la hace más o menos milagrosa. Lo único que hace es crear una atmósfera de cuestionamiento y desconfianza. Por contra, cuando sucede un milagro, nuestra primera respuesta debería ser la de un profundo agradecimiento. No importa cómo sucedió la cura, por procesos naturales o por una intervención divina. La cuestión es que sucedió, y ya sólo eso debería darnos suficiente motivo de regocijo.

¿He experimentado alguna vez una cura que pudiera ser llamada milagrosa? Cuando estoy enfermo, ¿rezo pidiendo la recuperación?

CREO EN LOS MILAGROS.

BEATA KATERI TEKAWITHA

1656-1680

¿A veces te sientes fuera de paso con el mundo? ¿Descubres que te estás moviendo en direcciones que dejan a tu familia y tus amigos agitando sus cabezas?

El escritor y naturalista Henry David Thoreau escribió una vez que si no guardamos el paso con nuestros compañeros, quizá es que oímos a un redoble diferente.

Para la Beata Kateri Tekawitha, hija de un jefe mohawk y de una madre algonquin en la América prerrevolucionaria, el ritmo del tambor era en verdad diferente. Aunque el matrimonio era la única opción viable para una muchacha de su tribu, desafió la convención convirtiéndose al cristianismo y dedicando toda su vida a Dios. Debido a su estilo de vida no ortodoxo (pasaba sus días en oración, caridad y penitencia), su vida estuvo a menudo en peligro. Escribió: «El estado de pobreza desvalida que puede recaer en mí si no me caso, no me asusta. Lo único que necesito es algo de alimento y unas pocas ropas.»

Muy a menudo permitimos que las críticas de los demás se interpongan en el camino de nuestro desarrollo personal. En vez de volvernos la persona que verdaderamente hemos de ser, dejamos que la tradición y la convención dicten nuestras elecciones vitales. Kateri Tekawitha nos demuestra que para ser verdaderamente libres, hemos de abandonar a veces las expectativas de todos los demás y, como dijo Thoreau, «marcar el paso de la música que escuchamos, cualquiera que sea su medida o por lejana que esté».

¿Permito que otros escojan por mí la dirección? ¿Qué quiero realmente ser cuando crezca?

ESTOY CONVIRTIÉNDOME EN LA PERSONA QUE SIEMPRE HE QUERIDO SER.

SAN BUENAVENTURA
1221-1274

¿Alguna vez advertiste que la mayoría de la gente rica y famosa tiende a casarse con otra gente rica y famosa? Se postulan un montón de razones, entre ellas que es más fácil para alguien ya famoso soportar las presiones de la vida de celebridad.

A menudo la razón real es sobreseída: la gente tiende a enamorarse de la gente con quien se asocia. Como Mark Twain humorísticamente lo expuso: «La familiaridad se reproduce.» Dado que la gente rica y famosa tiende a puntarse con otra gente rica y famosa, es natural que sus vidas se entrelacen.

Lo mismo sucede con los santos. No sólo tienden a asociarse unos con otros, sino que también tienden a influenciarse entre sí. San Buenaventura conoció a dos de los más grandes santos del mundo: San Francisco de Asís y Santo Tomás de Aquino. De joven, San Francisco lo curó de una grave enfermedad. Luego, mientras estudiaba en la Universidad de París, se hizo amigo de Tomás de Aquino. Ambos recibieron al mismo tiempo su graduación como doctores en teología. Dado que sabemos que eran amigos, podemos suponer que ambos grandes santos compartirían y hablarían a menudo de su fe. Se hicieron amigos espirituales así como compañeros sociales.

Hablar de la fe con un amigo espiritual puede ser un gran consuelo. Nuestros amigos pueden reforzarnos en momentos de prueba y animarnos en tiempos de duda. Pueden dar brillantez a nuestras vidas y hacer que resulte más fácil de andar el camino hacia la madurez espiritual.

¿Tengo un amigo espiritual? ¿Qué cualidades querría que poseyera un amigo espiritual?

DOY GRACIAS A TODOS LOS QUE ME HAN AYUDADO A LLEGAR A UNA MAYOR COMPRENSIÓN DE MÍ MISMO Y DE MI VALÍA.

BEATO IGNACIO ACEVEDO Y COMPAÑEROS

1528-1570

Uno de los trayectos más populares de los parques de atracciones Disney es el de los Piratas del Caribe. Los bucaneros son presentados como gente jovial, pese a su pillaje e incendio de la ciudad. Los piratas reales, por su parte, eran bandidos que llevaban el terror a todo aquel con el que se encontraban.

En 1570, el Beato Ignacio Acevedo, sacerdote jesuita, y cuarenta compañeros, abordaron el *Santiago*, un barco mercante que zarpaba rumbo a las Islas Canarias. Conforme enfilaron el Atlántico, Jacques Sourie, un pirata francés, empezó a perseguirlos. Se puso a la altura del *Santiago* camino de Las Palmas y lo abordó. Aunque los pasajeros y la tripulación trataron de combatir, no fueron rival para los piratas. Sourie perdonó a la tripulación, pero hizo una carnicería con los cuarenta jesuitas.

Aunque no tengamos por qué detenernos en ello, no podemos pasar por alto el hecho de que el mal real existe en el mundo. Podemos tratar de disfrazarlo y convertirlo en tema de un paseo por el parque, pero bajo la pretensión acecha una realidad más oscura. Igual que necesitamos andar espabilados para movernos la calle, necesitamos estar espabilados espiritualmente. Necesitamos mantener los ojos abiertos de manera que no seamos asaltados de imprevisto por el mal. El capitán del *Santiago* trató estúpidamente de ganar a la carrera al barco pirata. Mejor habría sido que hubiese planeado su ruta de manera que no cayese en el sendero de los piratas. Del mismo modo, haremos mucho mejor evitando caer en la trampa del mal que tratando de combatirlo en sus propios términos.

¿He tentado alguna vez al destino colocándome en una situación de peligro innecesario?

EVITO ESOS LUGARES Y SITUACIONES EN DONDE MI BIENESTAR ESPIRITUAL PUEDA VERSE EN PELIGRO.

BEATO CESLAUS DE POLONIA
1180-1242

En un mundo que parece haber enloquecido, la vida individual parece haberse vuelto menos valiosa. Oímos hablar constantemente de muertes sin sentido, genocidios masivos y guerras carentes de una razón de ser. Cuando oímos hablar de tanta violencia, resulta muy fácil perder sensibilidad frente al dolor de los demás. Resulta muy fácil empezar a plantear principios abstractos acerca de la vida humana y aislarnos del sufrimiento de otra gente con palabras sublimes acerca del humanitarismo.

Para el doctor Albert Schweitzer, uno de los más grandes humanitarios del mundo, una acción así sería un anatema. «El humanitarismo», dice, «consiste en no sacrificar nunca un ser humano por un propósito».

El Beato Ceslaus de Polonia fue a Roma a ser testigo de la consagración de su tío San Jacinto como obispo de Cracovia. Mientras estuvo allí, fue inspirado por Santo Domingo y retornó a Polonia como misionero. El resto de su vida la pasó en actos insuperables de predicación y enseñanza. Sus actos más grandes, sin embargo, tienen que ver con los individuos. Entre otras cosas, se hizo famoso por curar a los enfermos y tullidos.

Cuán fácil es vernos tan obsesionados por salvar el bosque, que olvidamos apreciar los árboles concretos. El Evangelio de Mateo dice que no puede caer un simple gorrión al suelo sin que Dios lo sepa. Si Dios sigue la huella de los gorriones, ¿cuánto más no será valorado cada uno de nosotros?

¿Dejo a Dios que me muestre lo valioso que soy? ¿Cómo muestro a otros que son valorados por Dios?

HOY ME TRATARÉ A MÍ MISMO COMO UN AMADO HIJO DE MI PADRE CELESTIAL.

SAN BRUNO
1123

Nadie es perfecto. Ni siquiera los santos. San Bruno, uno de los mayores eruditos de su tiempo sobre las Escrituras, cometió al menos un grave error. Mantuvo que un sacerdote que cometía simonía (comprar y vender dones espirituales) no podía, válidamente, administrar los sacramentos. En otras palabras, creía, incorrectamente, que un sacerdote que vendía un oficio eclesial no podía celebrar la misa o administrar el bautismo. Aunque vender los oficios eclesiales sea erróneo, una acción así no invalida la ordenación de un hombre. El error de San Bruno debería animarnos a todos nosotros. Cometer una equivocación es simplemente eso: una equivocación.

Nadie desea equivocarse, pero todos lo hacemos a veces. Ocasionalmente, nuestra equivocación es grave, con consecuencias de largo alcance. Puede ser inconveniente; puede crearnos una situación de apuro, pero no es el fin del mundo y no deberíamos tratarla como tal.

Cuando reconozcamos que hemos cometido un error, podemos y debemos tratar de rectificarlo, pero cuando la corrección sea imposible, el mejor curso será simplemente el de admitirlo y seguir adelante. Regañarte, condenarte y hundirte a ti mismo no cambiará la equivocación, pero te cambiará a ti. Erosionará tu confianza en ti mismo y te hará más proclive a cometer un error en el futuro.

Cuando descubras que estás en un error, date un respiro. Date permiso para unirte a la raza humana, propensa a las equivocaciones.

¿Soy un perfeccionista? ¿Soy más duro conmigo mismo por mis propios errores de lo que lo soy con los demás por los suyos?

SÉ QUE NO ES UN CRIMEN ESTAR EQUIVOCADO.

SANTA MACRINA
¿330?-379

Hay un viejo dicho según el cual detrás de todo gran hombre se halla una buena mujer. Aparentemente esto fue cierto en la familia de Santa Macrina. La mayor de diez hijos, ayudó a educar a sus hermanos, incluyendo a San Gregorio de Nisa, Basilio el Grande y San Pedro de Sebastea. Mientras sus hermanos adquirían fama, Macrina vivía tranquilamente con su madre y otras mujeres en una hacienda de Ponto. Puede parecer que Macrina se llevó la peor parte, dado que Gregorio mismo atribuye a su hermana haberle enseñado la humildad y el amor a las Escrituras, pero como señala Milton: «También sirven quienes sólo están de pie y aguardan.»

A la mayoría de nosotros no nos gusta quedarnos de pie y aguardar. No es divertido quedar detenido en la parada de autobús de la vida mientras todos los demás parecen desplazarse en una larga limusina. Y lo que es peor, si tomamos el autobús, nos sentimos a veces como si tuviéramos que bajarnos en la siguiente parada, mientras la gente que va en el lujoso coche se encamina hacia una gran fiesta.

Si en la vida todo se redujese a esto, Santa Macrina sería tonta de no coger algo de la fama de sus hermanos (y nosotros seríamos igual de tontos por no secuestrar un gran automóvil para nuestro propio uso). Pero los santos nos recuerdan que no aguardamos eternamente; aguardamos la eternidad. Hay una gran diferencia entre ambas cosas. No estamos simplemente ahí hasta disolvernos en la nada. Incluso cuando parece como si fuéramos rápidamente hacia ninguna parte, realmente estamos acercándonos un poquito más a ese momento en que nos unimos a la fiesta celestial que nunca se acaba.

¿Me resulta difícil aguardar? ¿Qué estoy aguardando en el momento presente?

COMPRENDO QUE NO NECESITO ESTAR HACIENDO ALGO PARA CONVERTIRME EN ALGUIEN.

SANTAS JUSTA y RUFINA

¿304?

Uno de los modos en que los fabricantes de cerámica obtienen beneficios es a través de la producción en masa. Hora tras hora, día tras día, sus factorías sacan miles y miles de tazas y platos, todos exactamente iguales. Aunque la producción en masa signifique que puedes reemplazar cualquier artículo que rompas con uno de idéntico aspecto, significa también que toda individualidad se pierde. Dos piezas de cerámica trabajadas a mano rara vez tienen la misma apariencia. Aunque puedan estar hechas de la misma arcilla y tener el mismo brillo, cada una de ellas es un poquito diferente. Antes de la invención de las modernas cadenas de montaje, toda cerámica, incluso la que se producía en cantidad, era hecha a mano.

Las Santas Justa y Rufina eran mujeres cristianas que vendían cerámica en la España del siglo cuarto. Como valoraban sus artículos, no quisieron permitir que se vendieran para sacrificios paganos. Como resultado, toda su cerámica fue rota y ellas mismas fueron ejecutadas.

Cada uno de nosotros es tan individual como una pieza cerámica hecha a mano. Incluso gemelos idénticos, lo más iguales que puedan llegar a ser dos seres humanos, tienen sus propias huellas dactilares y personalidades distintivas. Eres único. Nunca ha habido y nunca habrá otra persona como tú, con tus talentos y capacidades, tus sueños, tus esperanzas, tus dones. Eres una creación irrepetible del alfarero divino. Valórate a ti mismo como un tesoro.

¿Permites que otros te traten como si fueras una producción en masa? ¿Te tratas alguna vez a ti mismo como si fueras un desecho de fabricación?

SÉ QUE HE SIDO CREADO AMOROSAMENTE Y CON CUIDADO.

SAN LORENZO DE BRINDISI
1559-1619

¿Alguna vez has preguntado por una dirección y escuchado algo como: «Bajas por la tienda de radios hasta llegar a la tienda de ropas, y entonces tuerces a la izquierda por el parque hasta llegar al siguiente semáforo... no, el segundo semáforo, y tuerce a la derecha. En la siguiente manzana, no tiene pérdida»?

Sí, es casi seguro que acabarás perdido. O preguntando de nuevo por la dirección.

Si tenemos tanta dificultad para entendernos uno al otro cuando hablamos la misma lengua, no es sorprendente que tengan problemas de comunicación personas que hablan lenguas diferentes.

San Lorenzo de Brindisi fue una de esas extraordinarias personas que están dotadas de la facilidad para aprender lenguas. Además de italiano, hablaba griego, alemán, bohemio, español, francés, latín y hebreo. Su hebreo era tan bueno que mucha gente lo creía un judío convertido al cristianismo. Debido a su habilidad con las lenguas, San Lorenzo se convirtió en un comunicador eficaz a lo largo de Europa.

La comunicación no es meramente una cuestión de palabras habladas. Nuestro lenguaje corporal a menudo habla bien alto. Alguien que dice te amo pero cuyos brazos están estrechamente cruzados y con los labios prietos, está enviando dos mensajes diferentes a la vez. Lo que decimos que con nuestros cuerpos determina a menudo el modo en que nos trata la gente. Si descubres que la gente no te está tratando del modo que deseas, trata de ver si tu lenguaje corporal está comunicando algo más que tus palabras.

¿Qué dice mi lenguaje corporal a los demás acerca de mí y de mis intenciones?

PRESTO ATENCIÓN A LAS SEÑALES CORPORALES QUE ENVÍO A OTRA GENTE.

SANTA MARÍA MAGDALENA
SIGLO PRIMERO

Durante siglos se ha identificado a María Magdalena con la mujer pecadora que ungió los pies de Jesús con perfume en casa de Simón, el fariseo. Más aún, dado que se considera que la mujer pecadora fue una prostituta, María arrastra también esa etiqueta. Sin embargo, no hay pruebas de que la María que vivió en la ciudad de Magdala y de la que Jesús expulsó siete demonios tuviera nada que ver con la mujer «que era una pecadora». Es más probable que María Magdalena estuviese mentalmente enferma o demoniacamente poseída que el que hubiese sido inmoral.

La pobre María es víctima de la mentira etiquetadora. Una lectura más cuidadosa de las Escrituras a lo largo de los siglos nos ha permitido conocer la verdad acerca de María Magdalena. Ahora se la ve tal como era, no tal como se imaginaba que era.

Necesitamos hacer lo mismo con nosotros mismos. Necesitamos vernos tal como somos, no como otra persona imagina que somos. A menudo permitimos a otros que nos den etiquetas que pueden o no ser apropiadas. Un modo de descubrir si se te ha puesto una etiqueta equivocada es atender a las palabras *siempre* y *nunca*. Si la gente que te rodea tiende a decir, «tú siempre...» o «tú nunca...», puedes estar seguro de que está funcionando un etiquetado falaz. En vez de aceptar esas falsas etiquetas sin cuestionártelas, tómate tiempo para señalar educada, pero firmemente, que decir «tú nunca» y «tú siempre» es siempre falso y siempre un error.

¿Cómo me describiría a mí mismo? ¿Es del mismo modo en que otros me describirían?

LAS ÚNICAS ETIQUETAS QUE ME APLICO A MÍ MISMO O A LOS DEMÁS SON LAS QUE TIENEN ADHESIVO EN LA PARTE POSTERIOR.

SANTA BRÍGIDA DE SUECIA

¿1303?-1373

Si fueras a vivir en una isla desierta, ¿qué tres cosas te llevarías contigo? Aunque las respuestas varían grandemente, la mayoría de la gente cogería un libro de uno u otro tipo.

Los libros eran tan importantes para Santa Brígida de Suecia que se hallaban exentos de las restricciones de la pobreza. Fundadora de una comunidad religiosa que admitía tanto a hombres como a mujeres (aunque en recintos separados), mantenía la estricta regla de que a fin de año todo exceso en los ingresos debía ser dado a los pobres. La única excepción era que todo monje o monja podía tener tantos libros como quisieran.

Los libros son el gran escape. Como dice Emile Dickinson: «No hay fragata como un libro para llevarnos a tierras lejanas.»

Santa Brígida cogía indudablemente la fragata de un libro una y otra vez. No sólo tenía que dirigir un monasterio, sino que tenía hijos de los que ocuparse. Antes de entrar en la vida religiosa, había estado felizmente casada durante veintiocho años. Ella y su esposo, Ulf, tuvieron ocho hijos, uno de los cuales se convirtió en santo (Catalina de Suecia), y varios de los cuales deben haberle dado quebraderos de cabeza. Una hija se casó con un hombre al que Brígida llamaba el Bandolero, y mientras se hallaba en Nápoles su hijo favorito se juntó con la Reina Juana I, pese a que el tercer esposo de ella estaba viviendo en España y la esposa de él en Suecia.

No es sorprendente que Brígida dijese a sus religiosos que podían tener todos los libros que desearan. ¡Leyendo no podían meterse en problemas!

¿Qué libro me llevaría conmigo a una isla desierta? ¿Por qué lo elegiría?

HOY DOY LAS GRACIAS A TODOS LOS QUE TUVIERON ALGO QUE VER EN HACER LOS LIBROS QUE HAN CAMBIADO MI VIDA.

SANTA CRISTINA LA ASOMBROSA
1150-1224

Hay algunos santos que, si viviesen en el siglo veinte, probablemente serían declarados locos. Si los relatos de su vida contienen algo de verdad, Santa Cristina la Asombrosa sería una de ellos. Se cree que aborrecía el olor de los seres humanos, que se agarraba a molinos de viento y daba vueltas y vueltas, y que rezaba balanceándose sobre una valla o acurrucada como una bola, por no mencionar que escalaba los hornos y saltaba a los ríos. No cuesta mucho suponer que no podría haber tenido éxito con el proceso moderno de canonización.

Aunque no podamos encontrar mucho que emular en Cristina, sí lo encontramos en su amigo, Luis, conde de Looz. Se dice que Luis siempre la trató con amabilidad y respeto. Quizá es a Luis a quien deberían haber declarado santo en vez de a Cristina.

A veces no tratamos a los retrasados mentales, los dementes o los pobres con tanto respeto como podríamos. Cuando nos encontramos a una persona de la calle desaliñada y en harapos (Cristina vestía harapos y vivía de la mendicidad), ¿apartamos nuestra mirada y aceleramos el paso para evitar todo contacto, o nos tragamos nuestro temor y nuestro desagrado y vemos si hay algo que podamos hacer por ayudar? Incluso en esas ocasiones en que ofrecer asistencia no es sensato o seguro, no tenemos por qué desviarnos de nuestro camino para ser rudos o fríos. Podemos de todos modos ser respetuosos, recordando que «sólo vamos con la gracia de Dios por delante».

¿Cómo soy de tolerante con las personas dementes o con retraso mental? ¿Culpo alguna vez a los pobres de ser pobres?

COMPARTO MIS BENDICIONES CON QUIENES SON MENOS AFORTUNADOS.

SANTIAGO APÓSTOL

SIGLO PRIMERO

Santiago (Jaime) fue el primero de los apóstoles en fallecer, decapitado por el rey Herodes Agripa I. Irónicamente, aunque fue muerto en Jerusalén, la tradición dice que su cuerpo fue trasladado a España, donde su sepultura en Compostela se convirtió en uno de los más grandes destinos de peregrinación de la Edad Media. Más aún, aunque nunca se acercara, ni remotamente, a las Islas Británicas, le están dedicadas cientos de iglesias de Inglaterra. Finalmente, es el santo patrón tanto de España como de Guatemala y Nicaragua. No está mal para alguien que nunco salió de Tierra Santa.

Si alguien hubiese dicho a Santiago lo influyente que se iba a volver, probablemente no lo habría creído. A menudo tampoco nosotros creemos tener influencia alguna. Rehusamos creer que una sola persona pueda marcar alguna diferencia. Sin embargo es así. Recientemente, en un área metropolitana con una población de más de 200.000 personas, la propuesta de edificar una nueva biblioteca fue derrotada por tan sólo diez votos. Todas aquellas personas que se quedaron en casa, creyendo que la medida saldría adelante y que su voto no era necesario, quedaron indudablemente sorprendidas. Cualquiera que votó en contra de la propuesta pudo pensar con satisfacción que quizá fuera su voto el que marcó la diferencia.

A la madre Teresa de Calcuta le preguntaron en una ocasión cómo podía seguir trabajando para los pobres cuando había tantos, y ella sólo era una. Dijo que no había sido llamada a tener éxito; había sido llamada a ser fiel. Tampoco nosotros somos llamados a tener éxito, pero somos llamados a hacer nuestra parte. Haciéndolo, podemos ser mucho más influyentes de lo que creemos.

¿Soy un votante registrado? ¿Voto regularmente?

ASUMO SERIAMENTE MIS RESPONSABILIDADES PARA CON MI CIUDAD Y PAÍS.

BEATO TITO BRANDSMA

1881-1942

El padre Tito Brandsma fue periodista y escritor. Como consejero espiritual de los periodistas católicos holandeses, declaró que las publicaciones católicas no podían imprimir anuncios de propaganda nazi y seguir siendo católicas. Por esta proclamación fue arrestado y apresado en el tristemente famoso campo de concentración de Dachau.

La enfermera que lo mató fue testigo de sus últimos días. Había sido educada como católica, pero había abandonado su fe. Preparándose para su muerte, el padre Tito le dio su rosario. Ella dijo haber olvidado las oraciones, pero él le dijo que podría de todos modos decir las últimas palabras: «Ruega por nosotros pecadores.» El 26 de julio de 1942, la enfermera inyectó un veneno al padre Tito, y éste falleció en pocos minutos. Pasada la guerra, ella no sólo volvió a la Iglesia, sino que habló en nombre de la santidad del padre Tito.

A veces las historias de los mártires parecen tan antiguas y remotas que casi parecen ser mitos. Entonces leemos acerca de alguien como el Beato Tito Brandsma y comprendemos que la edad de los mártires no ha pasado aún.

El padre Tito sabía cuando hizo su declaración contra los nazis que sería arrestado. También sabía que un arresto probablemente significaría la muerte. Estaba dispuesto a correr el riesgo porque su conciencia no le permitía cooperar con el mal. No podía permitir que su silencio hiciese de él un contribuyente a una causa que sabía errónea. ¿Podemos nosotros decir lo mismo?

¿Presto atención cuando mi conciencia me advierte de la injusticia o de la inmoralidad?

ESCUCHO A MI CONCIENCIA Y CUIDO DE NO APAGARLA POR LA INATENCIÓN O EL RECHAZO.

SAN PANTALEÓN

¿303?

San Pantaleón no sólo fue uno de los primeros cristianos, sino también médico personal del emperador Galerio. Naturalmente, estuvo muy metido en la vida de la corte, hasta el punto de que incluso perdió su fe cristiana por un tiempo.

Cuando estamos muy atareados con nuestras actividades, es fácil dejar en suspenso nuestra vida espiritual. Quizá no tengamos tiempo para ir a la iglesia este fin de semana, pero lo tendremos la semana siguiente. O quizá estemos tan ocupados con los amigos, que realmente no podemos encontrar tiempo para la oración y la meditación, pero pronto lo tendremos. Con demasiada facilidad nos vemos tan envueltos en asuntos supuestamente urgentes que olvidamos lo realmente importante.

De entre todas las estaciones, el verano es la que más nos tienta a alejarnos de Dios. Los niños no van a la escuela y las rutinas son alteradas por las vacaciones, los fines de semana de tres días, y las tardes largas y perezosas. Lo que en enero podría haber parecido crítico se disipa de algún modo bajo el sol de julio.

Afortunadamente, incluso cuando nos tomamos unas vacaciones de Dios, Dios no se toma vacaciones por nosotros. Cuando estanos dispuestos a volver, Dios siempre está dispuesto a darnos de nuevo la bienvenida. Como el padre en la historia del Hijo Pródigo, Dios contempla el camino todos los días, aguardando nuestra aparición. Cuando nos avista, se encuentra ahí con brazos extendidos, regocijándose de nuestro retorno a salvo.

Este verano, incluso cuando nuestras vidas se desborden de actividad, no nos apartemos tanto que no podamos encontrar nuestro camino de vuelta a casa.

¿Cuándo me resulta más difícil orar?

SÉ QUE DIOS SIEMPRE AGUARDA MI RETORNO.

SAN SANSÓN
c. 565

Uno de los momentos más embarazosos de la vida tiene lugar cuando crees que has sido invitado a algo, pero no es así. Quizá los amigos se están reuniendo y supones que has sido incluido. Cuando preguntas qué puedes llevar, todo el mundo se estremece nerviosamente hasta que finalmente alguien habla y te dice que no estás invitado. Quizá se te diga con tacto o quizá no, pero en cualquier cosa te sientes en una situación embarazosa. Los demás, si tienen un poco de sentido, se sienten también en la misma situación.

San Sansón, obispo de Dol, debería ser el patrón de esas situaciones embarazosas. Tras ser consagrado, marchó a Cornualles a visitar un monasterio. Podrías pensar que los monjes, que tradicionalmente mantienen elevadas normas de hospitalidad, permitirían al menos a Sansón que descansase por un rato, pero no, hicieron salir a uno de sus miembros para decir al obispo que era inconveniente que permaneciese allí. La mayoría de nosotros habríamos dicho probablemente a los monjes lo que podían hacer con su monasterio, pero Sansón era un santo (¡literalmente!), de modo que simplemente continuó su camino. Finalmente, debió tener una recepción más feliz, puesto que fundó al menos dos iglesias en Cornualles.

En los jardines de infancia y en las escuelas, los profesores imponen a veces la regla de que no puedes distribuir invitaciones en clase salvo que invites a todos a la fiesta. Es una buena regla, incluso cuando ya has crecido. Como escribiera Edwin Markham: «Trazó un círculo que me dejó fuera... Pero el Amor y yo teníamos la sagacidad para vencer: ¡Nosotros trazamos un círculo que lo dejó dentro!»

¿Alguna vez he sido excluido deliberadamente de algo? ¿Alguna vez he excluido deliberadamente a alguien sin una buena razón?

ESTOY DISPUESTO A INCLUIR TODO TIPO DE PERSONAS DIFERENTES EN MI VIDA.

SANTA MARTA
SIGLO PRIMERO

He aquí una prueba de personalidad: ¿Estás más inclinado a recordar tus equivocaciones que tus éxitos? Cuando has llevado a cabo una tarea importante, ¿pasas inmediatamente a la cosa siguiente en vez de sentarte y disfrutar del fruto de tu trabajo? ¿Tratas de hacer más de lo que siendo realistas cabe esperar de cualquier persona y luego te regañas si no consigues hacerlo todo?

Si has respondido que sí a cualquiera de las preguntas anteriores, probablemente seas un perfeccionista.

Personas así son maravillosas encabezando comités y dando fiestas. Todo será hecho, bien, perfectamente. El único problema es que los perfeccionistas son perfectamente desgraciados, y hacen desgraciados a todos cuantos les rodean. Nada está nunca a la altura de sus normas. Viendo cómo la vida *podría* ser, a menudo creen que es así cómo *debería* ser.

Santa Marta era una perfeccionista. Cuando Jesús llegó a su casa, deseaba ser la anfitriona perfecta, así que mientras su hermana escuchaba a Jesús enseñando, Marta estaba poniendo la mesa y preparando la cena. Luego, como la mayoría de los perfeccionistas, Marta se irritó. Ahí estaba ella, haciéndolo todo maravilloso, y nadie le ayudaba. Cuando se quejó a Jesús, él le indicó que estaba demasiado ocupada, y no tenía tiempo para las cosas importantes de la vida. Aunque Jesús apreciaba su modo de cocinar, habría apreciado más su compañía.

Si sabes que eres un perfeccionista, trata por un día de ceder y permitir que otra persona te ayude.

¿Trato la vida como una lista gigante de encargos? ¿Me contrarío frecuentemente cuando las cosas no están a la altura de mis normas?

«SUFICIENTEMENTE BUENO» ES A VECES SUFICIENTEMENTE BUENO.

SAN PEDRO CRISÓLOGO

c. 450

La siguiente vez que atiendas a una conferencia o te sientas en una reunión, mira si puedes medir los C. A. de la gente: los Coeficientes de Aburrimiento. Las personas con un bajo C. A. empezarán a agitarse pasados diez o quince minutos. Quienes tienen un C. A. medio empezarán a retorcerse pasada media hora, y quienes tienen un C. A. aún mayor se mostrarán inquietos tras una hora de permanecer sentados tranquilamente. Es por ello que los buenos profesores conceden a los estudiantes pausas ocasionales. Saben que si no lo hacen así, perderán la atención de sus estudiantes.

San Pedro Crisólogo tuvo en cuenta el Coeficiente de Aburrimiento a la hora de escribir sus homilías. Predicador excepcional, a menudo basaba sus sermones en pasajes bíblicos. Lo que convierte en únicas las homilias de San Pedro es no sólo su brillantez, sino también su brevedad. Todas las 170 homilías que aún conservamos son muy cortas. Las mantuvo breves porque no deseaba perder la atención de sus oyentes.

«La brevedad es el alma del ingenio», escribió Shakespeare. También es el alma de la buena enseñanza. Si no puedes decir lo que necesitas de manera rápida y sucinta, es signo seguro de que no has concedido a la idea reflexión suficiente. Ser breve no significa ser superficial. A menudo las ideas más profundas pueden expresarse en sólo unas pocas palabras. Los discursos de San Pedro Crisólogo, aunque muy cortos, eran lo bastante eruditos como para que se le declarara Doctor de la Iglesia. De hecho, su apellido no es en modo alguno un apellido; es un título que significa «palabra de oro». Cuando tengamos la oportunidad de hablar y enseñar, que nuestras palabras puedan ser de oro.

¿Cuál es mi Coeficiente de Aburrimiento? ¿Me impaciento cuando la gente habla demasiado?

NO LLENO MI MENTE DE PENSAMIENTOS VACÍOS, NI MI BOCA CON PALABRAS VACÍAS.

SAN IGNACIO DE LOYOLA

1491-1556

San Ignacio de Loyola, nacido en Loyola-Azpeitia (España), proyectó originalmente ser soldado, pero cuando un cañonazo francés destrozó su pierna, su carrera militar terminó abruptamente. Digamos de pasada que su pierna fue recompuesta tan mal en un principio que tuvo que ser rota de nuevo y otra vez recompuesta, sin el beneficio de un anestésico. Aunque San Ignacio sea el patrón de los soldados, también sería un buen patrón para los estudiantes reiterativos, pues tenía más de treinta años cuando volvió a la escuela y no se licenció hasta los cuarenta y tres.

Volver a la escuela no es tan raro hoy como en tiempos de Ignacio; personas que no tuvieron la oportunidad de ir a la universidad de jóvenes o que tuvieron que abandonar antes de licenciarse están volviendo en manadas.

Los estudiantes más viejos tienen muchas ventajas sobre los más jóvenes. Como desean estar en la escuela, tienden a trabajar más y a aplicarse con mayor diligencia. Se toman en serio sus estudios porque se toman en serio a sí mismos.

Si deseas volver a las aulas, ¿qué es lo que te detiene? Un hombre dijo una vez que siempre quiso ser profesor, pero que si volvía a la universidad habría pasado los cincuenta antes de licenciarse. ¿Cómo serás de viejo si no vuelves?, le preguntaron.

Si San Ignacio pudo asistir a clases con estudiantes a los que doblaba en edad, para luego, además, fundar la Compañía de Jesús, una de las órdenes religiosas más importantes del mundo, todavía tienes tiempo para ser lo que quieras.

Si estuviera ahora en la escuela, ¿qué temas me gustaría estudiar?

NUNCA SOY DEMASIADO VIEJO PARA APRENDER.

SAN ALFONSO MARÍA DE LIGORIO
1696-1787

Igual que San Francisco de Sales señaló la diferencia entre tener veneno y estar envenenado, hay una diferencia entre ser un mojigato y ejercer la prudencia*. Ser un mojigato no te hará ganar puntos (ni siquiera entre los santos). El problema con los mojigatos es que a menudo se ofenden por cosas relativamente insignificantes. Más aún, como están ofendidos, desean que todos los demás también lo estén. Ejercitar la prudencia, en cambio, significa aplicar la previsión y el buen juicio.

San Alfonso María de Ligorio, fundador de la Orden Redentorista, era prudente, pero no mojigato. Como le gustaba la música que tocaban en los teatros de su Nápoles natal, anhelaba asistir a las representaciones. Junto con la música, sin embargo, los teatros a menudo proporcionaban «cuadros licenciosos». Obviamente, esto representaba un problema, pero San Alfonso era un maestro de la prudencia. Compró una entrada para la última fila del teatro y luego, cuando se alzó el telón, se quitó las gafas. Sabiendo todo el mundo que era extremadamente corto de vista, estuvo en condiciones de apreciar la música sin escandalizar a quienes pudieran verlo.

Nosotros también hemos de tener cuidado en no escandalizar. Como San Alfonso, podemos disfrutar de ciertas actividades inocuas que los mojigatos de la vida encontrarían ofensivas. Aunque no tenemos por qué dejar de hacer las cosas de las que disfrutamos mientras no sean moralmente dañinas, hemos de acordarnos de ejercitar la prudencia mientras las hacemos.

---

* La autora juega aquí con las palabras inglesas *prude* (mojigato) y *prudence* (prudencia). *(N. del T.)*

¿Tengo cuidado cuando me hallo con gente que podría fácilmente ofenderse? ¿Mantengo mis propias normas sin imponerlas a los demás?

TENGO CUIDADO DE NO OFENDER INADVERTIDAMENTE POR LAS COSAS QUE DIGO O QUE HAGO.

BEATA JUANA DE AZA

1140-1202

La mayoría de los santos y santas hicieron *algo* por lo que ser recordados. Fundaron órdenes religiosas o sobresalieron por su extrema caridad, o fueron misioneros. Sólo un puñado de ellos ha alcanzado la santidad viviendo vidas ordinarias y no espectaculares. Santa Teresa de Lisieux es una de ellas. La Beata Juana de Aza otra.

Sabemos muy poco acerca de ella, excepto que fue esposa de Félix de Caleruega y madre de tres hijos. Es precisamente en esos hechos no sobresalientes donde reside su pretensión de santidad, pues todos sus hijos se hicieron sacerdotes, siendo el más joven de ellos, Santo Domingo, el que fundó la Orden de los Dominicos.

A veces oímos decir que esto o aquello son una mala influencia. La Beata Juana demuestra que existe la buena influencia. Es más que probable que sus hijos fueran inspirados por su fe y devoción.

El mundo tiene multitud de malas influencias. Lo que necesitamos ahora son unas pocas influencias buenas. La vida de la Beata Juana demuestra que no necesitas hacer nada espectacular para ser una buena influencia. Cualquiera que sea el lugar en que estemos o lo que nos encontramos haciendo, sea en nuestra casa, en nuestro lugar de trabajo, o incluso en las tiendas que frecuentamos, todos podemos ser buenas influencias. Ocuparnos de nuestros asuntos diarios tal vez no nos haga santos oficiales, aunque ¡nunca podemos estar seguros! Después de todo, es probable que la Beata Juana, mientras ordenaba el castillo y decía a sus hijos que dejaran las espadas, tampoco pensara nunca en convertirse en santa.

¿Pienso alguna vez en mí mismo como una buena influencia? ¿Quién ha sido la mayor influencia en mi vida?

CAIGO EN LA CUENTA DE QUE LA DEVOCIÓN A LAS TAREAS ES UN SENDERO TAN SEGURO HACIA EL CIELO COMO LOS ACTOS DE GLORIA.

LIDIA
SIGLO PRIMERO

Ser el primero en hacer algo es un modo seguro de hacer que tu nombre figure en el libro de los récords. La primera persona en dar la vuelta al globo. La primera persona en correr la milla en menos de tres minutos. La primera persona en llegar al Polo Sur. Lidia también fue una de las primeras. Su familia fue la primera en Europa en convertirse al cristianismo y ser bautizada.

Lidia era una comerciante de púrpuras. Eso podría no significar mucho para nosotros hoy en día, pero en el siglo primero eso significaba que era una mujer muy rica. Dado que el tinte de la púrpura se extraía con muchas dificultades de cierto molusco, sólo una elite podía permitirse tener telas teñidas de ese color. Una mercader que vendiera ese tinte tan extremadamente costoso era rica, se mirase como se mirase.

La riqueza se cita a menudo como uno de los principales obstáculos al crecimiento espiritual. Se nos advierte que «es más fácil para un camello pasar por el ojo de una aguja que para un rico entrar en el Reino de los Cielos». Eso no significa, sin embargo, que ser pobre te haga mejor automáticamente. Una persona pobre que acumula unas pocas posesiones no es mejor que una persona rica que acumula muchas. No hay indicaciones de que Lidia abandonara su negocio tras convertirse al cristianismo. Pero hay muchas pruebas de que utilizó su fortuna sabiamente. Entendió que el valor real de la riqueza reside en el modo en que la usas, no en cuánto tienes.

¿Me preocupo por el dinero? ¿Comprendo que siempre tendré suficiente (una vez que deje de preocuparme)?

USO MIS RECURSOS MONETARIOS SABIA Y GENEROSAMENTE.

SAN JUAN MARÍA VIANNEY
1786-1859

¿Alguna vez tienes la sensación de no pertenecer realmente a este mundo? ¿De pertenecer realmente a un tiempo o lugar diferentes? Aunque algunas tradiciones religiosas aceptan la idea de la reencarnación, los cristianos y los santos cristianos no. Pero los santos reconocerían que la sensación de extrañamiento es real.

«Nuestro hogar es el cielo», dice San Juan María Vianney, más comúnmente conocido como el Cura de Ars. «Sobre la Tierra somos como viajeros que viven en un hotel. Cuando se está fuera, uno siempre está pensando en el hogar.»

Una indicación de que nuestro hogar real no es esta Tierra, es el sentido innato de justicia y honradez con que todos nacemos. Incluso a los niños más pequeños se les puede oír decir «eso no es justo» cuando alguien hace burla. ¿Cómo podemos saber lo que es justo, salvo que tengamos algún conocimiento instintivo de algún lugar donde todo es justo, donde reina la justicia y donde no existen el sufrimiento y la muerte?

Cada uno de nosotros nace con una brújula en su alma que apunta no hacia el norte magnético, sino hacia el cielo. Como si fuese un aparato celestial que nos lleva al hogar, siempre está con nosotros, recordándonos que somos en verdad viajeros sobre la Tierra, y que nuestro hogar real, con su entorno dispuesto a darnos la bienvenida, nos aguarda al final de nuestro viaje.

¿Dónde me siento más en paz? Si pudiera estar en cualquier parte ahora mismo, ¿dónde estaría?

ACEPTO LA REALIDAD DE QUE AUNQUE VIVO EN LA TIERRA, SOY REALMENTE UN CIUDADANO DEL CIELO.

BEATA MARÍA MACKILLOP
1842-1909

Cuando la Beata María MacKillop fundó las Hermanas de San José para proporcionar una educación católica a los niños de Australia, naturalmente concibió que sus hermanas cabalgarían a caballo por todo el vasto territorio. Al obispo, en cambio, no le agradaba demasiado que las mujeres jóvenes cabalgasen solas. La Hermana María comprendió que nuevas ideas requieren nuevos procedimientos. Indudablemente habría coincidido con Santa Magdalena Sofía Barat, que dijo: «Los tiempos cambian y, para estar a la altura de ellos, debemos modificar nuestros métodos.»

A veces nos aferramos a nuestros viejos métodos sin considerar realmente por qué lo hacemos así. Se cuenta la historia de una familia que siempre quitaba el extremo de la pieza del asado antes de introducirla en el horno. Un día, una de las hijas preguntó a su madre por qué lo hacía. La madre movió la cabeza y dijo: «Porque mi madre siempre lo hacía.» La hija fue a su abuela, le hizo la misma pregunta y obtuvo la misma respuesta. Así que la hija visitó a la bisabuela y preguntó por qué cortaba el extremo de la pieza. Porqué de lo contrario no cabría en la bandeja, fue la respuesta.

A menudo somos como la familia que, como un deber, corta los extremos del asado, o como el obispo que estaba horrorizado ante el pensamiento de que las hermanas fueran a caballo. Hacemos las cosas del modo en que siempre las hemos hecho, sin detenernos a considerar si ha llegado el tiempo para un cambio.

¿Qué es lo que no deseo cambiar? ¿Sería mi vida más fácil o más productiva si dejase partir alguno de mis modales serios?

ESTOY DISPUESTO A INTENTAR NUEVAS COSAS Y NUEVOS ENFOQUES.

SAN HORMISDAS
523

Aparte del hecho de que era viudo cuando fue elegido papa, y de que su hijo, San Silverio, también devino papa, no sabemos demasiado acerca de San Hormisdas. Sabemos que odiaba las disputas, dado que reprendió a unos monjes africanos por sus riñas.

Algunas personas gustan de promover los problemas. Es como si buscasen maneras de ser desagradables y pendencieros. Entonces, cuando aparecen los problemas, son los primeros en decir «te lo dije». Tales personas son heraldos de las profecías de autocumplimiento.

A menudo creamos nuestras propias profecías de autocumplimiento. Cuando usamos negativas como «no puedo», o «yo nunca», establecemos mentalmente situaciones en las que esperamos fallar. Luego, cuando así sucede, podemos quejarnos: «Te lo dije.»

Las profecías de autocumplimiento no tienen por qué ser negativas. Podemos crear nuestras propias profecías positivas. Una técnica para conseguir que las cosas buenas se hagan realidad es a través de la visualización creativa. Cerrando nuestros ojos e imaginando lo mejor, en vez de lo peor, programamos nuestra computadora mental para esperar lo mejor. Este tipo de visualización es utilizado por los atletas antes de una competición importante, los cirujanos antes de una operación complicada y los actores antes de subir al escenario. Aunque no sea magia, y no pueda garantizar un resultado positivo, crea una atmósfera en la que es más probable que busquemos cosas positivas que negativas. Ya eso sólo resulta un gran paso en la dirección correcta.

¿Qué espero de la vida? ¿Lo mejor o lo peor? ¿Suelo obtener lo que espero?

NO CONSIENTO EN DETENERME EN POSIBILIDADES NEGATIVAS.

SAN SIXTO II
258

Las catacumbas de Roma han sido la inspiración de cuentos espeluznantes. La idea de unas cámaras secretas donde los cristianos primitivos se reunían para evitar a los romanos ha encendido la imaginación de muchos novelistas. Aunque las catacumbas fueron utilizadas por los cristianos como lugares de culto privado, principalmente eran cámaras de enterramiento. Las autoridades siempre supieron de su existencia; de hecho, mientras el papa Sixto II estaba en ellas un día celebrando misa, los soldados imperiales aparecieron de repente y lo degollaron.

Hacia esta época del año, aunque el verano se halla en pleno apogeo, cuando la luz incide del modo justo, puede verse un tinte amarillo muy tenue en el verde los árboles y un susurro del invierno se cuela por la ventana abierta. El verano debe concluir; es el camino de toda vida.

Los primitivos cristianos utilizaban las catacumbas para sus más grandes celebraciones. Ahí, entre los cuerpos de sus muertos, se regocijaban en la promesa de la vida eterna. Es una de las grandes paradojas de la fe, que todos debamos morir antes de tener vida eterna.

No sólo deben morir nuestros cuerpos. Debemos morir a los apegos y ataduras que nos mantienen aferrados a la tierra. Debemos abandonar nuestros deseos egoístas y nuestra preocupación por las posesiones materiales. Debemos dejar marcharse todo de manera que nuestras manos vacías puedan llenarse de eternidad. Una vez que aprendemos a hacer eso, regocijarse en vida entre los muertos de las catacumbas no nos parece tan extraño.

¿Alguna vez me aferro a las cosas con tanta fuerza que les exprimo la vida... y también la mía?

TRABAJO EN DESAPEGARME DE MIS POSESIONES, PUES COMPRENDO QUE EN CUALQUIER CASO NO PODRÉ LLEVÁRMELAS CONMIGO.

SANTO DOMINGO
1170-1221

La primera mitad del siglo trece vio alzarse uno de los santos más populares de todos los tiempos, un hombre cuyo espíritu libre ha cautivado corazones en todas partes del mundo. Ese hombre, por supuesto, fue San Francisco de Asís. Durante el mismo periodo, otro hombre estaba fundando otra orden religiosa cuyos miembros tendrían un efecto igualmente profundo a todo lo largo del mundo. Ese hombre fue Santo Domingo (Caleruega, España).

A veces tenemos la equivocada noción de que la religión es una pieza de modelo único válida para todos. Santo Domingo y San Francisco demuestran que incluso cuando dos individuos son llamados a la misma obra, le dan forma según sus personalidades y puntos de vista únicos. Francisco se convirtió en el mendigo que sedujo al mundo; Domingo se convirtió en el predicador que le enseñó.

Cuando vemos a alguien con un rico conocimiento espiritual, podemos sentirnos como si tuviéramos que ponernos a su altura o rendirnos. Si Santo Domingo hubiese sido capaz de prever la inmensa popularidad de San Francisco, podría fácilmente haber decidido abandonar; afortunadamente, no lo hizo.

Similarmente, necesitamos ver a quienes hacen las mismas cosas que nosotros no como nuestros competidores, sino como nuestros compañeros. La leyenda dice que cuando Domingo encontró a Francisco, le dijo: «Si nos mantenemos unidos, ningún poder sobre la Tierra podrá resistírsenos.» Desde los tiempos de sus fundadores, dominicos y franciscanos han oficiado misa en las iglesias de los otros, como signo de unidad en un objetivo común.

¿Me siento amenazado cuando alguien tiene la misma idea que yo?
¿Supongo automáticamente que tendrá más éxito que yo?

LO HAGO LO MEJOR QUE SÉ, Y NO ME COMPARO CON OTROS.

BEATA TERESA BENEDICTA DE LA CRUZ

1891-1942

Lo más probable es que nunca hayas usado en la vida real muchos de los cursos que hiciste en la escuela. Los hiciste porque tenías que hacerlos, pero una vez finalizada esa parte de tu vida, cerraste los libros y nunca miraste hacia atrás.

La hermana Teresa Benedicta de la Cruz, una brillante estudiosa que obtuvo un doctorado en filosofía a los veinticinco años, enseñó y conferenció a lo largo de Alemania. A los treinta y tres cerró los libros de la academia para entrar en un claustro carmelita. Podría haber desaparecido de las noticias públicas si Hitler no hubiese iniciado su pogromo judío. Como la hermana Teresa era de origen judío, fue arrestada y enviada a varios campos de concentración, muriendo finalmente el 9 de agosto de 1942 en las tristemente famosas cámaras de gas de Auschwitz.

Santos los hay de todas las formas y tamaños, con todo tipo de personalidades, y todos los grados de inteligencia. Algunos, como la Beata Teresa, eran licenciados universitarios; otros apenas podían leer y escribir. Los santos nos recuerdan que cada uno de nosotros, cualquiera que sea nuestro nivel de educación, tiene las mismas oportunidades de santidad. Dios no nos clasifica por el resultado de nuestras pruebas o por nuestros diplomas. Por el contrario, la ficha de Dios contiene temas como el Amor, la Paciencia, la Caridad y la Fortaleza. Y a diferencia de la escuela, en donde aprobamos o fallamos, Dios recompensa todos nuestros esfuerzos. Cuando se trata de Dios, no necesitamos tener éxito; lo único que tenemos que hacer es intentarlo.

¿Qué área de mi vida quisiera mejorar hoy?

SÉ QUE NO TENGO QUE GANARME EL AMOR DE DIOS. ME ES DADO GRATUITAMENTE EN TODO MOMENTO.

SAN LORENZO
258

Cuando los santos son designados como patronos de ciertas áreas de trabajo, a veces la conexión es obvia. José de Arimatea, por ejemplo, que prestó su sepultura a Jesús, es el patrono de los guardianes de cementerios. A veces la conexión es llevada un poco demasiado lejos; por ejemplo, el Arcángel Gabriel, que anunció a María que sería la madre de Jesús, es el patrono de las telecomunicaciones. A veces la conexión es directamente rara. San Lorenzo, por ejemplo, es el patrono de Roma, los pobres y los cocineros.

Roma es algo bastante lógico para San Lorenzo. Diácono en tiempos del papa Sixto II, vivió en Roma. Su asociación con los pobres también es lógica. La leyenda dice que cuando el prefecto de Roma exigió que Lorenzo entregase las riquezas de la Iglesia, Lorenzo reunió a los ciegos, los cojos, los viudos, los huérfanos y los leprosos y los presentó, diciendo: «Éste es el tesoro de la Iglesia.»

Pero ¿y los cocineros? La única razón posible para conectar a San Lorenzo con los cocineros bordea lo grotesco: fue martirizado por su fe siendo asado sobre carbones ardientes.

Aunque se nos haga bastante desagradable rezar a San Lorenzo mientras preparamos la comida, la Iglesia le ha tenido por largo tiempo en la más alta estima. Su día es designado como una fiesta. En el calendario de los santos, una solemnidad es el honor más elevado. Sólo José, Pedro, Pablo, Juan el Bautista y María, la Madre de Jesús, reciben ese honor. Lo siguiente es la fiesta, y San Lorenzo comparte esa categoría con los apóstoles y Esteban, y apenas un puñado más.

¿Qué presentaría como mi mayor tesoro?

APRENDERÉ MÁS ACERCA DE LA VIDA DEL SANTO PATRONO DE MI VOCACIÓN O ADVOCACIÓN.

SANTA CLARA
1193-1253

A menudo deseamos una solución rápida a los problemas, sin comprender que mucho de nuestro crecimiento espiritual proviene no de hallar respuestas rápidas y fáciles a las dificultades de la vida, sino de asumir un compromiso y llevarlo hasta su conclusión natural.

Cuando Santa Clara tenía dieciocho años, oyó predicar a San Francisco de Asís y se impuso el compromiso de llevar el mismo tipo de vida que él, basado en la pobreza. Una noche, en secreto, se encontró con Francisco y sus monjes en la capilla de éstos, donde él le cortó el pelo y le dio un tosco hábito de lana. Cuando su familia supo lo que había hecho, trataron de sacarla a la fuerza del convento donde Francisco la había instalado. Pero la determinación de Clara de ir adelante con su decisión era firme. Rehusó partir. Finalmente su familia se aplacó, y su madre y su hermana se unieron a ella.

Cuando asumamos un compromiso con una causa, un ideal o una persona, esforcémonos por tener tanta determinación y perseverancia como Santa Clara. Asegurémonos de hacer todo lo que podamos para que funcione antes de buscar una vía de escape. Trabajemos honrando las obligaciones que tenemos, incluso cuando ya no las encontremos agradables. Y por encima de todo, pidamos la sabiduría necesaria para que, antes que nada, asumamos los compromisos correctos.

¿Mantengo las promesas que me hago a mí mismo y a los demás? Si he roto una promesa, ¿puedo compensarla?

CUANDO DÉ MI PALABRA, HARÉ LO QUE DIGO QUE HARÉ.

VENERABLE MADRE MARÍA MAGDALENA BENTIVOGLIO

1834-1905

Si deseas ser un santo, has de amar todas las pruebas y reveses que la vida te presente. Pero no tienen por qué gustarte.

En 1875 la Venerable Madre María Magdalena Bentivoglio llegó a los Estados Unidos para fundar las primeras Clarisas de los Pobres de los Estados Unidos. Aunque fue una monja ejemplar, la madre María confesó que a veces deseaba tirar su libro de oraciones y que odiaba la comida simple del convento. No obstante, aceptaba las dificultades de cada día. Cuando se le preguntó por qué tenía tanta paciencia mientras llevaba a cabo una prueba particularmente estresante, replicó: «Durante toda mi vida he pedido a Dios cruces, y ahora que las ha enviado, ¿por qué no habría de estar contenta?»

La madre María tenía obviamente la paciencia de un santo, y más aún, ¡puso a prueba la paciencia de un santo! Santa Magdalena Sofía Barat era amiga de la familia de María y, de joven, la Madre María viajaba con ella. En uno de los viajes provocó y atormentó a Santa Magdalena de manera inmisericorde. Una noche tenían que compartir una sola cama, y la Madre María dijo: «Así que dormí con una santa, y pateé a la santa.»

A veces pensamos que deberíamos tener más paciencia, pero tal vez no entendamos que cuando pedimos paciencia, nos serán dadas oportunidades de *poner a prueba* nuestra paciencia. En vez de pedir nuevas pruebas y dificultades, hagamos como la madre María y amemos a quienes se cruzan en nuestro camino, incluso si no nos gustan.

¿Soy paciente o impaciente? ¿Qué tal es mi sentido del humor cuando mi paciencia es puesta a prueba malamente?

ACEPTO LAS DIFICULTADES QUE DEBO ENCARAR COMO PARTE DE MI CRECIMIENTO NECESARIO.

SAN BENILDO
1805-1862

¿Te sientes a veces como si no pudieras soportar ni un minuto más de lo mismo?

Si es así, San Benildo sabe exactamente cómo te sientes. Miembro de los Hermanos de las Escuelas Cristianas, San Benildo enseñó en la escuela y vivió la vida ordinaria de un hermano religioso durante cuarenta años. En algunas ocasiones se sentía tan frustrado con sus estudiantes, que decía: «Imagino que los ángeles mismos, si descendieran para ser maestros de escuela, encontrarían difícil controlar su ira.» Pero él controló la suya, además de desarrollar las que para su tiempo fueron técnicas revolucionarias que incluían el reforzamiento positivo en vez del castigo para motivar a los estudiantes.

Durante toda su larga carrera. San Benildo no hizo nada espectacular, pero lo hizo todo por amor de Dios. Debido a la dedicación de San Benildo a sus tareas, el papa Pío XI lo nombró Santo de los Quehaceres Cotidianos.

A veces la vida diaria es eso... diaria. Hacemos las mismas cosas una y otra vez hasta que parece que podríamos gritar. Nunca parece suceder nada diferente. Empezamos a pensar en salir corriendo, escapar, hacer algo excitante.

San Benildo nos demuestra que no son las cosas llamativas y monumentales las que hacen un santo. Es la vida diaria. Los sacrificios que hacemos por las personas que amamos, la disciplina que ejercemos llevando a cabo nuestros trabajos, incluso cuando no nos apetecen; éstas son las acciones que transforman nuestras almas. Éstas son las acciones que pueden cambiar la vida ordinaria de un quehacer cotidiano en una experiencia celestial.

Al final de cada día, ¿puedo decir que verdaderamente lo he hecho lo mejor que sabía y me he esforzado lo más que podía?

BUSCO MODOS DE TRANSFORMAR CADA DÍA EN UNA EXPERIENCIA POSITIVA.

SAN MAXIMILIANO MARÍA KOLBE
1894-1941

Hemingway definió el coraje como la «gracia bajo presión». Pero el coraje es más que eso. El coraje es la capacidad de elevarse por encima del dolor y del temor. El coraje es la capacidad de extraer de los manantiales divinos en situaciones en que nuestra naturaleza humana tiembla.

Cuando el comandante nazi de Auschwitz seleccionó arbitrariamente a diez prisioneros para morir porque otro prisionero había escapado, una de las víctimas empezó a lamentarse e implorar misericordia.

«Quisiera ocupar el puesto de ese hombre», dijo el número 16670. El comandante aceptó, y fray Maximiliano Kolbe se sumó a la fila. En los «barracones de la muerte» los prisioneros estaban tan desesperados de alimento y agua que bebían su propia orina. Cuando los guardas finalmente vinieron a retirar los cuerpos, fray Kolbe aún permanecía vivo, y seguía alabando a Dios. En un acto de misericordia severa, los guardias aceleraron su muerte con una inyección de cianuro.

Fray Kolbe indudablemente tenía miedo cuando ofreció su vida por la de otro, pero su coraje y su fe triunfaron por encima de su temor.

¿Quién de nosotros no sabe lo que es sentir temor? ¿Quién de nosotros no duda de la capacidad de su bravura? Sólo cuando permitimos que los manantiales del propio coraje de Dios llenen nuestros corazones podemos encarar nuestros mayores temores. Sólo superando lo que más tememos podemos empezar a vivir.

¿De qué tengo miedo? ¿Cómo puedo ir más allá de mis temores para usar del coraje divino?

SÉ QUE CON LA AYUDA DE DIOS ENCONTRARÉ NUEVAS FUENTES DE CORAJE EN MI VIDA.

BEATA MARÍA DE JESÚS CRUCIFICADO
1846-1878

Si pudieras ser un vegetal, ¿cuál serías? La Beata María de Jesús Crucificado deseaba ser una cebolla o una patata «porque crecen sin ser advertidas y hacen buenas cosas».

María Baouardy nació en Galilea a mediados del siglo diecinueve. Única en sobrevivir de entre trece niños, se trasladó a Egipto con su tía cuando sus dos padres murieron. Entró en la vida religiosa a los diecinueve años. Aunque su sendero estuvo lleno de una serie de falsos comienzos, acabó convirtiéndose en monja carmelita y fundando un Carmelo en Belén.

Entre otras cosas, la Beata María estaba dotada de la capacidad de «visionar». Fue capaz de visionar la construcción no sólo de un monasterio en Belén, sino también de un segundo monasterio en el olvidado lugar de Emaús, que mencionan los Evangelios. Aunque se esforzó por llamar tan poco la atención como una cebolla o una patata, su capacidad para dirigir proyectos de construcción, así como su profunda espiritualidad, hicieron que fuera amada por las monjas compañeras suyas.

La «visionación», un punto intermedio entre la imaginación (la capacidad de formar una imagen en nuestra mente) y la clarividencia (la capacidad de ver lo que aún no existe), es verdaderamente un don de Dios. Los niños son agraciados con esta capacidad casi sin esfuerzo, pero como adultos permitimos a veces que se marchite por falta de uso y por el peso de las cuestiones prácticas.

Cuando sientas el susurro de la visionación diciéndote que las cosas podrían ser diferentes y que tú podrías marcar la diferencia, no lo hagas simplemente a un lado. Puede tratarse de uno de los santos tratando de despertar al niño que todavía vive en cada uno de nosotros.

¿Qué estoy visionando ahora mismo?

SÉ QUE PUEDO MARCAR UNA DIFERENCIA.

SAN ESTEBAN DE HUNGRÍA
975-1038

Conforme nos acercamos al año 2000, las especulaciones acerca del destino del planeta han de ir en aumento. Pese a que el tiempo y las fechas son invenciones puramente humanas (nadie despertó una mañana diciendo: «¡Bien, debe ser el año 0!»), atribuimos una cualidad casi mística al paso del 1999 al 2000. Algunas personas lo ven como la frontera del futuro, mientras que otras suponen que Cristo retornará y el mundo finalizará en esa fecha.

El milenarismo, con sus temores acerca del Armagedón y el fin de los tiempos, ya apareció antes (cuando los calendarios pasaban de los 999 a los 1000). En aquellos días, como ahora, la gente buscaba signos en los cielos. Para las gentes de Hungría, el coronamiento de San Esteban el día de Navidad del 1001 como primer rey de Hungría debe haber sido el heraldo de grandes promesas. Hombre de un profundo amor por la Iglesia y entregado al servicio de los pobres, Esteban es el patrono de su Hungría natal. Desgraciadamente, cuando su hijo fue muerto en un accidente de caza, la sucesión del trono se empañó y surgieron violentas disputas familiares.

Cuando todo el mundo alrededor nuestro se halla envuelto en especulaciones sobre el futuro, podemos a veces olvidar que nadie, ni siquiera los santos y los ángeles, saben cuándo concluirá el mundo. Podría terminar mañana mismo. O en el año 2000. O no suceder en los próximos 10.000 años. Dado que no podemos saber cuándo sucederá, debemos vivir cada día como si fuera el último, pues sólo cuando apreciamos la fragilidad de la vida podemos regocijarnos en su gloria.

¿Permito que las personas con predicciones de cataclismos trastornen mi paz mental?

CUIDARÉ DEL DÍA DE HOY, Y DEJARÉ QUE EL FUTURO CUIDE DE SÍ MISMO.

SAN ROQUE
1378

San Roque es uno de esos santos cuya vida está tan envuelta en la leyenda que es imposible separar los hechos de la ficción. Lo único que sabemos de seguro es que cuidó de los enfermos durante un estallido de peste. Una historia dice que además curó milagrosamente a las vacas; de aquí que se le reconozca como patrono del ganado.

El ganado son casi los únicos animales en tener su propio santo patrón, aunque los animales en general estén bajo el patronazgo de San Antonio Abad (no de San Francisco de Asís como suele pensarse). Quizá el ganado se singularice en cuanto al patronazgo porque es específicamente mencionado en el Génesis: «Dios hizo todo tipo de animales salvajes, todo tipo de ganado y todo tipo de cosas que se arrastran sobre la tierra» (Génesis 1:25).

Durante largo tiempo de nuestra historia hemos considerado los animales como un recurso. En años recientes, en cambio, hemos llegado a comprender que nosotros y los animales somos cohabitantes del mismo y frágil espacio. Cuando perturbamos su equilibrio, perturbamos también el nuestro.

El búho manchado del Pacífico noroeste ha sido acusado de ser el destructor de la industria de explotación forestal, y proclamado salvador del desierto. En verdad, no es ninguna de ambas cosas. El búho manchado, y todas las demás criaturas, son meramente parte de un ecosistema más grande que se inició cuando el mundo fue creado. Lo importante para nosotros es recordar que no sólo somos parte de ese sistema, sino que cuando fue creado, «Dios vio que era bueno» (Génesis 1:25). De nosotros depende asegurarnos que sigue siendo así.

¿Estoy haciendo mi parte por ayudar a mantener el mundo seguro para toda vida?

DOY GRACIAS A DIOS POR LA BONDAD DE TODA LA CREACIÓN, ESPECIALMENTE LOS ANIMALES.

SANTA ELENA

La fama espiritual de Santa Elena reside en el hecho de que se cree que descubrió la cruz de Jesús, pero podría ser la patrona de las primeras mujeres de las que se divorciaron sus esposos para casarse con mujeres más atractivas.

Hija de un posadero, Elena se casó con el general romano Constancio Cloro. Tras darle un hijo que se convertiría en Constantino el Grande, él se divorció de ella y se casó con Teodora, hijastra del emperador Maximiliano.

Aunque algunas cosas malas parecen suceder simplemente porque el mal existe en el mundo, muchas más cosas injustas y desgraciadas tienen lugar porque alguien, en algún momento, no prestó atención a la llamada de la conciencia. Constancio Cloro tenía que haber sabido que no era correcto abandonar a Elena, incluso si tenía la oportunidad de casarse con la hijastra de Maximiliano. Del mismo modo, muchas de las cosas malas que nos suceden son el resultado de alguien que ignora un impulso para hacer el bien, o cede a la tentación de hacer el mal. Por ejemplo, sales de una tienda y encuentras el lado derecho de tu coche abollado. La persona que lo golpeó pudo elegir: dejar una nota con su nombre y el de su compañía de seguros, o salir corriendo de allí antes de que lo detuvieran, en cuyo caso tendrás que hacerte cargo de una costosa factura de reparación.

Tenemos la responsabilidad de prestar atención cuando nuestra conciencia nos asalta. Cuando sabemos qué deberíamos hacer, pero dejamos de hacerlo, podemos estar creando dificultades innecesarias en la vida de otra persona.

¿Hay alguien a quien deba perdonar por haberme tratado injustamente?

PRESTO ATENCIÓN A LAS COSAS QUE HAGO... Y A LAS QUE NO HAGO.

SAN JUAN EUDES
1601-1680

San Juan Eudes fue el hijo mayor de una pareja de granjeros franceses. Aunque ellos querían que se casara, San Juan se unió a los Oratorianos y fue ordenado a los veinticuatro años. Durante los siguientes años trabajó como misionero parroquial. Luego, como se sintiera atraído a fundar seminarios, abandonó su comunidad y fundó una nueva llamada los Eudistas (Congregación de Jesús y María). No consiguió la aprobación papal, sin embargo, debido a su falta de prudencia y de tacto.

Algunas personas se crean trabajo de más. Si hay un modo fácil y rápido de hacer las cosas, y otro más difícil y estresante, parecen tender hacia el sendero más escarpado.

San Juan Eudes parece ser una de esas personas. Sin embargo, pese a su falta de planificación y de tacto, San Juan Eudes llevó el amor de Dios (así como ayuda material, por ejemplo, cobijo) a los escalones inferiores de la sociedad: prostitutas, víctimas de la peste, marginados. Cuando su plan para los Eudistas no funcionó como esperaba, fundó otra comunidad, las Hermanas de la Caridad de las Desechadas, con el específico propósito de ayudar a prostitutas que deseaban cambiar sus vidas.

San Juan pudo crearse trabajo de más en algunas ocasiones, pero su corazón siempre estuvo en el lugar correcto. A veces nos creamos trabajo de más por falta de planificación, preparación inapropiada y recursos inadecuados. Cuando nos vemos atrapados en tales situaciones, necesitamos detenernos, reevaluar y ver si quizá una de las razones por las que no estamos haciendo progreso alguno es la de que marchamos en la dirección incorrecta.

¿Hago alguna vez las cosas más difíciles de lo que lo tendrían que ser?

TENGO YA BASTANTE QUE HACER SIN NECESIDAD DE CREARME MÁS TRABAJO A MÍ MISMO.

SAN BERNARDO DE CLAIRVAUX
1090-1153

Cuando San Bernardo de Clairvaux se unió al monasterio fundado por San Esteban Harding, la norma era la de un estricto silencio. Sin embargo, pese a estar enclaustrado, Bernardo era constantemente consultado, tanto en persona como por carta. Con frustración, dijo: «¿Y dónde, pregunto yo, está el ocio, dónde la tranquilidad del silencio cuando uno está pensando, componiendo y escribiendo?... ¿Cómo puede la mente estar tranquila componiendo una carta, cuando hay el clamor de un torbellino de expresiones, y todo tipo de frases y diversidad de sentidos se empujan entre sí?... ¿Puedes decirme si hay algo de tranquilidad en todo esto? ¿Puedes llamar a esto silencio, incluso si los labios no se mueven?»

A menudo, cuando tratamos de escribir algo importante, experimentamos el mismo clamor y los mismos empujones de que habla San Bernardo. Recordamos que a nuestro mejor traje le falta un botón, que el gato necesita más comida y que no hemos regado las flores. Cuando más tratamos de dejar los pensamientos a un lado, más insistentes se vuelven. Tales distracciones ocurren no sólo cuando tratamos de escribir, sino en cualquier ocasión en que hemos de ejercitar la disciplina mental. Al leer un libro difícil o al aprender a hacer algo nuevo, a menudo somos extraviados por la seducción de nuestras propias maniobras mentales. Cuando eso sucede, nuestro mejor recurso es dejar que los pensamientos no deseados fluyan a través de nuestra mente pero no perturben nuestra paz mental. Pero, como señaló San Bernardo hace más de ochocientos años, eso resulta mucho más fácil de decir que de hacer.

¿Me distraigo con facilidad? ¿Cómo reacciono a las interrupciones mentales?

PIDO AYUDA A LOS SANTOS PARA APRENDER A ENFOCARME Y CONCENTRARME.

SAN PÍO X
1835-1914

¿En qué piensas cuando oyes la palabra *rutina*? ¿Monótona, aburrida y repetitiva? Ése, ciertamente, es un significado, pero la rutina puede significar también preparado y disciplinado, como la rutina de una danza bellamente coreografiada. También puede significar cotidiano, como la rutina de prepararse para ir a la cama. ¡Y a veces puede significar las tres cosas juntas!

San Pío X, que es recordado ante todo por alentar una Santa Comunión frecuente, y por reducir la edad de la Primera Comunión a los siete años de edad, también fomentó la lectura rutinaria de las Escrituras. De hecho, animaba a la lectura diaria de la Biblia como parte de su lema: «Renovad todas las cosas en Cristo.» Para promover una lectura más regular de las Escrituras, puso en marcha una comisión que revisase y corrigiese el texto oficial de la Biblia utilizado por la Iglesia, además de establecer el Instituto Bíblico de estudio de las Escrituras.

Hacerse al hábito de leer obras espirituales elevadoras como la Biblia, requiere preparación, disciplina y regularidad. En primer lugar, hemos de preparar nuestras mentes y nuestros corazones. En segundo lugar, hemos de ser disciplinados. Lo más fácil es que pasemos de todo tipo de ejercicios, y la lectura espiritual es decididamente un ejercicio mental. Finalmente, debemos ser constantes. Si sólo practicamos de vez en cuando, nuestro aprendizaje también será inconstante. Dicho en pocas palabras, si queremos hacer algún progreso espiritual concreto habremos de establecer una *rutina*.

¿Tengo algún tipo de rutina para la lectura espiritual regular? ¿Qué libros espiritualmente elevadores quisiera leer a lo largo del próximo año?

HAGO TIEMPO CADA DÍA PARA LEER ALGO QUE FORTALEZCA MI FE Y RENUEVE MI ESPÍRITU.

BEATO ISIDORO BAKANJA

1885-1909

Si el Beato Isidoro Bakanja hubiese maldecido al hombre que le golpeó a muerte con una faja de piel de elefante llena de clavos, habría sido comprensible. Por contra, incluso mientras yacía moribundo por la enorme infección resultante de sus heridas no tratadas, dijo: «Ciertamente, oraré por él. Cuando esté en el cielo, oraré mucho por él.»

El Beato Isidoro era miembro de la tribu Boangi, en lo que entonces constituía el Congo Belga. Convertido al cristianismo, fue azotado por rehusar quitarse el escapulario. Aunque los azotes tuvieron lugar en febrero, subsistió durante cerca de seis meses, padeciendo un intenso dolor por las heridas abiertas y emponzoñadas que cubrían su espalda. Cuando finalmente se buscó tratamiento médico, era ya demasiado tarde.

Cuando alguien nos hiere, deseamos venganza, no la oportunidad de practicar el perdón. Sin embargo, por darle un nuevo giro a un viejo dicho, el tiempo cura todas las heridas. Todo el mundo obtiene su merecido tarde o temprano. Si no sucede en esta vida, será en la siguiente. Ésa es una de las leyes inmutables del universo. Ninguna buena acción queda sin recompensa, y ninguna acción malvada queda sin castigo. Cuando entendemos que no tenemos por qué ser juez, jurado y ejecutor de todo el que nos hiere, quedamos libres para dejar la venganza al Señor. Podría no venir de la manera que nos hubiera gustado, y probablemente no vendrá en el marco de tiempo que preferiríamos, pero *vendrá*.

¿Alguna vez he urdido vengarme de alguien? ¿Fue el resultado tan dulce como esperaba, o fue decepcionante?

NO GASTO MI TIEMPO O ENERGÍA TRATANDO DE HERIR A QUIENES ME HIEREN.

SANTA ROSA DE LIMA
1586-1617

Primer santo canonizado de las Américas, Santa Rosa de Lima deseaba entrar en un convento, pero sus padres querían casarla. Tras años de disputa, se alcanzó un acuerdo: Rosa se unió a la Tercera Orden de Santo Domingo y vistió el hábito blanco y el velo negro de monja, pero vivió en casa.

Hacer las paces con nuestros padres es una de las tareas fundamentales de nuestro crecimiento. Pocos de nosotros alcanzamos la edad adulta sin experimentar algún conflicto con nuestros padres. Aprender a separarnos y establecer nuestra propia identidad y autoestima es nuestra parte de la ecuación. Aprender a dejar partir y permitir que los niños se conviertan en personas independientes es la parte de nuestros padres.

Como dice Hodding Carter: «Sólo hay dos legados duraderos que podamos tener la confianza de dar a nuestros hijos. Uno son las raíces; el otro, las alas.» Tanto raíces como alas son esenciales si hemos de convertirnos en seres humanos integrados, completos y sanos, que se relacionan con sus padres como adultos. Incluso si nuestros padres ya no viven, podemos todavía hacer las paces con ellos perdonándoles las heridas, reales e imaginarias, que nos causaron y pidiéndoles que nos perdonen por las heridas, reales e imaginarias, que les causamos.

Los padres de Santa Rosa no siempre entendieron por qué su bella hija rechazaba toda sugerencia de matrimonio. Santa Rosa no entendía por qué sus padres no podían aceptar su total dedicación a Dios. Pero en favor de ambos debe decirse que, finalmente, permitieron a Rosa mantener sus raíces en el traspatio mientras sus alas la conducían hacia el cielo.

¿He hecho las paces con mis padres? ¿Hay todavía áreas de conflicto irresueltas sobre las que pudiera trabajar?

———————————

COMPRENDO QUE MIS PADRES NO FUERON PERFECTOS, PERO TAMBIÉN COMPRENDO QUE YO MISMO NO SOY PERFECTO.

SANTA JUANA ANTIDA THOURET
1765-1826

Es santo mostrarse modesto acerca de nuestros logros, pero un exceso de modestia puede ser un fallo tan grande como muy poca. Cuando Santa Juana Antida Thouret fue preguntada por la encargada de las novicias del convento al que se unía lo que podía hacer, Santa Juana dijo: «Nada.» La encargada de las novicias replicó: «Siempre estás diciendo que no puedes hacer nada; debes decir que puedes hacerlo todo, pues haces bien todo lo que se te encomienda.»

Como se trata de un santa, es probable que Juana Antida Thouret estuviera siendo honesta al no alegar ningún talento especial, pero a veces puede suceder que si no nos damos crédito a nosotros mismos no sea porque creamos que no merecemos alabanza alguna, sino porque estemos secretamente anhelando elogios. Aunque no haya nada de malo en querer oír que hemos hecho un buen trabajo, presentarnos de tal manera que podamos parecer humildes al tiempo que somos alabados resulta engañoso. Es mucho mejor aceptar sinceramente la alabanza original con un «gracias» simple y sincero, que practicar la falsa modestia bajo el disfraz del autodesprecio.

Aunque necesitemos concedernos crédito por nuestras capacidades, necesitamos también reconocer nuestros fallos. Cuando adoptamos un punto de vista negativo de nuestros talentos y capacidades, destruimos nuestro sentido de autoestima. Podemos también ser culpables de una sobrestima. Si constantemente estamos alardeando, corremos el riesgo de volvernos egocéntricos y egoístas. Los santos nos recuerdan hacer nuestras tareas lo mejor que sepamos y dejar que los cumplidos y las críticas sigan su camino.

¿Qué me resulta más fácil aceptar: los cumplidos o las críticas?

RECONOZCO MIS CAPACIDADES, PERO NI ALARDEO DE ELLAS NI LAS EMPEQUEÑEZCO.

SAN LUIS
1214-1270

Si tuviéramos que elegir una palabra para describir al rey Luis IX de Francia, podría ser la de «justo». Durante su reinado prohibió la usura, comenzó un sistema de juicio con testigos en vez de batallas para determinar el veredicto, e instituyó los archivos escritos de la corte. Una vez en que tres niños fueron colgados por un conde por cazar conejos en sus tierras, el rey Luis ordenó que fuera juzgado por jueces ordinarios, no por otros nobles. Los jueces condenaron a muerte al conde. El rey Luis, que era tan compasivo como justo, conmutó la sentencia por la de una enorme multa, que hizo perder al conde la mayor parte de sus posesiones. El rey entregó entonces todas esas riquezas a la caridad.

Aunque «justicia» y «juzgar» deriven ambas de la palabra latina que significa ley, tienen significados bastante diferentes. Justicia deriva del latín *justitia*, que significa recto, mientras que juzgar proviene de las palabras latinas *jus* (ley) y *dicere* (decir). Cuando juzgas, estás literalmente «diciendo la ley». No hay lugar para la misericordia o las circunstancias mitigantes. Cuando ejerces la justicia, tomas decisiones correctas, basadas no en la letra de la ley sino en su espíritu.

El rey Luis fue conocido por su justicia, no por su juicio. Incluso cuando el juicio pudiera demandar la represalia más dura, como la muerte del conde, la justicia puede permitir la misericordia. Como el rey Luis, necesitamos saber cuándo se requiere el juicio... y cuándo debería prevalecer la justicia.

¿Qué palabra utilizaría para describirme a mí mismo? ¿Qué palabra escogerían los demás?

SÉ QUE SIEMPRE PUEDO CONFIAR EN LA JUSTICIA DIVINA ATEMPERADA POR LA MISERICORDIA.

SANTA ISABEL BICHIER DES AGES
1773-1838

Construir castillos de arena se emplea a veces como metáfora de la pérdida de tiempo. Después de todo, por mucha energía y preocupación que quieras poner en su construcción, serán barridos por la siguiente marea. Aparte de entretener a los niños, los castillos de arena no sirven para ningún propósito útil, ¿o sí?

Creámoslo o no, construir castillos de arena puede ser una de las cosas más importantes que hagamos en esta vida. Los castillos de arena no pueden ser comercializados o vendidos. No pueden conservarse. Lo único que puedes hacer con un castillo de arena es saborear el momento. ¿No es a eso a lo que todos somos llamados, a saborear el momento? Este momento, esta rebanada de la realidad, es todo lo que tenemos. Podemos recordar el pasado con fruición y prever el futuro con ansiedad, pero el único momento que podemos disfrutar es el aquí y ahora.

Más aún, los castillos de arena se construyen con las sustancias que tenemos a mano. Un castillo de arena no lo planeamos. Dejamos que evolucione, añadiendo un poco más de arena por aquí, una pluma de gaviota por allá, una concha encima. Similarmente, las mejores partes de nuestras vidas son a menudo las que no tratamos de controlar, sino meramente dejar que se desplieguen como debieran. Finalmente, los castillos de arena son tan sólo diversión, y todos podríamos emplear algo más de diversión en nuestras vidas.

¿Qué tiene todo esto que ver con Santa Isabel Bichier des Ages, la fundadora de las Hermanas de San Andrés? Es simple: su juego favorito cuando niña era construir castillos de arena.

¿Creo que necesito ser siempre productivo?

NO SIEMPRE NECESITO TENER UN MOTIVO PARA LO QUE HAGO. A VECES SIMPLEMENTE PUEDO DIVERTIRME.

SANTA MÓNICA
332-387

Él trazó un círculo que me dejaba fuera.
Herético, rebelde, burlón.
Pero el Amor y yo teníamos el ingenio preciso para vencer
Y trazamos un círculo que lo incluyó.

El poema de Edwin Markham «Más listos» podría fácilmente describir la relación entre Santa Mónica y su hijo San Agustín. Aunque Agustín fue educado como cristiano, nunca fue bautizado. De joven, vivió con su concubina, que tuvo un hijo suyo, pero para consternación de su madre él no tenía interés en casarse.

A lo largo de los años, ella oró, ayunó, engatusó, imploró y suplicó a su hijo que cambiase su modo de ser. Fue tan insistente que su director espiritual finalmente le dijo: «Con seguridad que el hijo de tantas lágrimas no ha de perecer.»

Como cabría esperar, Agustín no llevaba bien el importunio de su madre. Una vez que partía para Roma desde su hogar en el Norte de África, mintió acerca del momento de partir y marchó sin que lo supiera su madre. Sin embargo, subestimó a Mónica. Ella cogió otro barco y lo siguió. De hecho, ella siguió los pasos de Agustín hasta que finalmente éste se convirtió. Por muchos círculos que él trazó para dejarla fuera, ella fue igual de rápida en trazar otro círculo de amor más grande que le volvía a incluir.

Mis círculos, ¿son incluyentes o excluyentes? ¿Hay alguien a quien debería estar incluyendo pero a quien, por haberme excluido a mí, estoy cerrando las puertas?

¡ES CIERTO! EL AMOR Y YO TENEMOS EL INGENIO PRECISO PARA VENCER.

SAN AGUSTÍN
354-430

¿Alguna vez has tenido un sueño en el que resolvías todos tus problemas? En tu sueño te decías a ti mismo: ¡Ahora entiendo! ¡Ahora todo tiene sentido! Tal vez incluso te hayas levantado lo bastante como para garabatear unas pocas notas en la oscuridad a fin de estar seguro de recordar todos los detalles. Luego, al despertarte por la mañana, todo se había ido. Tus notas son un galimatías, el balbuceo de un alma borracha de sueño. Lo único que te queda es la obsesionante sensación de que una vez conociste los secretos de la vida.

San Agustín, sin duda una de las mayores influencias de la enseñanza de la Iglesia primitiva, tenía algo similar que decir acerca de sondear los misterios de Dios. «Si has entendido», escribió, «entonces lo que has entendido no es Dios».

Podemos conocer a Dios, podemos amar a Dios, pero nunca podremos entender plenamente a Dios. En el Libro de Job, éste anhelaba comprender las acciones de Dios. Finalmente, la respuesta llegó del torbellino. Sólo que no era una respuesta en absoluto. «¿Dónde te hallabas tú cuando puse los cimientos de la tierra?... ¿Quién le dio sus medidas, si es que lo sabes?... ¿Quién puso su piedra angular mientras las estrellas de la mañana cantaban a coro...?» (Job 38:4-7). Aunque la respuesta de Dios a Job no fueran más que preguntas, Job finalmente comprendió. Dios no puede ser reducido a una serie de respuestas inmediatas. Deseamos respuestas, pero Dios desea hablar acerca de las Pléyades, los caballos salvajes y las fuentes del granizo. Queremos un mapa de carreteras, pero Dios nos entrega en cambio una partitura musical.

¿Me siento frustrado cuando no puedo darle sentido a la vida?

ESTOY DISPUESTO A ACEPTAR EL HECHO DE QUE NO TODAS MIS RESPUESTAS SERÁN RESPONDIDAS.

MADRE TERESA DE CALCUTA

Nacida el 27 de agosto de 1910

Cuando Agnes Gonxha Bejaxhiu entró en la Orden de las Hermanas de Nuestra Señora de Loreto, creía que iba a ser profesora. Lo fue durante dieciocho años, hasta que recibió «una llamada dentro de una llamada» para que dejara la seguridad de su convento y fuera a trabajar con los pobres y moribundos en los tugurios de Calcuta. Poco sabía la antaño profesora que estaba empezando la obra de su vida. Una obra que la presentaría al mundo como la Madre Teresa.

Cuando recibió la inspiración de cambiar su vida, la Madre Teresa tuvo el coraje y la sabiduría de obedecer, incluso si ello significaba volver patas arriba su mundo confortable y ordenado. Aunque pocos de nosotros vayamos a recibir una llamada al cambio tan espectacular como la de la Madre Teresa, todos recibimos a diario mensajes divinos. Estos mensajes nos piden que sacudamos nuestras rutinas establecidas y busquemos nuevos modos de llevar amor y cuidado a la vida de quienes nos rodean.

A veces la llamada llega como un heraldo de clarines, otras veces es un susurro en el viento. Pero cuando estemos verdaderamente escuchando, siempre oiremos y reconoceremos la voz de Dios urgiéndonos a hacer cambios que son alimento para la vida.

¿Qué respuesta doy cuando recibo un codazo divino? ¿Cómo reacciono cuando Dios me pide que expanda los límites de mi zona de confort?

HOY ESCUCHARÉ LA LLAMADA DE DIOS, SABIENDO QUE DIOS NUNCA ME PEDIRÁ MÁS DE LO QUE SOY CAPAZ DE DAR.

SAN PAMAQUIO
410

San Pamaquio y San Jerónimo eran, si no exactamente amigos, al menos buenos conocidos, pues Pamaquio estaba casado con la hija de uno de los mayores amigos de Jerónimo. Las diferencias entre ambos son llamativas. San Pamaquio fue un senador romano, y presumiblemente un hombre felizmente casado. San Jerónimo fue un asceta célibe. San Pamaquio edificó un hospicio en el que atendió personalmente a los peregrinos que venían a Roma. San Jerónimo fue un ermitaño que vivió en una cueva. San Pamaquio fue franco; San Jerónimo, malhumorado y autoritario.

Ambos hombres no podrían ser más diferentes, sin embargo, ambos llegaron a santos. De todas las lecciones que ofrecen los santos, una de las mayores es la de su variedad. Cuanto más sabemos acerca de ellos, más comprendemos que la variedad es el alma de la santidad.

Todos necesitamos un poco de variedad en la vida. Mañana, en vez de hacer lo mismo de siempre, revoluciona lo ordinario. Toma una taza de té en vez de café. Sigue una ruta diferente hacia tu trabajo. Oye una emisora de flamenco si normalmente escuchas rock.

Una vez que salgas de tus patrones y hábitos acostumbrados, descubrirás todo un nuevo mundo que nunca supiste que existía. Personas que nunca habrías visto viajando por una ruta diferente. Canciones que nunca habrías oído si no hubieses cambiado de emisora. Gustos, olores y vistas que nunca habrías experimentado. Así que hoy, «santifica» tu vida con un poco de variedad.

Si pudiera tener hoy una aventura, ¿qué haría? ¿Adónde iría? ¿Con quién la compartiría?

NO ME PERMITIRÉ A MÍ MISMO SER TAN ACOMODATICIO QUE ME VUELVA COMPLACIENTE.

SAN AIDANO

651

¿Qué haces cuando recibes un regalo que no te gusta? Si eres como la mayoría, lo arrumbas en un cajón hasta haber pasado un tiempo respetable, y luego lo entregas a la caridad.

San Aidano hizo lo mismo, sólo que él entregó inmediatamente los regalos que el rey y sus amigos le habían concedido. Nacido en Irlanda, Aidano estaba más interesado en ayudar a los pobres que en adular a los nobles.

Los regalos que recibimos en la vida (tanto materiales como espirituales) son como un arroyo que corre por nuestras vidas. Nos son dadas buenas cosas para nuestro uso, pero al igual que un arroyo de curso libre, debemos dejarlas pasar a través de nuestras vidas una vez que hemos acabado con ellas.

Demasiado a menudo, sin embargo, tratamos de embalsar el arroyo. Deseamos mantener las cosas buenas en nuestro propio estanque privado. El problema de convertir los arroyos en estanques es que anegan toda la vida de alrededor. Al principio las riberas únicamente llegan un poco más arriba, pero finalmente empiezan a lamer las raíces de los árboles y a crecer por encima de los arbustos. Pronto, lo que era un pequeño arroyo es un lago crecido que lo mantiene todo sumergido en varios kilómetros a la redonda. Y más aún, el pequeño arroyo ha desaparecido. Ya no fluye hacia fuera, e incluso el punto de avenida queda oculto bajo el agua en constante crecimiento. No es sino hasta que abrimos las compuertas del egoísmo y la codicia que puede al agua empezar a fluir de nuevo, de vuelta a nuestras vidas y a las vidas de otros.

¿Estoy dispuesto a compartir gratuitamente los regalos que me han sido dados gratuitamente?

HOY ME DESHARÉ DE ALGO QUE UNA VEZ ATESORÉ PERO QUE YA NO UTILIZO.

BEATA BEATRIZ DA SILVA
1424-1490

¿Alguna vez te has visto atrapado en una situación que se encuentra más allá de tu control? A la Beata Beatriz da Silva le sucedió. Vivaz muchacha en la corte de la princesa Isabel de Portugal, fue arrojada a prisión durante tres días debido a un falso rumor.

A veces nos vemos arrojados a prisiones figuradas debido a situaciones que consideramos más allá de nuestro control: un mal matrimonio, una adicción, un trabajo que hemos de concluir antes de determinada fecha. Cuando miramos alrededor, sólo vemos barrotes y barricadas. Nos sentimos atrapados en nuestras prisiones, encadenados por la falta de esperanza y por la ira. Una reacción natural es la de volvernos descorazonados y deprimidos. Otra es la de hacernos cargo de la situación y decidir atrapar la primera oportunidad que tengamos de efectuar algunos cambios. Eso es lo que hizo la Beata Beatriz. Una vez que salió de prisión, abandonó la corte y finalmente fundó la Congregación de la Inmaculada Concepción de la Beata Virgen María.

No es fácil hacer cambios radicales, especialmente cuando involucran a otra gente. Pero a veces el único camino de salida es pasando por en medio. La Beata Beatriz había sido criada en la corte. No tuvo que serle fácil dejar atrás sus amigos y su familia, pero ella comprendió que por difícil que pudiera ser partir, aún más difícil sería permanecer.

Todos nosotros encaramos situaciones en las que cualquier opción es dolorosa. En momentos así sólo disponemos de un recurso viable: pedir la sabiduría de hacer la elección correcta, y luego usar lo mejor posible la información que tenemos.

¿Me siento atrapado ahora mismo? ¿Qué he hecho para llevar a cabo los cambios que necesito hacer?

REHÚSO ACEPTAR LAS LIMITACIONES QUE OTROS COLOCAN SOBRE MÍ.

BEATO ANDRÉS GRASSET DE SAN SALVADOR

1758-1792

La mayoría de las veces, cuando pensamos en los misioneros o en los mártires, pensamos en alguien que va de un país establecido más antiguamente hacia otro más joven y menos desarrollado. El Beato Andrés Grasset de San Salvador nació en Montreal, Canadá, pero murió mártir en París durante la Revolución Francesa. Su padre había servido como secretario del gobernador de Nueva Francia, pero la familia había retornado a Francia, donde el Beato Andrés fue ordenado sacerdote. El desasosiego creció en Francia hasta que el 2 de septiembre de 1792 una turba invadió un monasterio carmelita que había sido convertido en prisión, y donde se mantenía encerrado al Beato Andrés junto con otros 187 sacerdotes y tres obispos. Cuando los prisioneros rehusaron jurar lealtad a una iglesia cismática que no reconocía al Papa, fueron matados todos.

El Beato Andrés no podía haber sospechado cuando abandonó Montreal de niño que un día se vería envuelto en un tumulto político que le obligaría a elegir entre el gobierno y su fe. Y, sin embargo, eso es lo que sucedió. Cuando nos embarcamos en una nueva dirección a menudo no sospechamos qué elecciones tendremos que afrontar. Lo único que podemos hacer es confiar en que si hemos tomado nuestras anteriores decisiones en buena fe y buena conciencia, entonces, suceda lo que suceda, todo ha de desenvolverse como debiera.

¿Alguna vez he tenido que elegir entre mis lealtades política y espiritual? Cuando he de hacer una elección entre ser políticamente correcto y ser espiritualmente correcto, ¿qué hago?

ESCOJO EL SENDERO CORRECTO, NO EL SENDERO DE MENOR RESISTENCIA.

SAN GREGORIO EL GRANDE
¿540?-604

San Gregorio el Grande era un agudo observador de la naturaleza humana. ¿Quién no reconoce la verdad contenida en la afirmación: «Quienes tropiezan en terreno llano, deberían evitar acercarse a un precipicio»? O la claridad de recordar a la gente que es más fácil abandonar las posesiones que cambiar nuestro corazón, pues «renunciar a lo que uno tiene no es sino algo menor, pero renunciar a lo que uno es, eso es mucho pedir».

Recientemente, el nombre de Gregorio ha vuelto a ser conocido popularmente de nuevo por la edición de una grabación de canto gregoriano interpretado por unos monjes españoles que fue éxito de ventas. Irónicamente, aunque sabemos que San Gregorio reformó la liturgia de la Iglesia durante su reinado como papa, no estamos seguros de hasta dónde es realmente responsable de la reforma de la música que porta su nombre.

No obstante, el canto gregoriano ha vuelto, tras haber sido relegado a oscuros monasterios por varios cientos de años. El renovado atractivo de esta música de siglos de existencia ha asombrado a los expertos de la industria. (¡Lo que no les ha impedido sacar buen provecho de ello!) ¿Qué tiene el canto que puede atraer incluso a una audiencia moderna educada en el rock and roll?

La respuesta puede residir en el canto mismo. El canto gregoriano es una forma de canto sagrado que puede tener sus raíces en la música antigua de las sinagogas judías. Cuando se ejecuta correctamente, es cantado sin acompañamiento. El canto gregoriano no es el único tipo de canto (el ambrosiano, por ejemplo, es otro), pero sí el más conocido. Una vez que hayas oído el canto, nunca lo olvidarás. Y lo amarás o lo odiarás.

¿Alguna vez rechazo algo simplemente porque es viejo?

ESTOY DISPUESTO A BUSCAR NUEVAS IDEAS EN EL PASADO.

SANTA ROSA DE VITERBO
1235-1252

Santa Rosa de Viterbo nunca debió oír el dicho de que los niños están para verlos pero no para oírlos. A los doce años de edad empezó a hablar públicamente en contra del excomulgado emperador Federico, que había tomado su aldea de Viterbo. Fue tan insistente en sus arengas que consiguió que desterraran a toda su familia. Cuando Federico finalmente murió, volvieron, y Rosa trató de entrar en el convento de Santa María de las Rosas, pero no fue aceptada. Continuó viviendo en su casa hasta fallecer, cuando contaba diecisiete años.

Si alguna vez has estado con niños por un tiempo, sabrás que ellos dicen exactamente lo que tienen en mente. Aunque nosotros, como adultos, sabemos que a veces es necesario un poco de tacto, decir lo que pretendemos y pretender lo que decimos es una buena regla a adoptar. Cuando somos directos en nuestro discurso, es más difícil que seamos malinterpretados. Por supuesto, nunca tenemos licencia para ser rudos, pero podemos ser sinceros. Cuando se nos pide nuestra opinión, podemos darla. Cuando vemos un error, podemos señalarlo. Y a la inversa, cuando encontramos algo positivo, tenemos la misma obligación de extender nuestra alabanza y gratitud.

Santa Rosa se sintió agraviada cuando Federico II trató de conquistar los estados pontificados. Aunque ella tenía derecho (y quizás incluso la obligación) a hablar, no fue sensata al poner en peligro a su familia. Su ejemplo es tanto un estímulo para señalar las injusticias cuando las vemos como una advertencia de tener cuidado sobre cómo lo hacemos.

¿Soy tan sincero en mi habla como lo soy en mis acciones?

DIGO LO QUE PRETENDO Y PRETENDO LO QUE DIGO.

SAN LORENZO GIUSTINIANI
1381-1455

Últimamente, en vez de hacer verdaderos regalos, mucha gente está enviando cheques. Las razones citadas son las de que resulta más fácil, y que quien lo recibe puede escoger el regalo exacto que desea. Aunque resulte más fácil y *puedas* elegir exactamente lo que quieres, algo vital se pierde cuando el regalar se reduce a un intercambio monetario.

Digan los demás lo que digan, ver un cheque con tu nombre sobre él no es lo mismo que abrir un regalo elegido contigo en mente. Incluso si el regalo no es de algo que te guste particularmente, el hecho de que alguien se tomó el tiempo y la energía de seleccionarlo por ti, lo imbuye de significado. Incluso si cobras el cheque y compras algo que deseas, se convierte en un regalo que te haces a ti mismo, no en un regalo que te fue dado. Y, por supuesto, el dinero puede ser engullido por las necesidades de la vida. Si andas escaso de fondos, es más probable que el cheque de regalo vaya a parar al pago del alquiler que a un ramo de flores, cualquiera que fuera la intención de quien te lo dio.

San Lorenzo Giustiniani comprendía la importancia de dar auténticos regalos, no simplemente dinero. Voluntariamente daba alimentos y ropa a todos los que lo pedían, pero se mostraba reticente a entregar dinero porque sabía que éste tiene la facultad de evaporarse en las cosas erróneas.

Hacer auténticos regalos puede suponernos mayor trabajo, pero también es algo que se halla más en el espíritu del acto de regalar real.

¿Cómo me siento cuando recibo un regalo que sé que fue elegido
precisamente para mí?

HAGO REGALOS POR AMOR, NO POR OBLIGACIÓN.

BEATO BARTOLO LONGO
1841-1926

La historia del Patito Feo es famosa casi universalmente. Sabemos lo que es sentirse poco atractivos y fuera de lugar. La mayoría de nosotros abrigamos secretamente la idea de que quizá, después de todo, resultemos ser un cisne.

El Beato Bartolo Longo deseaba establecer la devoción al rosario en el valle donde había existido la antigua ciudad de Pompeya. Todos sus intentos por interesar a sus habitantes fracasaron. Tuvo entonces la idea de llevar hasta dicha área una imagen de Nuestra Señora del Rosario, pero la única imagen que pudo encontrar era muy mala. No le ayudó mucho el que la única forma que tuvo de hacérsela enviar fuera en un vagón de estiércol.

La condesa Mariana de Fusco, amiga (y posteriormente esposa) del Beato Bartolo, creyó que el cuadro era tan horrible que dijo: «Debe haber sido pintado a propósito para destruir la devoción a Nuestra Señora.» Sin embargo, una vez restaurado, se convirtió en el foco de numerosas peregrinaciones y el centro de un importante santuario de Nuestra Señora del Rosario.

¿Qué hay en tu vida que parezca arrugado y de lamentable aspecto? ¿Qué te hace sentirte no deseado y falto de atractivo? El Beato Bartolo (y el Patito Feo) miraron, más allá de lo externo, al potencial de lo interno. No importa cómo te sientas en este mismo momento; tienes un potencial enorme. El ejemplo del Beato Bartolo nos enseña que con fe, optimismo (y un poco de trabajo duro) todas las cosas pueden ser hechas como nuevas.

¿Me es difícil ver mi propia valía? ¿Estoy inseguro cuando se trata de evaluar mi propio potencial?

DESDE HOY, CONSIDERARÉ LAS COSAS QUE ME HACEN SENTIRME COMO UN PATITO FEO Y EMPEZARÉ A CAMBIARLAS.

SAN CLODOALDO

¿524?-560

San Clodoaldo era descendiente del rey Clovis. Criado por su abuela Clotilda, vio matar a sus dos hermanos en una conjura por hacerse con el reino. Sólo él pudo escapar, convirtiéndose en ermitaño y pasando el resto de su vida en el retiro.

Dicha en pocas palabras, ésa es la historia de la vida de San Clodoaldo. Pero con seguridad que hay más en ella. Siempre lo hay. En los obituarios, las vidas de las personas son reducidas a una lista de hechos. Toda un vida se reduce a un párrafo. Lo que falta en los obituarios (y en los pocos hechos que sabemos acerca de San Clodoaldo) es la personalidad, esas cualidades distintivas que nos hacen ser quienes somos.

Toda criatura viviente tiene su personalidad. Podemos ciertamente verla en nuestros animales domésticos, pero la gente que pasa su tiempo con animales salvajes, incluyendo tortugas, peces y reptiles, afirman que también éstos exhiben cualidades propias y únicas. Es como si la personalidad fuese grabada en toda criatura creada alguna vez (incluyendo los seres humanos).

Aunque no hay por qué tener un control total sobre todas las facetas de nuestra personalidad, necesitamos tener algún control sobre algunos de los rasgos que exhibimos. Por ejemplo, si somos solemnes por naturaleza, no tenemos por qué actuar de forma taciturna y malhumorada todo el tiempo. Podemos cultivar nuestras cualidades más atractivas y escardar las que lo son menos. Luego, cuando se escriba la historia de de nuestra vida, se podrá indicar algo más que los simples hechos desnudos de nuestra existencia.

¿Cómo describiría mi personalidad? ¿Qué es lo que más me gusta de mí mismo? ¿Qué es lo que menos me gusta?

HOY DARÉ GRACIAS POR TODAS ESAS COSAS QUE ME HACEN SER QUIEN SOY.

SAN ADRIANO

c. 306

Las primeras vidas de santos dicen que San Adriano, oficial del ejército romano, fue conmovido de tal manera por la paciencia de los cristianos a quienes perseguía que él mismo se convirtió al cristianismo y fue martirizado. Tras su muerte, sus reliquias fueron llevadas primero a Constantinopla, luego a Roma y finalmente a Flandes.

Las reliquias son uno de los aspectos más interesantes de los santos. Por definición, una reliquia de primera clase es una parte del cuerpo del santo, por ejemplo, un trocito de hueso; una reliquia de segunda clase es algo con lo que se ha tocado al santo o su tumba.

Descritas tan metódicamente, las reliquias suenan algo morbosas, pero, de hecho, la mayoría de nosotros guardamos reliquias de quienes amamos. Es sólo que nosotros no les llamamos reliquias. ¿Tienes el anillo de tu abuela? Entonces posees una reliquia de segunda clase. ¿Conservas una flor del ramo nupcial de tu hermana? Entonces estás atesorando una reliquia de tercera clase. Si alguien a quien amabas fue cremado y tienes la urna, puedes incluso tener una reliquia de primera clase.

Nuestras reliquias nos ayudan a recordar a las personas que amamos incluso después de muertas. Son un modo de recordarnos nuestra conexión aquí en la Tierra y de alentarnos en la esperanza de la reunión en los cielos. Lo mismo exactamente sucede con las reliquias de los santos. Nos ayudan a recordar nuestra esperanza de que algún día también nosotros nos encontraremos cara a cara.

¿Qué reliquias atesoro?

HOY MIRARÉ ALGO QUE PERTENECIÓ A ALGUIEN AMADO Y RECORDARÉ A ESA PERSONA EN ORACIÓN.

SAN PEDRO CLAVER
1581-1654

Cuando se trata de aprender algo nuevo, el mostrar vence siempre al contar. Por ejemplo, la cocina. Oír una conferencia sobre cómo se hacen los soufflés no es lo mismo que estar en la cocina con alguien mostrándote el aspecto que debe tener la mezcla.

Mostrar, no contar, pudo haber sido el lema vital de San Pedro Claver. Nacido en España, estudió con los jesuitas y pidió ser enviado a las Indias Occidentales. En lugar de eso, acabó en Cartagena, ciudad de la actual Colombia y uno de los principales centros de comercio de esclavos del Nuevo Mundo. Allí trabajó incesantemente como sacerdote para los esclavos recién llegados de Angola y el Congo destinados a los mercados. Aunque se calcula que bautizó más de trescientos mil esclavos durante sus cuarenta años de trabajo, sabía que las palabras solas son insuficientes. «Debemos hablarles con nuestras manos, antes de tratar de hablarles con nuestros labios», dijo. Con ese fin, les proporcionaba alimentos, medicina y ropa antes de empezar a enseñarles el Evangelio.

San Pedro Claver ejemplifica el viejo dicho de que las acciones hablan más alto que las palabras. Podemos hablar interminablemente acerca de Dios, la santidad y el progreso espiritual, pero si no practicamos lo que predicamos, nadie nos escuchará. Santiago fue quien mejor lo dijo: «¿Qué utilidad tiene que... alguno de vosotros diga... Id en paz, calentaos y quitad el hambre, y si no da lo que es necesario para el cuerpo?, ¿de qué sirve eso?» (Santiago 2:16).

¿Qué he hecho hoy para ayudar a alguien menos afortunado?

DEJO QUE MIS ACCIONES HABLEN MÁS ALTO QUE MIS PALABRAS.

SAN NICOLÁS DE TOLENTINO

1245-1305

Este San Nicolás no es el San Nicolás asociado con Santa Claus. Este San Nicolás fue hijo de una pareja que no tenía niños, y que oró al *otro* San Nicolás pidiendo un hijo. Este San Nicolás entró en los frailes agustinos y pasó el resto de su vida predicando y haciendo de sacerdote para la gente de Tolentino, donde vivió treinta años.

Una de las muchas cosas que hizo fue predicar en las calles. Como entonces las cosas eran diferentes, no se encontró con la burla que probablemente encontraría hoy, sino que, de hecho, tuvo gran éxito. Usó un método adecuado para sus tiempos; de haber vivido hoy, habría indudablemente utilizado un método de comunicación más adecuado a la tecnología de hoy en día.

Ser capaces de comunicarse es esencial en la sociedad actual, tan acelerada. Una de las razones por las que San Nicolás tuvo tanto éxito fue por su contacto directo con la gente a la que quería acceder. A veces, bajo el disfraz de ser eficientes, usamos técnicas modernas para aislarnos más. Nos ocultamos detrás de nuestras pantallas de ordenador y nuestro correo sonoro sin salir nunca realmente a hablar con los demás. Pero cuando usamos la tecnología como un modo de evitar el contacto, perdemos de vista una de las realidades fundamentales de la vida: necesitamos a la otra gente. Si queremos tener relaciones profundas y llenas de significado, hemos de tener un contacto de la vida real, no sólo una apariencia de intimidad a través de la tecnología. Necesitamos el contacto humano para seguir siendo humanos.

¿Uso alguna vez la tecnología como modo de evitar la intimidad?

———————————

ME TOMO TIEMPO PARA ESTAR CON MIS AMIGOS EN LA REALIDAD VERDADERA.

SAN PAFNUTIO

¿350?

Entre las torturas que San Pafnutio sufrió bajo las persecuciones del emperador Maximino estuvo la de ser cegado de un ojo. Pese a ello, se dio a conocer por su defensa de la fe, y fue una figura prominente en el Concilio de Nicea del año 325

Perder la visión física es una tragedia, pero perder la visión espiritual es aún peor. Cuando somos espiritualmente ciegos, no podemos ver la verdad, incluso cuando nos es presentada. Más específicamente, cuando somos ciegos espiritualmente, no podemos ver la verdad acerca de nosotros mismos. Podemos exagerar nuestras faltas, o sobrestimar nuestras virtudes. Ambas partes de la visión son esenciales. Aunque sea importante subrayar nuestras buenas cualidades, los santos indican que es igualmente importante reconocer nuestras cualidades no tan excelentes.

En este momento del año, en que las hojas están cambiando de color y el círculo de las estaciones está próximo a cerrarse, hagamos inventario mental de nuestras vidas. Consideremos las cosas que hemos logrado, pero no olvidemos examinar nuestros defectos. Hagamos una consideración valiente de esos momentos en los que no hemos vivido a la altura de nuestro potencial. Reconozcamos tanto nuestros vicios como nuestras virtudes, jurando eliminar los primeros y cultivar las últimas.

Si tuviera que hacer la lista de mis mejores cualidades, ¿cuál sería la primera? ¿Qué cosa querría cambiar en mí?

COMO ROBERT BURNS, PIDO: «¡OH, PODER OMNIPENETRANTE, DANOS EL DON DE QUE NOS VEAMOS A NOSOTROS MISMOS TAL COMO OTROS NOS VEN!»

SAN GUY DE ANDERLECHT

1012

Cantidades ingentes de dinero se gastan cada día en billetes de lotería. Cuando el bote alcanza proporciones escalofriantes, llegan a gastarse millones. No importa que las probabilidades de no ganar sean astronómicas; la idea de que quizá una particular serie de números traiga la riqueza es suficiente para mantener floreciente el negocio de la lotería.

La mayoría de nosotros no dejaríamos pasar una oportunidad de hacernos ricos rápidamente. Tampoco lo hizo San Guy de Anderlecht. Sacristán de la iglesia de Nuestra Señora en Laeken, cerca de Bruselas, en el siglo once, invirtió todos sus ahorros en el proyecto de un cargamento por barco. El barco se hundió y con él toda la inversión de San Guy. Habiendo abandonado su trabajo como sacristán, quedó sin un duro y sin trabajo.

Resulta divertido pensar qué haríamos si de repente nos volviéramos ricos, pero como nos demuestra el ejemplo de San Guy, es necio gastar más de lo que podemos permitirnos perder. Aunque pocos santos obtendrían trabajo como asesores financieros (la mayoría estaban inclinados a darlo todo), saben algo acerca de las inversiones: invertir en la eternidad.

Si deseamos ser verdaderamente ricos, necesitamos acumular tesoros capaces de durar. La riqueza que los santos nos animan a buscar consiste en las virtudes de bondad, paz, amabilidad, paciencia, control de uno mismo, fidelidad, delicadeza y amor. Cuando invirtamos en estas empresas, podremos estar seguros de que nuestros barcos no sólo arribarán siempre a puerto, sino que además vendrán sobrecargados de beneficios.

¿En qué empleo más tiempo, en pensar en mi futuro financiero, o en pensar en mi futuro espiritual?

PREFERIRÍA INVERTIR EN TESOROS ETERNOS QUE EN RIQUEZAS TERRESTRES.

SAN JUAN CRISÓSTOMO

347-407

No hay nada como pinchar una conciencia culpable para que una persona se sienta ofendida. Cuando tu conciencia te incomoda, de repente todo comentario parece ir dirigido directamente hacia ti.

La emperatriz Eudoxia debía tener una conciencia culpable porque cuando San Juan Crisóstomo predicó contra la vanidad y el derroche entre las mujeres de la corte e hizo comparaciones con la tristemente famosa Jezabel, Eudoxia (y otra serie de personas) supuso que se refería a ella. Como muchas personas con conciencia culpable, Eudoxia imaginó que el modo más fácil de quitarse de encima los pinchazos era eliminando la persona que tenía la aguja. Dispuso el modo de eliminar a San Juan Crisóstomo; éste murió mientras viajaba hacia el Mar Negro.

¿Qué haces cuando tu conciencia te incomoda? ¿Tratas de ignorarla o le prestas atención? A veces pensamos que el único propósito de la conciencia es el de hacernos sentir culpables, pero, en realidad, una conciencia es nuestra guía interna que nos aleja del peligro y nos dirige a la seguridad. Es un poco como las luces de advertencia en el salpicadero del coche. Cuando la gasolina disminuye o baja la presión del aceite, se enciende una luz para alertarte. Del mismo modo, tu conciencia trata de alertarte cuando estás tomando decisiones que no son convenientes para ti. Trata de enviarte una advertencia cuando te mueves en direcciones dañinas a tu crecimiento y desarrollo espiritual, de modo que puedas pararte a tiempo para tomar una decisión mejor y más productiva.

¿Me está pinchando la conciencia ahora mismo?

PRESTO ATENCIÓN CUANDO VEO UNA LUZ AMARILLA ESPIRITUAL.

SANTA NOTBURGA

c. 1313

En ciertos restaurantes de Nueva York o Los Ángeles puedes ser servido por un aspirante a actor o actriz. Si ellos tienen suerte, y tú buena memoria, algún día podrías incluso ser capaz de decir que te sirvió la ensalada el ganador de un premio de la Academia. El conde Enrique de Rattenberg podría ir aún más lejos. Fue servido por una santa.

Santa Notburga fue sirvienta de cocina del conde. Uno de sus actos de caridad era coger los restos y entregarlos a los pobres. La mujer del conde insistió en que, en vez de ello, alimentase a los cerdos. Notburga obedeció, por un tiempo; luego imaginó que los pobres necesitaban los restos más que los cerdos. Cuando la condesa descubrió que sus órdenes habían sido ignoradas, expulsó a Notburga. Sin embargo, la historia tiene una final feliz (al menos para Notburga). La condesa murió, el conde se volvió a casar y volvió a contratar a Notburga. También le permitió que volviese a alimentar a los pobres.

Nunca sabemos cuándo nos encontraremos con un santo. Dicho en pocas palabras, un santo es alguien que se encuentra actualmente en el cielo. La principal diferencia entre un santo con «S» mayúscula y el resto de quienes están en el cielo es que los primeros han sido reconocidos oficialmente por la Iglesia. Pero ello no significa que la persona que te sirve a la mesa no sea un santo. Sólo significa que aún no está en el cielo.

Si supiera que alguien es un santo, ¿trataría a esa persona de forma diferente a como ahora lo hago?

TRATO A TODO EL MUNDO COMO SI FUERA UN FUTURO SANTO.

SANTA CATALINA DE GÉNOVA
1447-1510

No es justo, pero la gente bella obtiene trato preferencial. Cuando a los profesores se les enseñan las fotos de los estudiantes junto con una lista de títulos, atribuyen los mejores títulos a los estudiantes más atractivos. En las entrevistas de trabajo, los pretendientes más atractivos sacan mejor puntuación que otros de apariencia más ordinaria.

Santa Catalina de Génova fue una belleza del siglo quince. También era inteligente, sensible y religiosa. Decididamente, el tipo de persona que te encanta odiar. A veces nos volvemos envidiosos de gente como Santa Catalina que parecen tenerlo todo. Sólo vemos su perfección física y sus excelentes cualidades, y suponemos que ellas y sus vidas son perfectas. Comparamos su abundancia con nuestras carencias y comenzamos a sentir grandes oleadas de celos y envidia.

La envidia es uno de los pecados más destructivos. No por casualidad es uno de los siete pecados llamados capitales. La envidia es un cáncer del alma. Devora nuestra paz al tiempo que desea el mal para la otra persona. Desea lo que no podemos tener, y más aún que eso, no quiere que nadie más lo tenga.

El único modo de superar la envidia es comprender que ni nada, ni nadie, es perfecto, ni siquiera un santo. Aunque poseía muchas virtudes, se dice que Catalina carecía de humor e ingenio. Más aún, su marido fue un manirroto infiel y malhumorado. Cuando comprendemos que las cualidades que envidiamos vienen en el mismo paquete que otros rasgos que no desearíamos, resulta más sencillo quedar satisfechos con lo que tenemos.

Cuando me siento envidioso, ¿es de atributos físicos como la belleza, o intangibles como la inteligencia?

NO CAMBIARÍA MI LUGAR POR EL DE NADIE.

SAN CORNELIO

En tiempo de las persecuciones romanas, algunos cristianos primitivos renunciaron a su fe. Muchos de nosotros, teniendo que escoger entre los leones y un juramento al emperador, habríamos hecho lo mismo. Sin embargo, cuando las persecuciones finalizaron, algunos que habían abandonado la Iglesia quisieron volver.

Algunos cargos de la Iglesia creían que cualquier que hubiera negado la fe estaba de mala suerte. Si te sales una vez, es para siempre, sostenían. Otros creían que a quienes habían abandonado se les debía permitir volver, aunque sólo tras ardua penitencia. Aún habían otros que creían que debía acogerse de vuelta a todo el mundo sin hacer preguntas.

San Cornelio fue Papa durante este periodo de gran controversia. Las cosas se caldearon tanto finalmente que convino un sínodo, el cual determinó que quienes habían saltado del barco, por así decirlo, podrían volver a bordo a través de los medios usuales del sacramento de la penitencia.

En cierto sentido, San Cornelio es el santo de las segundas oportunidades. Dado que todos cometemos errores, todos necesitamos una segunda oportunidad alguna vez en nuestra vida. Metemos la pata hasta el fondo, y no podemos hacer ya otra cosa sino decir que lo sentimos y pedir perdón. Aunque los otros seres humanos puedan no siempre estar tan predispuestos, Dios siempre está dispuesto a recibirnos de nuevo. La única cosa capaz de separarnos del amor de Dios es nuestra propia obstinación y nuestro rehúse a pedir perdón.

¿Alguna vez he hecho algo que consideré tan malo como para que Dios no pudiera perdonarme nunca? ¿He pedido perdón?

HOY DIRÉ A DIOS QUE SIENTO HABER HECHO TODAS LAS COSAS QUE HICE Y QUE NO DEBÍ HABER HECHO, ASÍ COMO TODAS LAS COSAS QUE NO HICE Y QUE DEBÍ HABER HECHO.

SANTA HILDEGARDA DE BINGEN
1098-1179

Santa Hildegarda de Bingen fue una de las grandes místicas de la Edad Media. Sus escritos inspiraron incluso a santos tan influyentes como Bernardo de Clairvaux. También edificó un nuevo monasterio para su creciente comunidad de monjas (con agua corriente), mantuvo correspondencia con el Papa, aconsejó no sólo a laicos sino también a sacerdotes, escribió numerosas cartas, compuso himnos y dramas sagrados, y aún le quedó tiempo para escribir lo esencial de sus veintiséis visiones simbólicas que trataban de las relaciones entre Dios y la humanidad. Oh, sí, además viajó mucho a lo largo de Alemania.

Santa Hildegarda, obviamente, era creativa, llena de energía y muy atareada. El atareamiento podría haber sido una virtud para Santa Hildegarda, pero hoy en día es casi un vicio. Estamos tan acostumbrados a colmar nuestra vida de actividades, que llegamos a creer que hemos de hacer al menos dos cosas al mismo tiempo para ser capaces de llegar a algo.

Hoy, tómate un respiro del atareamiento de la vida. Arroja fuera todos los debiera, tengo que, he de; junto con ellos, arroja fuera la culpabilidad que te dice que no estás haciendo lo suficiente. Estás consiguiendo exactamente lo que necesitas conseguir. Si no llegas a hacer todo lo que planeaste, quizá es que planeaste demasiado. Simplemente por hoy, haz menos en vez de más. La vida es demasiado corta para gastarla en el atareamiento.

¿Trato de hacer demasiado en demasiado poco tiempo? ¿Me siento culpable cuando no estoy ocupado?

HOY HARÉ AL MENOS UNA COSA CON LA QUE DISFRUTE SIN PENSAR QUE DEBERÍA ESTAR HACIENDO CON MI TIEMPO ALGO MÁS CONSTRUCTIVO.

SAN JUAN MACÍAS

1585-1645

Cuando estamos solos, necesitamos recordar que nunca estamos solos. María, todos los santos y todos los ángeles están siempre con nosotros. Para San Juan Macías, hermano dominico, los santos eran en verdad compañeros reales. De niño pequeño, cuidando ovejas en su España natal, se dice que fue visitado a menudo por San Juan Evangelista, así como por María y Cristo niño.

Cuando llegamos a conocer a los santos, pronto comprendemos que pueden también ser nuestros compañeros. Aunque no podamos verlos realmente (y, para ser sinceros, podríamos no querer ver nunca *realmente* un santo), podemos sentir su presencia en nuestros corazones y en nuestras mentes. Cuando tenemos preguntas o preocupaciones, podemos acudir a ellos como lo haríamos con cualquier otro amigo.

Los santos no entrarán en nuestra vida sin invitación. Ellos nos aguardan. Si nunca llegamos a conocer a los santos, probablemente sea porque no hemos tomado la inicitiva de intentar conocerlos.

¿No es a menudo así? Conocemos a alguien, pero, por temor al rechazo o por inseguridad, no tomamos la iniciativa de aproximarnos. Imaginamos que no estarían interesados o que pensarían que somos impulsivos, de modo que no hacemos esa llamada de teléfono ni formulamos esa invitación. Cuando te niegas a ti mismo la oportunidad de acercarte, ¿quién está perdiendo realmente?

¿Me resulta fácil o difícil, dar los primeros pasos de una amistad?

HOY HARÉ UN NUEVO AMIGO (QUIZÁ INCLUSO ENTRE LOS SANTOS).

SANTA EMILIA DE RODAT
1787-1852

Un consejo de santidad es coger nuestra cruz de cada día. ¿Qué significa eso? ¿Quiere decir que hemos de buscar modos de sufrir?

Algunos de los santos buscaron deliberadamente el sufrimiento. Se castigaron a sí mismos con crueles penitencias, a veces incluso quebrantando su salud en ese proceso. Métodos tan extraordinarios no son necesarios, sin embargo. La mayoría de nosotros tenemos suficientes cruces que cargar sin necesidad de salir a buscar otras adicionales. De hecho, las cruces más difíciles suelen ser cosas pequeñas.

Santa Emilia de Rodat, fundadora de la Congregación de la Santa Familia de Villefrance, padeció zumbidos en los oídos, pólipos de nariz y cáncer de ojo. Ninguna de sus dolencias fue fatal, pero todas resultaron difíciles de soportar. Cerca del final de su vida, dejó la administración de sus conventos a su sucesora, diciendo que ya no le quedaba otra cosa que hacer sino sufrir.

Cuando hemos de soportar el malestar y la mala salud, puede suceder una de estas dos cosas. O nos volvemos irritables y malhumorados, convirtiéndonos en un dolor para nosotros mismos y para todos los que nos rodean. O podemos coger nuestra cruz y usar nuestro malestar como un modo de crecer espiritualmente. Cuando hacemos esto último, usamos nuestras cruces como campo de pruebas para virtudes como la paciencia y la paz mental. Soportar zumbidos en los oídos puede no parecer tan espectacular como convertirse en mártir, pero a veces puede ser igual de difícil.

¿Hay alguna cruz que pueda coger ahora mismo?

ACEPTO EL SUFRIMIENTO QUE ME VIENE COMO PARTE DE MI ENTRENAMIENTO ESPIRITUAL.

SAN ANDRÉS KIM TAEGON Y COMPAÑEROS

1839-1846 y 1862-1867

La ceremonia de canonización de San Andrés Kim y sus 102 compañeros coreanos fue la primera ceremonia de canonización en tener lugar fuera de Roma desde hacía más de setecientos años. Los mártires eran representativos de los más de diez mil cristianos muertos en Corea por su fe cristiana. San Andrés Kim, primer sacerdote nativo de Corea, fue decapitado en 1846. No fue sino hasta 1882, sin embargo, cuando la persecución religiosa finalizó formalmente en Corea.

La libertad de escoger nuestras creencias religiosas sin coacción alguna es parte de nuestros derechos de nacimiento. A través del don del libre albedrío, Dios le permite a cada uno de nosotros que haga sus propias elecciones. A veces tomamos decisiones que nos alejan de Dios, y a veces hacemos elecciones que nos acercan a Él, pero el derecho a escoger es siempre nuestro.

Hacer elecciones puede a veces ser difícil. Todos apreciamos la posibilidad de elegir, pero lo bueno en exceso ya no es tan bueno. Por ejemplo, vas a comprar una camiseta y te enfrentas, literalmente, a un montón detrás de otro de posibilidades de elección. Color. Tejido. Precio. Estilo. Las posibilidades parecen tan ilimitadas, que puedes verte tentado a no tratar siquiera de clasificarlas.

Lo mismo puede pasar con la religión. Si estás en proceso de tomar una decisión, no te dejes llevar por la retórica bella o los edificios de lujo. En cambio, pide a Dios la gracia y sabiduría de reconocer la verdad cuando la veas. Luego pide el valor para actuar.

¿Encuentro fácil o difícil hacer elecciones?

HAGO MIS PROPIAS ELECCIONES, PERO NO LAS FUERZO SOBRE NADIE.

SAN MATEO
SIGLO PRIMERO

A nadie le gustan los impuestos. Mirando nuestro primer pago, podemos quejarnos de que el gobierno se lleva más que nosotros. Aunque eso no sea del todo cierto, a menudo nos parece que el gobierno se lleva de nuestros ingresos más de lo que es justo.

En la Palestina del siglo primero, a veces el gobierno (o más exactamente, el recaudador gubernamental de impuestos) sacaba algo más que la parte que justamente le correspondía. Cualquier cosa que el recaudador pudiera sacar por encima de los impuestos oficiales era para él. ¿Cuánto apuestas que bajo un sistema así un recaudador de impuestos honrado tiene que haber sido tan raro como un pingüino volando?

San Mateo era uno de esos despreciados recaudadores de impuestos. Entonces se encontró con Jesús y todo cambió. Jesús dijo: «Sígueme», y Mateo lo hizo. Abandonó su trabajo, su fortuna y sus amigos. La tradición dice que el recaudador de impuestos se convirtió en un santo que padeció una muerte de mártir en Etiopía.

Pocas cosas son tan inevitables en la vida como los impuestos. Como afirma el dicho, las únicas cosas seguras son la muerte y los impuestos. Pero los impuestos no se limitan a los fondos que pagamos al gobierno para mantenerlo en funcionamiento. A veces nos exigimos pesados tributos a nosotros mismos. Cuando nos hacemos pagar una y otra vez por algún error, cuando esperamos la perfección, cuando no estamos dispuestos a perdonar nuestros fallos, pagamos, por el hecho de ser humanos, un impuesto más alto de lo que nadie espera, ni siquiera Dios. Todos tenemos un precio que pagar por ser humanos, pero no tenemos por qué volvernos autoextorsionistas, esperando de nosotros mismos más de lo que podamos pagar.

¿Soy más duro conmigo mismo de lo que necesito serlo?

SI ESTOY SIENDO DEMASIADO SEVERO CONMIGO MISMO, ALIGERARÉ LA PRESIÓN.

SANTO TOMÁS DE VILLANUEVA

1487-1555

¿Alguna vez tienes la sensación de que tu vida ha ocurrido más o menos por accidente? Santo Tomás de Villanueva, arzobispo de Valencia en el siglo dieciséis, se hizo arzobispo totalmente por accidente. Debido a un error clerical, se puso en la lista de nominación el nombre de Santo Tomás en vez del de otro religioso.

A veces parece como si fuéramos víctimas de algún tipo de error clerical de orden celestial. Sólo cuando miramos nuestra vida hacia atrás comprendemos que estamos exactamente en el lugar en que teníamos que haber estado. Como arzobispo, Santo Tomás llevó a cabo muchos actos de caridad, de los cuales no fue el menor procurar que ninguna muchacha pobre se casara sin dote. Para todas esas chicas a las que ayudó, Santo Tomás estuvo decididamente en el lugar correcto en el momento correcto.

Si descubres que estás en algún lugar donde nunca esperaste estar, antes de quejarte echa un vistazo a tu alrededor. ¿Hay alguien que necesita tu ayuda a quien pudieras no haber advertido de haber estado en otro lugar?

Cuando el emperador (que en esos días tenía el derecho a nombrar arzobispos) descubrió que se había cometido un error nominando a Santo Tomás, lo dejó estar, diciendo que debía haber sucedido por una «providencia particular de Dios». Santo Tomás no se hallaba entusiasmado por el curso de los acontecimientos, pero aceptó y se convirtió en un prelado estrella. No tenemos por qué entusiasmarnos cuando la vida nos coloca donde no queremos estar, pero, como Santo Tomás, siempre podemos extraer un bien de una mala situación.

¿Dónde creí que estaría en este momento de mi vida?

HARÉ EL BIEN, ESTÉ DONDE ESTÉ.

SAN ADAMNANO
¿624?-704

¿Has visto alguna vez en televisión uno de esos programas de aventuras en vivo y en directo? Quizá alguien está escalando por un acantilado escarpado y, a través del ojo de la cámara, lo acompañas por el precipicio centímetro a centímetro. O quizá un buceador esté rodeado por grandes tiburones blancos y, nuevamente gracias a la cámara, tú te hallas a pocos centímetros de esas mandíbulas letales.

Si te maravilla el coraje de la persona que realiza la hazaña, ¿qué hay de la persona que filma? A fin de que puedas compartir la aventura, ha de haber un operador de cámara colgando por el acantilado o tentando a los tiburones en las profundidades mismas junto al aventurero. Como no vemos a los operadores de las cámaras, tendemos a olvidar su presencia. Sin ellos, no obstante, nunca seríamos capaces de compartir ninguna de esas aventuras.

San Adamnano fue un operador de cámara, por así decirlo. San Columba, un monje familiar suyo, era famoso para cuando Adamnano entró en el monasterio de Iona. Adamnano escribió *Vida de Santa Columba*, una de las primeras y más completas vidas de santos escritas en la Edad Media, y registró la historia del peregrinaje a Jerusalén del obispo Arculf (aunque lo más lejos que Adamnano llegara nunca de su Irlanda natal fue para un par de viajes a Inglaterra).

¿Cuál es nuestro papel en la vida? ¿Eres el aventurero o el operador de la cámara? Afortunadamente, ambos tienen importantes contribuciones que hacer al mundo. La clave, como dice la Madre Teresa, reside, «no en lo que estamos haciendo o en cuánto estamos haciendo, sino en cuánto amor estamos poniendo en hacer el trabajo que se nos ha confiado».

¿Estoy contento con mi papel?, ¿quisiera cambiarlo, o cambiarme yo?

PIDO PROTECCIÓN PARA TODOS LOS QUE HAN DE ARRIESGAR HOY SUS VIDAS.

SAN GERARDO
1046

San Gerardo, primer obispo de Canadá, fue tutor de Emerico, hijo de San Esteban de Hungría. Tras la muerte de Esteban, San Gerardo dejó de tener la protección real. Fue martirizado cerca del Danubio por algunos de los antiguos enemigos de Esteban.

Entre las virtudes de Gerardo se encontraba el cuidado con que llevaba a cabo todas las ceremonias sagradas. Una de las razones por las que resultaba tan fastidioso era su creencia de que necesitamos la ayuda de nuestros sentidos a fin de aumentar nuestra devoción. En otras palabras, entendió la tremenda influencia que nuestro entorno puede ejercer sobre nuestro estado mental.

Aparentemente, San Gerardo sabía en su interior lo que la investigación ha venido a probar. No es por casualidad que se decoren los hospitales con colores suaves y relajantes, o los edificios de preescolar con colores brillantes y primarios. No es simple coincidencia que a menudo se planten árboles y flores a lo largo de calles de mucho movimiento. Y no es simplemente por casualidad que nos sintamos más confortables cuando estamos rodeados por nuestros propios tesoros familiares.

Los espacios íntimos en los que vivimos, trabajamos, comemos, dormimos y jugamos son todos parte de nuestro entorno. No tenemos, sin embargo, por qué aceptar ningún viejo entorno. Si el espacio en el que estamos viviendo y trabajando no satisface nuestras necesidades, podemos dar pasos positivos para crear una atmósfera más adecuada. Justo ahora, echa un vistazo alrededor. ¿Qué dice tu entorno acerca de ti? ¿Cómo te hace sentirte? Si no está satisfaciendo tus necesidades, tienes derecho a cambiarlo.

¿Reflejan los colores y los objetos de mi entorno mi propia personalidad y necesidades? Cuando la gente viene a mi hogar o a mi oficina, ¿se hacen una idea de quién soy?

ESCOJO CON CUIDADO LOS OBJETOS DE MI ENTORNO.

SANTOS COSME Y DAMIÁN

¿303?

Algunos santos han sido venerados durante casi toda la historia de la cristiandad, pese a que prácticamente no se conozca nada acerca de ellos. Cosme y Damián son dos de esos misteriosos héroes de la fe. Lo único que sabemos de seguro es que sus nombres están registrados en la Oración Eucarística de la Misa. La leyenda, sin embargo, sostiene que fueron hermanos gemelos que practicaron la medicina en Siria. Médicos competentes, fueron llamados los desadinerados, pues no cobraban por sus servicios. Quizá ese simple milagro sea suficiente para mantener su recuerdo durante más de seiscientos años.

Si tienes un talento o habilidad particular, ¿alguna vez lo regalas, o siempre esperas ser pagado por tus servicios? A veces perdemos de vista el hecho de que nuestros talentos y habilidades nos han sido dados no para acumular tesoros terrenales, sino para el bien de toda la humanidad.

Pero trabajé duro para tener lo que tengo, podrías objetar, y creer que mereces ser pagado por tu trabajo. Eso es cierto y nadie, ni siquiera los santos, diría que *has* de regalarlo todo. Pero dar no es una obligación; es un modo de decir gracias por todo lo que tienes. Como dice el evangelio de Mateo: «Libremente recibisteis, libremente dad» (Mateo 10:8). Cuando damos, no sólo bendecimos a los demás, sino que también reconocemos el hecho de que nosotros hemos sido bendecidos.

¿Cómo reacciono cuando alguien me pide un consejo o unos servicios gratuitos?

ALGUNA VEZ, PRONTO, CUANDO SE ME PIDA QUE HAGA ALGO POR LO QUE NORMALMENTE SOY PAGADO, LO HARÉ GRATIS.

SANTA TERESA COUDERC

1805-1885

El lema de Santa Teresa Couderc pudo haber sido: «Si no puedes decir algo bonito, entonces no digas nada en absoluto.» Bien sabe el cielo que tuvo suficientes motivos para hablar en su defensa. No sólo fue aislada de la comunidad de monjas que había fundado, debido a falsas alegaciones sobre su salud y capacidades, sino que fue obligada a hacer el trabajo manual más duro de la comunidad a lo largo de trece años. Durante ese tiempo, nunca respondió a sus acusadores sino que, en cambio, hizo lo que se le pidió con paciencia e indulgencia. Al final de su vida, su aguante fue recompensado cuando fue restaurada a la comunidad y reconocida públicamente como su fundadora.

Algunas personas no han aprendido a mantener sus bocas cerradas. Sus cerebros parecen estar unidos directamente a sus lenguas. Escupen cualquier cosa que irrumpe en sus cabezas, sin apenas consideración de las consecuencias. Aprender a gobernar nuestra lengua puede ser una de las lecciones más difíciles que cualquiera de nosotros tenga que aprender. Nuestra lengua nos mete en más problemas que ninguna otra parte de nuestro cuerpo. «Por grandes que sean (los barcos) ... son dirigidos por timones muy pequeños en cualquier curso que el impulso del piloto pueda decidir. La lengua es algo así. Es un miembro pequeño, pero con grandes pretensiones», dice Santiago. Si podemos aprender a mentener nuestra boca cerrada cuando nuestras palabras serían dañinas o perjudiciales, habremos avanzado un largo camino en el aprendizaje del control de nosotros mismos y la autodisciplina que todos deseamos tener.

¿Me cuesta controlar mi lengua? ¿Uso alguna vez mi lengua como un arma?

SIMPLEMENTE POR EL DÍA DE HOY, SEGUIRÉ EL EJEMPLO DE SANTA TERESA COUDERC, Y NO DIRÉ NADA SALVO QUE SEA POSITIVO.

SAN VICENTE DE PAÚL
1580-1660

Una de las mejores cosas que podamos decir de nuestros amigos es que conocen nuestras faltas pero nos quieren de todos modos. San Vicente de Paúl, de quien recibe su nombre la Sociedad de San Vicente de Paúl, tenía amigos en todos los estratos de la sociedad, desde los esclavos de galera hasta el Rey Luis XIII. Sin embargo, su naturaleza era, por decirlo francamente, malhumorada. Él dice que fue sólo por su intensa vida de oración y de profunda entrega a su fe como pudo superar sus tendencias naturales a la hosquedad y la cólera. Aparentemente tuvo éxito, pues fue muy querido en su tiempo, y nombrado santo patrón de las obras de caridad por el papa León XIII.

Aunque el mal humor pueda ser una parte de nuestras tendencias naturales, más a menudo es el resultado del descuido de uno mismo y del exceso de trabajo. Cuando no nos tomamos tiempo para recargar nuestras baterías emocionales y espirituales, nos volvemos irritables y malhumorados. Cosas que podríamos minimizar si nuestras defensas fuesen más fuertes, se convierten de pronto en afrentas personales. Nos sentimos ofendidos cuando no se aludía a nadie, y recriminamos a quienes más nos importan.

¡Si descubres que todos y todo están volviéndote gruñón, no empieces a hacer exigencias para prepararte a luchar o salir corriendo! Más bien hazte a ti mismo algunas preguntas duras. ¿Recibes el descanso y el ejercicio suficientes? ¿Estás trabajando demasiado tiempo y demasiado duramente sin tomarte un respiro? ¿Estás comiendo correctamente? Si eres sincero contigo mismo, probablemente descubras dónde reside el verdadero problema.

Cuando estoy malhumorado, ¿culpo a los demás o miro a ver si la falta podría ser mía?

PUEDO NO SER CAPAZ DE CONTROLAR MIS SENTIMIENTOS, PERO PUEDO CONTROLAR MIS ACCIONES.

SAN WENCESLAO DE BOHEMIA

¿907?-929

El buen rey Wenceslao miró afuera, en la fiesta de Esteban.
Y la nieve de alrededor estaba fría, lisa y crujiente.

Gran número de personas han cantado ese villancico durante años sin comprender que fue escrito acerca de un rey real y un santo real.

San Wenceslao de Bohemia fue uno de los dos hijos del rey y la reina de Bohemia. Cuando su padre fue muerto en batalla, su santa abuela Ludmilla se encargó de su educación, mientras gobernaba su madre que no era cristiana. A fin de impedirle que ayudara a Wenceslao a subir al trono, su madre hizo estrangular a Ludmilla. No obstante, otros vinieron en su ayuda y se convirtió en rey a los quince años de edad. Durante su corto reinado (sólo siete años) fue bien conocido por sus obras de misericordia y caridad. De aquí el famoso villancico navideño de que llevaba carne, vino y jamones a los campesinos el día de San Esteban, el 26 de diciembre.

Cuando tuvo un hijo, su hermano Boleslao, que siempre había estado resentido con él, y que ahora veía perdida toda esperanza de convertirse en rey en favor del heredero evidente, invitó a Wenceslao a un banquete en la fiesta de los Santos Cosme y Damián. Al día siguiente, cuando Wenceslao iba a misa, su hermano le atacó. Los amigos de Boleslao se unieron a la refriega y mataron a Wenceslao a la puerta de la capilla. Murió pidiendo a Dios que perdonase a su hermano.

Cuando pienso en los santos como personajes reales de la historia,
¿cambia eso lo que siento respecto de ellos?

HOY DIRÉ UNA ORACIÓN POR TODOS LOS GOBERNANTES LOCALES
Y NACIONALES.

SAN MIGUEL, SAN GABRIEL Y SAN RAFAEL

¿Cuál es la diferencia entre los santos y los ángeles? Podríamos citar varias, incluyendo el hecho de que los ángeles son espíritus puros mientras que los santos son criaturas de carne y hueso. Pero está el caso de Miguel, Gabriel y Rafael, tres ángeles que son venerados a la vez como ángeles y como santos.

La palabra *ángel* viene del griego y significa «mensajero», y en verdad la mayoría de los relatos de ángeles que aparecen en las Sagradas Escrituras los retratan como mensajeros. Los ángeles acompañaron a Moisés mientras dividía el Mar Rojo, y visitaron a Daniel en la guarida del león. También anunciaron el nacimiento de Cristo a los pastores y animaron a Jesús en el huerto de Getsemaní antes de su muerte. Se espera que vengan al final de los tiempos para separar a los malvados de los justos.

Mucho de lo que creemos acerca de los ángeles proviene de los escritos de Santo Tomás de Aquino, que es denominado el Doctor Angélico. Entre otras cosas, Aquino dice que cada ángel se halla «en su propio orden en el universo, más grande que una estrella». En otras palabras, los ángeles son un poco como los copos de nieve; no hay dos iguales.

Lo que sabemos (o no sabemos) acerca de los ángeles es resumido mejor por Aquino: «Casi instintivamente, deseamos saber más acerca de ellos, no sólo porque pueden hacer tanto a favor o en contra nuestra, sino porque están todos tan próximos a nosotros y a nuestra vida... No estamos en modo alguno tan sólos como imaginamos, cualquiera que sea la hora o el lugar.»

¿Qué es lo que me atrae más de los ángeles?

PIDO A LOS ÁNGELES QUE ME TRAIGAN LOS MENSAJES QUE DIOS QUIERE QUE RECIBA HOY.

SAN JERÓNIMO
¿342?-420

San Jerónimo tiene fama de haber sido malhumorado, lo que, en verdad, fue. Más conocido por su traducción de la Biblia, fue el prototipo de asceta. Ayunaba durante semanas, oraba sin cesar y constantemente se recriminaba a sí mismo sus propios fallos. Era igual de severo en sus consejos para educar una hija virtuosa, diciendo que debería aprender a hacer sus propias ropas (pero nunca bonitas), y sugiriendo que debería pasar todo el día en la lectura, la oración y el trabajo. «Si eres solícito, tu hija no será mordida por una víbora, cuánto menos que sea dañada por todo el veneno de la tierra», escribe.

San Jerónimo no es una persona cálida y amable. Quisquilloso y desagradable, su retórica y estilo suenan demasiado rígidos y didácticos a la mayoría de los oídos modernos. Por lo que concierne a los santos, es como un puerco espín malhumorado que ha quedado atrapado en una conejera. Sin embargo, es honrado como santo, y en ello reside su lección. Si San Jerónimo pudo llegar al cielo a pesar de sus faltas, nosotros también.

El cielo no está poblado por gente perfecta; está lleno de gente ordinaria que trató de amar a Dios y servir a la humanidad lo mejor que supo. Es cierto que algunos hicieron su trabajo mejor que otros. Aunque San Jerónimo no fuera la más agradable de las personas, imagina lo que habría sido si no hubiese tratado de cambiar.

Cuando nos sentimos desanimados o hundidos por nuestro fracaso en superar malos hábitos, recordemos que la recompensa del cielo no proviene de nuestro éxito, sino de nuestra lucha.

¿Sobre qué malos hábitos estoy trabajando en este mismo momento?

INCLUSO CUANDO SÓLO ESTOY INTENTÁNDOLO, LO INTENTO LO MEJOR QUE PUEDO.

SANTA TERESA DE LISIEUX

1873-1897

Imagínate la escena. Te encuentras sentado en una capilla apenas iluminada. Los cirios lucen vacilantes sobre el altar y el suave murmullo de las voces que rezan el rosario te envuelve. En la tranquilidad, decides concentrarte por completo en las oraciones. Elevas tu corazón... e inmediatamente te duermes. Si puedes identificarte con este cuadro, también lo haría Santa Teresa de Lisieux, más conocida como la Pequeña Flor.

Santa Teresa entró en un monasterio carmelita a la edad de quince años, tras implorar al papa León XIII que le concediese permiso. Vivió la vida tranquila y sin pretensiones de una monja enclaustrada hasta su muerte, a la edad de veinticuatro años, víctima de la tuberculosis. Es sólo después de su muerte que su extraordinaria santidad fue revelada.

Aunque Santa Teresa fuera una santa, también era muy humana. Amaba a la Virgen María, pero le disgustaba rezar el rosario. Era una gran mística, pero odiaba los retiros. Es un modelo de santidad, pero a menudo se quedaba dormida durante el rezo comunitario.

A veces, cuando oramos o meditamos, especialmente de noche, también nosotros nos quedamos dormidos. Aunque podamos sentir apuro o enfado cuando eso nos sucede, Santa Teresa dijo que puesto que los padres aman a sus hijos estén despiertos o dormidos, también Dios nos ama incluso cuando caemos dormidos mientras rezamos.

Una idea encantadora es la de que si no podemos acabar nuestras preces, no tenemos que preocuparnos. Nuestro ángel guardián las acabará por nosotros. Incluso si no es así, ninguna oración es acabada verdaderamente, pues la oración es una conversación ininterrumpida con Dios. Si nos tomamos un pequeño respiro de vez en cuando, no hay problema. Dios seguirá aguardando cuando despertemos.

¿Cuándo me resulta más fácil orar?

CREO QUE DIOS ME AMA EN TODO MOMENTO, DESPIERTO O DORMIDO.

SAN LÉGER

¿616?-678

San Léger fue un obispo francés del siglo séptimo. Como parte de sus deberes episcopales, no sólo predicó y enseñó al pueblo ordinario, sino que además reformó a muchos de los clérigos que se habían relajado en sus responsabilidades. Dijo que si los monjes hicieran lo que se suponía debían hacer, sus oraciones preservarían al mundo de muchos desastres.

Aunque hablaba a los clérigos, sus palabras también se aplican a nosotros. Si cada uno de nosotros estuviera haciendo ni más ni menos que lo que se supone que debería hacer, el mundo se encontraría en mucha mejor situación. El problema es que a veces nos vemos tan abrumados que no sabemos por dónde empezar. Tratemos asuntos globales o resolvamos los personales, el proceso es exactamente el mismo. No podemos tratar de resolverlo todo de una vez. Hemos de ir paso a paso.

¿Qué puedes hacer justo ahora? No mañana, pues mañana nunca llega. No cuando estés mejor preparado, porque puedes sentirte siempre inadecuado, sino ¡ahora mismo!

«Lo que vosotros estáis haciendo, yo puedo no ser capaz de hacerlo... Lo que yo estoy haciendo, vosotros podéis no ser capaces de hacerlo... Pero todos juntos estamos haciendo algo bello para Dios.» Las palabras de la Madre Teresa contienen la clave. Si todos hacemos lo que podemos ahora mismo, juntos seremos capaces de realizar todo lo que necesita hacerse.

¿Qué asunto me preocupa más en este momento? ¿Qué cosa puedo hacer para ayudar?

HAGO LO QUE PUEDO, NI MÁS NI MENOS.

SANTO TOMÁS CANTALUPO
¿1218?-1282

¿Alguna vez descubres que te gustaría poder soportar mejor a los miembros de tu familia? Hacia esta época del año las revistas empiezan a mostrar alegres reuniones familiares en donde todo el mundo está encantado de estar juntos. Nadie discute; todo el mundo está pasando un tiempo simplemente espléndido. Pero en tu propia familia sabes que no sería de ese modo. Alguien estará salido de tono; se herirán sentimientos, y si se sacan los recuerdos, no necesariamente serán felices.

Si no te sientes tan próximo a tu familia como te gustaría, Santo Tomás Cantalupo probablemente te entienda. Él tuvo cuatro hermanos y tres hermanas, ninguno de los cuales parecen haberle gustado demasiado, aunque vivió por algún tiempo con uno de sus hermanos en París.

Dado que realmente no podemos librarnos de nuestros familiares de sangre (por tentador que resulte a veces), a menudo hemos de hacer un esfuerzo por ser amigos. Pero a veces eso no es posible. Aunque siempre debamos ser con nuestros familiares tan agradables y amables como nos sea posible, no tenemos por qué pasar todo nuestro tiempo con ellos.

No obstante, todos necesitamos una familia. Si tus familiares no pueden o no quieren ser el tipo de familia que necesitas, considera el crear lazos y tradiciones con los amigos. Puedes celebrar cumpleaños, vacaciones y ocasiones importantes con los amigos igual que con la familia. De hecho, ¡a veces los amigos íntimos pueden ser mejor familia que la familia!

¿Quién es mi familia?

ACEPTO LA REALIDAD DE MI FAMILIA, INCLUSO SI NO ES DEL MODO EN QUE ME GUSTARÍA QUE FUERA.

SAN FRANCISCO DE ASÍS
¿1181?-1226

Si hay un santo que no necesite introducción, ése es San Francisco de Asís. La historia del joven Francesco Bernadone, que abandonó las riquezas de su familia para convertirse en un predicador pobre, se ha repetido en inumerables libros, obras de teatro y películas. La orden que fundó (los Franciscanos) se ha extendido por el mundo entero.

Francisco fue una de las personalidades más singulares que el mundo haya conocido nunca. Espíritu libre, Francisco ha cautivado los corazones y la imaginación de cristianos y no cristianos por igual durante más de setecientos años.

San Francisco veía el rostro de Dios en todas partes. En su famoso Cántico al Sol, compuesto mientras sufría un gran dolor antes de su muerte, dio gracias por toda la creación, especialmente por la Hermana Muerte, a la que aguardaba ansiosamente.

Alabado seas, mi Señor, con todas tus criaturas, especialmente el Señor Hermano Sol, que es el día, y a través del cual nos das luz, y es bello y radiante, de gran esplendor...

Alabado seas, mi Señor, a través de la Hermana Luna y las estrellas, en el cielo las formaste claras, preciosas y castas.

Alabado seas, mi Señor, a través del Hermano Fuego, a través de quien iluminas la noche, y es bello, y juguetón, robusto y fuerte...

Alabado seas, mi Señor, a través de nuestra Hermana la Muerte del Cuerpo, de quien nadie puede escapar...

¿Vivo de tal modo que estoy preparado para morir?

CUANDO LLEGUE MI TIEMPO DE MORIR, NO TENDRÉ MIEDO, PUES SÉ QUE ESTARÉ ENTRANDO EN LA COMPAÑÍA DE LOS SANTOS.

BEATO RAIMUNDO DE CAPUA
1330-1399

¿Qué confesaría un santo? El Beato Raimundo de Capua debería saberlo pues fue el confesor de Santa Catalina de Siena, una de las mayores místicas de todos los tiempos.

Cuando Catalina lo vio por vez primera celebrando la misa, le agradó, y le informó que iba a ser su confesor (el sacerdote al que de modo regular y frecuente contaría sus pecados). El Beato Raimundo no se mostró tan entusiasta, aunque con el tiempo llegó a apreciar la inteligencia de Catalina y la misión de ésta para restaurar el papado.

La confesión es buena para el alma, incluso el alma de los santos. Aunque siempre podamos hablar con Dios directamente, decir a otro ser humano lo que hemos hecho mal y expresar nuestro pesar es un paso importante tanto para perdonarnos a nosotros mismos como para asegurarnos del perdón de Dios. Es, por ejemplo, un paso fundamental en los programas de recuperación de 12 pasos.

Para los católicos, el sacramento de la confesión es el lugar lógico en el que hacer esas revelaciones, puesto que el sacerdote está obligado por el sello de la confesión. Incluso los tribunales de justicia sostienen el derecho de un sacerdote a mantener el sello del secreto.

¿Qué razones podía tener una santa como Santa Catalina de Siena para confesarse regularmente? ¿Qué podría estar haciendo que estuviera mal?

Probablemente no fuera tanto lo que había hecho como lo que deseaba ser. La confesión hace algo más que asegurarnos de que nuestros pecados nos son perdonados; también nos ayuda a tomar conciencia de nuestras debilidades y tendencias. Después de todo, es sólo cuando somos conscientes de los errores cuando podemos empezar a hacer correcciones.

¿Qué necesita una corrección en mi vida? ¿Hay alguien a quien necesite hacer alguna reparación?

———————

LO SIENTO POR TODOS LOS PECADOS DE MI VIDA PASADA.

BEATA MARÍA ROSA DUROCHER

1814-1849

Herbert Spencer dijo: «La educación tiene como objeto la formación del carácter.» La Beata María Rosa Durocher, fundadora de las Hermanas del Santísimo Nombre de Jesús y María, estaría de acuerdo. Ella urgía a sus hermanas a orar: «Dadme el espíritu que queréis que (los niños) tengan.»

De joven en el Canadá francés, María Rosa Durocher enseñaba a los niños en su parroquia, pero finalmente, aunque tras mucha lucha, inició una escuela de internado para niñas. Hoy en día, las Hermanas del Santísimo Nombre enseñan y trabajan a todo lo largo del mundo.

Es interesante saber que, sin las Hermanas del Santísimo Nombre, las escuelas privadas podrían no existir en Norteamérica. En 1925 el Tribunal Supremo de los EE.UU. oyó un caso denominado *Pierce contra la Sociedad de Hermanas del Santísimo Nombre de Jesús y María*. En el caso, más comúnmente denominado como el de la Escuela de Oregón, los jueces declararon inconstitucional una ley estatal que obligaba a la educación escolar pública, afirmando: «El niño no es una mera criatura del estado; quienes lo alimentan y dirigen su destino tienen el derecho, junto con el alto deber, de reconocer sus obligaciones adicionales y prepararlo para ellas.» Con la decisión del Tribunal Supremo, la libertad de los padres para escoger la educación de sus hijos fue garantizada a todo lo largo de los Estados Unidos.

A veces cuando estábamos en el colegio veíamos la educación más como una obligación que como un privilegio, pero la educación puede cambiar el futuro. Si deseas hacer avanzar tu educación, no hay mejor momento que el presente para empezar.

¿Hay algo que siempre haya deseado aprender a hacer?

SIEMPRE ESTOY APRENDIENDO, INCLUSO CUANDO NO ESTOY EN EL COLEGIO.

BEATA GIANNA BERETTA MOLLA

1922-1962

Gianna Beretta fue una mujer completamente moderna. Nacida en octubre de 1922, adoraba el deporte, incluyendo el esquí y el alpinismo. Montaba en moto, leía revistas de modas y lucía pintura de uñas roja. Tras licenciarse en la facultad de medicina, se casó con Pietro Molla, y estableció su práctica de la medicina. Tuvieron un hijo en 1956 y dos hijas en 1957 y 1959. Luego, cuando en 1961 descubrió que estaba embarazada, supo también que tenía un tumor uterino. La doctora Molla exigió que su bebé no fuera matado durante la operación. Aunque el tumor fue eliminado y su bebé salvado, la doctora Molla no estaba tan segura acerca de su propio futuro. Su premonición se hizo realidad cuando, tras nacer su saludable hija Gianna Emmanuela Molla, la doctora Molla murió de peritonitis. En su beatificación, el 24 de abril de 1994, se hallaron presentes su marido y sus hijos, incluyendo a su hija, la doctora Gianna Emmanuela Molla.

Los santos han vivido en todos los tiempos y lugares. La Beata Gianna Beretta Molla es una de las más contemporáneas. A diferencia de muchos de los santos antiguos, no fundó una comunidad religiosa, ni vivió como un ermitaño, ni pasó por extremos de automortificación y penitencia. En cambio, vivió una vida perfectamente ordinaria como esposa, madre y pediatra... con una excepción. Trató de «vivir la Voluntad de Dios en todo momento y de vivirla con gozo».

Cuando pensemos que no estamos hechos del material adecuado para convertirnos en santos, sólo necesitaremos mirar a la Beata Gianna Molla con sus uñas pintadas de rojo, sus vestidos de alta costura, su atareada práctica médica, y su joven familia.

¿Alguna vez pienso en mí mismo volviéndome santo?

CAIGO EN LA CUENTA DE QUE VOLVERSE SANTO NO SIGNIFICA VOLVERSE SANTURRÓN.

SANTA TAIS
¿348?

Santa Tais fue una rica prostituta que vivió en Egipto en el siglo cuarto. Cuando se reformó, reunió todos los regalos que sus clientes le habían dado y los quemó en la calle. Un relato de su vida dice: «Haber mantenido cualquiera de esos regalos habría sido no cortar con todas las ocasiones de peligro que pudieran de nuevo hacer revivir sus pasiones y llamar de nuevo a anteriores tentaciones.»

A menudo, cuando hacemos un cambio radical en nuestras vidas, nosotros también tenemos que librarnos de todo lo que pudiera tentarnos. Una de las razones por las que fallamos en nuestras buenas resoluciones es porque sobrestimamos nuestra capacidad de resistirnos a la tentación. Podemos tener mucha fuerza de voluntad, pero no hay razón para que nos pongamos a prueba hasta el límite. Si, por ejemplo, dejamos de fumar, no deberíamos mantener un par de paquetes de cigarrillos por la casa. O si nos ponemos a régimen, no deberíamos acumular galletas de chocolate el día anterior.

Si estás tratando de cambiar un mal hábito o reformar algún aspecto de tu vida, póntelo fácil. Purga tu vida de esas cosas que te tentarían de nuevo a tus comportamientos viejos, malsanos o peligrosos.

A menudo, sin embargo, no son las cosas sino las personas quienes nos atraen de vuelta. Si eres serio en cuanto a hacer un cambio en tu vida pero la gente con quien te asocias no es seria, puedes tener que romper tus lazos con ellos; quizá temporalmente, quizá de modo permanente. Hacer esa clase de cambios nunca es fácil, pero a veces es necesario.

¿Como son de bueno resistiendo tentaciones?

———————————

NO ME PERMITO SER TENTADO MÁS ALLÁ DE MI AGUANTE.

SAN LUIS BERTRAND

1526-1581

San Luis Bertrand no sólo estaba relacionado con San Vicente Ferrer y fue bautizado en la misma pila bautismal (aunque 175 años más tarde), sino que también se unió a la misma orden religiosa, los dominicos. Una vez, mientras estaba trabajando como misionero en Colombia, fue atacado por un hombre armado. Se dice que cuando hizo el signo de la cruz sobre la pistola, ésta se transformó en un crucifijo.

Aunque no podamos cambiar pistolas en cruces, podemos seguir el consejo de San Luis a los misioneros jóvenes. Enseñaba que la oración debe siempre preceder a todas las otras acciones, incluyendo la predicación y la enseñanza. Nosotros, por el contrario, a menudo usamos la oración como un último recurso. Cuando las situaciones son desesperadas y nos sentimos atrapados, es probable que empecemos a rezar. Es casi como si nos volviésemos hacia la oración cuando ya no nos queda nada que perder, en vez de, como sugiere San Luis, hacer de la oración nuestro primer recurso.

La oración puede cambiar nuestras vidas, y lo hace. Podemos pedir la ayuda de Dios en asuntos tanto grandes como pequeños, y, lo más a menudo, la respuesta será sí. Un modo de echar un vistazo objetivo al modo en que la oración afecta nuestra vida es mantener un diario de oraciones. Para la siguiente semana más o menos, anota todo lo que pidas en oración. Puedes sentirte estúpido escribiendo cosas como «ayúdame a encontrar un lugar para aparcar», pero anótalas de todos modos. Luego señala cualquier respuesta que recibas; sí, no, o aún sin responder. Al final de la semana, echa un vistazo a tu diario. Es indudable que te verás sorprendido por los resultados.

¿Realmente creo que mis oraciones son respondidas?

UTILIZO LA ORACIÓN COMO MI PRIMER RECURSO, EN VEZ DEL ÚLTIMO.

SAN FRANCISCO DE BORJA
1510-1572

Todos hemos oído hablar de familias que tenían una oveja negra, pero San Francisco de Borja fue la oveja blanca de su clan. Miembro de la famosa familia Borgia, fue el sobrino-nieto de la tristemente famosa Lucrecia Borgia, quien, a su vez, fue hija del inmoral papa Alejandro VI. A pesar (o quizá a causa) de sus familiares, San Francisco de Borja (Gandía, España), fue un hombre de gran santidad. Incluso como virrey de Cataluña, pasó tanto tiempo como pudo en oración sin descuidar ni su trabajo ni su familia. Tras la muerte de su esposa, anhelaba entrar en los jesuitas, pero aguardó hasta que su octavo hijo fuera lo bastante mayor para no necesitarlo, antes de traspasar sus títulos y hacienda.

Uno de los hechos más interesantes acerca de San Francisco de Borja es que se dice que hizo quitar un semicírculo de su mesa de comer a fin de acomodar su tremenda tripa.

Si no nos ajustamos al modelo presente de cuerpos que tiene la sociedad, podemos cobrar aliento con San Francisco de Borja. Incluso como santo potencial, no se ajustaba al molde. Aunque adelgazó tras su ordenación, nunca fue un asceta delgado.

Quienes tratan de convencernos de que perfeccionar nuestro exterior automáticamente perfeccionará nuestro interior, lo tienen aquí al revés. San Francisco de Borja no se hizo más flaco hasta que se centró en su desarrollo espiritual, no en su dieta. Cuando nos centramos en nuestro crecimiento espiritual, también nosotros nos volvemos entonces más conscientes de cómo las elecciones que hacemos físicamente pueden afectarnos también espiritualmente.

¿En qué empleo más tiempo preocupándome, de mi aspecto o del modo en que actúo?

CUIDO DE MI CUERPO Y DE MI ALMA.

SANTA MARÍA SOLEDAD
1826-1887

Cuando leemos las vidas de los santos, podemos concebir la idea de que todos eran valientes y decididos. Santa María Soledad, no. Fundadora de una orden de enfermeras, le aterrorizaban los cadáveres. Aunque aprendió a sofocar sus temores más tarde, siempre aseguraba a sus hermanas que tales temores le eran bastante naturales.

Aunque nuestro intelecto nos diga que los cadáveres no pueden hacernos daño, nuestra imaginación y nuestras emociones nos susurran otra historia. Lo mismo sucede con muchos temores. Incluso cuando ya hemos crecido, muchas de las aprensiones que teníamos de niños permanecen en el trasfondo de nuestro intelecto. Por ejemplo, aunque pocos quieran admitirlo, muchos adultos se sienten cómodos durmiendo con un brazo o una pierna que cuelgan al borde de la cama, aunque todos *sepamos* que no hay monstruos acechando en la oscuridad.

Podemos pensar que el coraje es realizar acciones grandes y maravillosas, o desplegar un valor extraordinario frente al peligro, pero a menudo los hechos más valientes se hacen en situaciones ordinarias de la vida. Educar niños para que sean adultos maduros e independientes requiere un montón de coraje. Permanecer con un cónyuge que está crónicamente enfermo o moribundo requiere un enorme coraje. Ser amoroso y respetuoso en situaciones en las que no eres amado o respetado puede ser un acto del más elevado coraje. El ejemplo de Santa María Soledad nos ayuda a entender que no necesitamos buscar sitios para ser valientes; simplemente tenemos que ser valientes en el lugar en que nos encontramos.

¿Qué es lo que más temo?

NO PERMITIRÉ QUE MIS TEMORES Y APRENSIONES GOBIERNEN MI VIDA.

SAN WILFREDO
634-709

Algunas personas parecen vivir vidas tranquilas y carentes de sucesos, mientras que otras están constantemente envueltas en controversias. San Wilfredo es una de estas últimas. A veces los líos los causaba él mismo, como en el caso del rey Egfrith y su esposa Eteldreda. Durante diez años, Eteldreda rehusó consumar el matrimonio y San Wilfredo se puso de su parte, ayudándola a escapar a un convento. No hace falta decir que esto al rey no le agradó particularmente, y se tomó venganza subdividiendo la diócesis de Wilfredo. En otros momentos, el alboroto no parecía ser culpa de Wilfredo, como cuando el sucesor del rey Egfrith lo desterró por oscuros motivos.

Independientemente de qué causara la controversia, Wilfredo vivió toda su vida en un estado de flujo. ¿Puedes identificarte con Wilfredo? Muchos podemos hacerlo. Nuestras vidas parecen ser como esas velas de cumpleaños que vuelven a encenderse después de haberlas soplado. Cuando parece que acabamos de tener las cosas bajo control súbitamente los pequeños fuegos estallan de nuevo... y de nuevo... y de nuevo.

Cuando los fuegos de la controversia resultan de nuestros propios actos, como le pasó a Wilfredo cuando ayudó a la reina, no tenemos mucho de qué quejarnos. Pero cuando la controversia no es el resultado de algo que hayamos hecho, sino de algo que nos han hecho, tenemos entonces el derecho a exigir una restitución.

Cuando el arzobispo de Canterbury ordenó a Wilfredo que abandonase su sitial de obispo y se trasladase a una abadía, Wilfredo no aguantó más y recurrió a Roma. Tras mucha pendencia (como en toda la historia de la vida de Wilfredo), se le permitió mantener su puesto, pero tuvo que vivir en la abadía. Wilfredo no venció en su última controversia, pero tampoco la perdió.

¿Creo alguna vez controversias intencionada o inadvertidamente?

BUSCO LA PAZ EN TODAS LAS SITUACIONES.

BEATA AGOSTINA PIETRANTONI
1864-1894

¿Estás tan enfadado que apenas puedes ver en línea recta? ¿Tienes algo que necesitas expulsar de tu pecho? Entonces escribe una carta. Saca al aire todo tu mal humor. Expresa toda tu frustración. Di todo lo que siempre quisiste que la otra persona escuchara. Entonces, cuando hayas acabado, en vez de echar la carta al correo, ¡rómpela! Habrás tenido la satisfacción de decir lo que quieres, pero no habrás herido los sentimientos de nadie ni causado ningúna grieta en una relación.

La Beata Agostina Pietrantoni trabajaba en el pabellón de tuberculosos del Hospital del Santo Spirito de Roma. Cuando los pacientes, muchos de los cuales venían directamente de prisión, la frustraban, escribía cartas a la Virgen Bendita y las «echaba al correo» detrás de un cuadro que había fuera del pabellón.

Hay momentos en los que no es seguro o prudente compartir todos nuestros sentimientos con otra persona. Pero ignorar nuestros sentimientos tampoco es sano. Necesitamos un modo de expresar nuestros sentimientos, especialmente los negativos, sin crear daño a nuestras relaciones. Es entonces cuando las cartas no echadas al correo pueden ser terapéuticas. En una carta puedes decir todas las cosas que nunca te atreverías a decir en voz alta. Puedes ser tan ardiente y espectacular como quieras. Simplemente no eches la carta al correo. (¡Y no la dejes detrás de un cuadro donde alguien pudiera encontrarla después de que mueras!)

¿He dicho alguna vez encolerizado algo que luego lamenté?

EXPRESO MIS SENTIMIENTOS DE MODOS NO DAÑINOS.

BEATA MARÍA POUSSEPIN

1653-1744

La Beata María Poussepin provenía de una familia de fabricantes de calcetines. Tras la muerte de su padre revolucionó el negocio familiar no sólo abandonando la seda en favor de la lana (que daba más beneficios), sino también introduciendo el uso de telares en lugar de las agujas de tejer.

Es difícil decir qué pensaría su familia, pero sus innovaciones crearon en su ciudad un estallido económico. Es muy probable que fuera tan estimada por su reforma económica como por su profunda vida espiritual.

La falta de disposición para intentar cosas nuevas es uno de los primeros signos de estancamiento mental. Ciertamente que no tienes por qué rechazar cualquier cosa del pasado, pero tampoco tienes por qué aferrarte tan firmemente a viejos modos que no dejes sitio para que los nuevos arraiguen. Después de todo, si pruebas algo nuevo y no funciona, no hay razón para no volver atrás a los viejos modos. Nunca sabrás si el nuevo modo es mejor si no lo pruebas.

La Beata María Poussepin mostró su disposición a aceptar las innovaciones. Como una vez dijera Santa Magdalena Sofía Barat: «Demuestra una debilidad de mente aferrarse demasiado al sendero trillado por miedo a las innovaciones. Los tiempos cambian, y para mantenernos a su altura debemos modificar nuestros métodos.» La Beata María Poussepin obviamente estaría de acuerdo.

¿Desconfío de los cambios? ¿Hasta qué punto estoy dispuesto a intentar cosas nuevas?

CUANDO VIENE ALGO NUEVO, ESTOY DISPUESTO A CONCEDERLE EL
BENEFICIO DE LA DUDA.

SANTA TERESA DE JESÚS

1515-1582

Un día Santa Teresa de Jesús y algunas de sus hermanas estaban intentando cruzar un torrente recrecido por la tormenta a bordo de un pequeño carruaje. Su burro se negó a pasar, y Santa Teresa terminó empapada hasta la piel y cubierta de barro. Mirando al cielo, dijo: «Dios, si éste es el modo en que tratas a tus amigos, ¡no me extraña que tengas tan pocos!»

Para Santa Teresa, Dios no era una entidad remota y distante, sino un amigo cotidiano. Se sentía cómoda hablando con Dios sobre cualquier aspecto de su vida, incluyendo los burros tozudos. Esto no significa que no fuera reverente o respetuosa. Santa Teresa es también la autora de dos de los tratados místicos más grandes de todos los tiempos: *Castillo Interior* (o *Las Moradas*) y *Camino de perfección*. Por añadidura, fue una de las dos únicas mujeres en ser nombradas Doctoras de la Iglesia por su profunda inspiración y sabiduría. (Catalina de Siena es la otra.) Lo que Santa Teresa sabía, y todos debemos aprender, es que Dios no puede ser apartado de los sucesos cotidianos de nuestras vidas.

Dios no es como una buena vajilla, que se saca en ocasiones especiales y luego se aparta cuidadosamente el resto del tiempo. Cuando guardamos nuestra vajilla para ocasiones especiales, pronto dejamos de usarla porque no hay ninguna ocasión que sea lo bastante especial. Lo mismo es cierto con Dios. Si sólo hablamos con Dios en ocasiones formales, pronto no hablaremos con Dios en absoluto. Por el contrario, necesitamos traer a Dios a todos los aspectos de nuestras vidas, como la loza que usamos en la mesa para todas las comidas.

¿Mantengo a Dios y a la religión en su lugar de los domingos?

———————————

CREO QUE DIOS ESTÁ CONMIGO EN TODO MOMENTO Y EN TODO LUGAR.

SANTA HEDWIG
1174-1243

Aunque muchos santos abandonaron todas sus posesiones terrenales para buscar una herencia celeste, Santa Hedwig no lo hizo. Esposa del rey Enrique I de Silesia, en Polonia, disfrutaba siendo reina. No sólo ayudó a gobernar el país, sino que utilizó su riqueza para servir a los pobres. Cuando Enrique murió, Santa Hedwig vivió con un grupo de monjas, pero no entregó sus riquezas. En vez de eso, continuó usando su fortuna como mejor supo en beneficio de los pobres.

Aprender a controlar nuestras finanzas es parte esencial de la madurez. Cuando éramos niños, nuestros padres se hicieron cargo de todas las cuestiones financieras, pero de adultos la responsabilidad se vuelve nuestra. Demasiado a menudo nos encontramos endeudados porque confundimos nuestros deseos con nuestras necesidades. Empezamos a creer que podemos comprar la felicidad, pero la felicidad sólo se encuentra en las relaciones, particularmente en nuestra relación con Dios.

Si te sientes intranquilo y no realizado, no desgastes tus tarjetas de crédito tratando de llenar los huecos vacíos de tu alma. En vez de ello, usa tus recursos financieros para cuidar de tus necesidades y luego pide a Dios que te ayude a descubrir qué falta en tu vida. Puede ser la amistad. Puede ser el estímulo intelectual. Puede ser el amor. Sea lo que fuere, sin embargo, dos cosas son ciertas: en primer lugar, no lo encontrarás en ningún paseo, y en segundo lugar, sólo después de que lo pidas podrá Dios hacerlo una realidad en tu vida.

¿Qué necesito hacer para asegurarme de ser fiscalmente responsable?

SOY RESPONSABLE EN TODOS LOS ASPECTOS DE MI VIDA, INCLUYENDO MIS FINANZAS.

SAN IGNACIO DE ANTIOQUÍA

c. 107

Podríamos no saber mucho acerca de San Ignacio de Antioquía si no hubiese sido literalmente acarreado a Roma. Obispo de Antioquía, fue condenado a muerte por el emperador Trajano. Dado que los cristianos famosos siempre atraían grandes multitudes en los juegos públicos, fue conducido a Roma en un carruaje. Podríamos pensar que en su largo viaje San Ignacio sentiría pena de sí mismo o buscaría un modo de escapar, pero en vez de ello usó el tiempo en defender las creencias que le llevaron a ser condenado. Mientras viajaba, escribió siete cartas, aún existentes, alentando y exhortando a otros cristianos a no perder su fe a pesar de la persecución.

A veces, cuando nos encontramos pobres de salud o estamos volviéndonos viejos, podemos sentirnos como si hubiéramos sido enviados a morir como San Ignacio. San Ignacio nos demuestra que incluso cuando nuestros cuerpos son presa de fuerzas más allá de nuestro control, nuestras mentes y espíritus nunca pueden ser esclavizados. Podemos seguir buscando la verdad espiritual, e incluso cuando las cosas están más desapacibles, podemos seguir estando serenos, sabiendo que Dios está siempre con nosotros.

Aunque indudablemente él hubiera preferido no ser devorado por los leones, San Ignacio estaba dispuesto a aceptar graciosamente su destino, incluso pidiendo a los cristianos de Roma que no arriesgasen la vida por salvar la suya.

¿Me es difícil ser agradecido cuando las cosas están más allá de mi control?

ME ESFUERZO POR TENER SERENIDAD EN TODAS LAS SITUACIONES.

SAN LUCAS
SIGLO PRIMERO

San Lucas podría igual haber sido llamado el doctor Lucas, dado que San Pablo se refiere a él como nuestro querido médico. Autor del Evangelio de Lucas y de los Hechos de los Apóstoles, Lucas acompañó a Pablo en muchos de sus viajes misioneros. Tras ser decapitado Pablo, Lucas desaparece de la historia, aunque la tradición dice que murió de viejo en Beocia.

En su Evangelio, Lucas siempre muestra interés en los detalles médicos de las curas de Jesús. Es quien, por ejemplo, informa de la cura de la suegra de Pedro, y da los relatos del hombre paralítico que fue bajado por el techo, del hombre con la mano seca y de la mujer que había tenido hemorragias durante doce años. Incluso critica su propia profesión cuando dice que la mujer que había estado sangrando era «incurable en manos de cualquier doctor».

Cualquier buen médico te dirá que la medicina es tanto arte como ciencia. Para que los médicos sean eficientes, no sólo han de conocer la anatomía y las enfermedades, sino que también han de entender el corazón humano. Los mejores doctores consideran a sus pacientes no sólo como cuerpos enfermos, sino como personas heridas. Tratan no sólo la enfermedad sino también al individuo.

Cualquiera que sea nuestra profesión, nunca debemos olvidar que las personas son más importantes que los procesos de los negocios o los planes de producción. Dios ama a cada uno de nosotros como si fuéramos la única persona viva. Nosotros, por nuestra parte, debemos esforzarnos por amar la imagen de Dios en toda persona con la que nos encontramos.

¿Qué cualidades busco en un cuidador médico?

DOY GRACIAS POR TODOS LOS QUE SE HALLAN EN LA PROFESIÓN MÉDICA.

SAN ISAAC JOGUES
1607-1646

A veces tenemos una visión selectiva cuando miramos al pasado. Recordamos esos momentos no necesariamente como fueron, sino como los buenos tiempos del pasado. Rodeamos de encanto estilos de vida más simples y primitivos, e idealizamos a las personas que vivieron en ellos. Tendemos a pensar que la gente era más noble y recta que hoy en día. Algunos de nosotros incluso suponemos que cuanto más nos alejamos de la civilización, más nos acercamos a la armonía idílica con todas las criaturas vivientes. Pero el hecho es que ningún tiempo o lugar tiene la patente de la crueldad y la barbarie, especialmente cuando se trata de herir a otros seres humanos.

El aventurero misionero San Isaac Jogues fue brutalmente torturado por los indios iroqueses. Entre otras cosas, varios de sus dedos fueron cortados, mascados o quemados. Cuando estalló una epidemia, el pueblo indígena culpó a San Isaac Jogues. En el momento en que entraba en una casa comunal india para un supuesto banquete de paz, le golpearon con un tomahawk y lo decapitaron. Aunque alguien podría argumentar que San Isaac Jogues no debería haber intentado convertir a los americanos nativos de sus creencias tradicionales, sus actividades misioneras no justifican la crueldad que experimentó.

Cuando nos sintamos atraídos hacia una imagen romántica del pasado, recordemos el dicho francés de que cuanto más cambian las cosas, más siguen igual. El resultado podría ser diferente, las técnicas pueden haberse alterado, pero la capacidad tanto para el bien como para el mal inherente a cada uno de nosotros no ha cambiado.

¿Creo alguna vez que la vida era más sencilla en el pasado?

COMPRENDO QUE LA ELECCIÓN ENTRE EL BIEN Y EL MAL ES SIEMPRE MÍA.

SANTA BERTILA BOSCARDIN
1888-1922

Cuando los niños están creciendo, a menudo se les pregunta qué quieren ser de mayores. Es más que probable que una respuesta raramente dada sea la de que quieren ser santos.

¿Quieres ser santo? La mayoría de nosotros nunca hemos considerado seriamente la cuestión, pero Santa Bertila Boscardin sí lo hizo. Cuando entró en el convento, dijo a la encargada de las novicias: «Soy una pobre cosa, una gansa. Enséñeme. Quiero convertirme en una santa.» Nunca perdió de vista su objetivo, incluso mientras trabajaba como hermana enfermera en el frente durante la Primera Guerra Mundial. Aunque sus amigos y familiares dijeron en todo momento que era una santa, fue oficialmente reconocida como tal en 1961.

Santa Bertila estableció la santidad como su meta. ¿Cuál es tu meta? Parafraseando la canción de *Pacífico Sur*, si no tienes una meta, ¿cómo puedes conseguir que una meta se vuelva realidad?

Sin una meta, somos como veleros con los mástiles rotos. No podemos izar una vela incluso si nuestras vidas dependen de ello, de modo que damos bandazos y vagamos por los mares de la vida, a veces incluso próximos a zozobrar en el clima más benigno. No tenemos capacidad para capear las tormentas que tarde o temprano habrán de llegarnos. Tener una meta no garantiza el éxito, como tener un mástil no garantiza un viaje seguro, pero aumenta espectacularmente las oportunidades a tu favor.

¿Qué metas he conseguido en esta vida? ¿Qué quiero conseguir todavía? ¿Qué pasos estoy dando para hacer esas metas realidad?

HOY ME TOMARÉ TIEMPO PARA VALORAR LAS METAS DE MI VIDA, CONSERVANDO LAS QUE TIENEN SENTIDO Y ABANDONANDO LAS QUE YA NO SIRVEN A MIS NECESIDADES.

BEATA AGNES GALAND
1602-1634

Un modo de expresar la diferencia entre un optimista y un pesimista es sostener un vaso medio lleno de agua. Para el optimista, el vaso está medio lleno. Para el pesimista, está medio vacío.

La Beata Agnes Galand fue una monja dominica francesa del siglo diecisiete. En aquel tiempo, Francia estaba padeciendo una clara falta de vocaciones para el sacerdocio. Aunque la situación difícilmente alentaba el optimismo, la Beata Agnes dedicó mucho tiempo y energía a orar por un sacerdote que ella creía destinado a abrir seminarios en Francia. Cuando él fue llamado a París, ella supo que su optimismo (y oraciones) habían sido recompensados.

A veces no obtenemos lo que queremos porque gastamos más energía centrándonos en lo negativo que en lo positivo. Si no estamos obteniendo de la vida lo que queremos, hemos de ser sinceros con nosotros mismos. ¿Estamos esperando siempre lo peor? Enfocarse constantemente en lo negativo no es más que un mal hábito... y los malos hábitos pueden ser rotos.

Si deseamos restaurar el optimismo que es parte de nuestra herencia natural, necesitamos barrer todo pensamiento negativo. Cuando te sorprendes a ti mismos diciendo las palabras «no» (no puedo, no quiero, no tengo, no...), reemplázalas de inmediato por las positivas: ¡puedo, quiero, tengo, lo haré!

¿Soy optimista o pesimista por naturaleza?

ME ESTOY ENSEÑANDO A MÍ MISMO A MIRAR EL LADO BRILLANTE DE
TODAS LAS SITUACIONES.

SAN FELIPE DE HERACLEA

304

Durante la dominación comunista de Europa oriental, la mayoría de las iglesias fueron valladas o convertidas en edificios públicos estatales. No se efectuaban servicios religiosos y, aparentemente, la fe había muerto. Pero cuando los muros se vinieron abajo (literal y figuradamente) se descubrió que la fe había permanecido viva y vibrante, incluso si los lugares de culto habían sido destruidos.

Cuando las puertas de su iglesia fueron selladas durante la persecución romana de los cristianos por el emperador Diocleciano, San Felipe de Heraclea hizo sus servicios en el exterior. «¿Imagináis que Dios mora dentro de los muros, y no más bien en los corazones de los hombres?», dijo.

Hay momentos en que actuamos como si prefiriésemos que Dios habitase dentro de muros. Entonces, en vez de aparecer en medio de nuestras vidas cuando menos lo esperamos, Dios sería serio y apropiado; más divino, por así decirlo.

Si estuviéramos asignando descripciones de trabajos, asignaríamos a Dios las grandes tareas, como mantener la ley de la gravedad en funcionamiento y supervisar los acontecimientos importantes, como el hambre y la guerra. Pero Dios no está limitado por nuestras estrechas ideas de lo que debería ser o hacer. En vez de ello, Dios está tan interesado en los gorriones, las flores y tus estornudos como en los asuntos cósmicos. No es que Dios no se preocupe de las grandes cosas; es sólo que todas las cosas, grandes y pequeñas, son igualmente importantes.

Dado que estamos limitados a hacer una cosa cada vez, nos es difícil entender cómo Dios puede hacer todas las cosas al mismo tiempo, pero ése es el misterio esencial de la divinidad. Si no comprendemos, es porque no tenemos que comprender. Después de todo, Dios es Dios.

¿Soy alguna vez culpable de pensar que haría un mejor trabajo como Dios que Dios?

ACEPTO EL MISTERIO DE DIOS.

SAN JUAN DE CAPISTRANO
1386-1456

Más de un santo se ha convertido estando en prisión; San Juan de Capistrano es uno de ellos. Hombre de leyes y gobernador en la Italia del siglo quince, fue capturado durante una disputa entre dos provincias, y pasó un tiempo bien largo en prisión. Cuando finalmente salió, se unió a la Orden Franciscana. Durante el resto de su vida trabajó celosamente en beneficio tanto de la gente a la que servía como de su orden religiosa.

Una organización de Bruselas que recibe su nombre de San Juan de Capistrano tiene como su lema «Iniciativa, Organización, Actividad». Estas tres palabras son una descripción exacta de la vida de San Juan de Capistrano, pero son también una buena descripción de cómo deberían ser nuestras vidas.

De esas tres virtudes, quizá la más difícil sea la organización. La mayoría de nosotros podemos ponernos en marcha y mantenernos atareados, pero aprender a organizarse puede ser difícil. Algunas personas tienen una capacidad innata para organizarse. Saben instintivamente cómo poner de nuevo las cosas en su sitio después de haberlas usado, cogerlas según van de paso y establecer las prioridades en su tiempo. Otros no tienen esa bendición; los «desafiados por la oganización» a menudo emplean tanto tiempo en buscar las herramientas necesarias como en trabajar en una tarea.

Si perteneces a esa última categoría, no estás condenado a permanecer en las Hades organizativas. Si deseas aprender a volverte más ordenado, lee uno de los muchos y buenos libros sobre el tema, o sigue unas clases. Por supuesto, también puedes pedir a San Juan de Capistrano que te eche una mano. Simplemente estáte preparado para una ráfaga de iniciativa, organización y actividad.

¿Qué partes de mi vida son las más organizadas? ¿Qué partes son las menos organizadas?

SOY CONSCIENTE DE LA NECESIDAD DE ORGANIZACIÓN EN MI VIDA.

SAN ANTONIO MARÍA CLARET

1807-1870

¿Te encuentras con demasiado que hacer y sin tiempo suficiente para hacerlo todo? Una solución es la de emplear más tiempo en la oración. Más o menos, ahora podrías estar diciendo: «¡Más tiempo rezando! ¡No tengo bastante tiempo ni para empezar!» La verdad es que el tiempo que emplees en orar nunca estará perdido; siempre te será devuelto, y con algo más. Es el Principio de la Oración.

San Antonio María Claret (Sallent, España), fundador de la Orden Claretiana y arzobispo de Cuba, estaba muy ocupado. No sólo escribió más de 140 libros, predicó más de 25.000 sermones y confirmó a más de 100.000 personas, sino que además sirvió de confesor a la reina Isabel II de España durante ocho años. Además de todo eso, construyó un laboratorio científico, un museo de historia natural y escuelas de música y educación. Pese a su cargado programa de trabajo, se dice que siempre llevaba el rosario en la mano.

Quizá San Antonio María Claret aprendiera el principio de la oración siendo joven en el negocio textil de su padre. Animaba a los trabajadores a rezar el rosario y asistir a la misa diaria. No cortó su paga en el tiempo en que estaban orando, y pronto la tienda prosperó.

El principio de la oración no es algo acerca de lo cual podamos leer. Es algo que ha de experimentar uno mismo. La próxima vez que te sientas abrumado por todas las cosas que debes realizar, tómate unos pocos minutos y pide su ayuda a Dios y a los santos. Después de todo, tienes muy poco que perder y todo que ganar.

¿Cuán a menudo rezo durante el día?

PERMANEZCO SEGURO EN EL CONOCIMIENTO DE QUE ORAR NUNCA ES UNA PÉRDIA DE TIEMPO.

SAN GAUDENCIO

c. 410

San Gaudencio probablemente pudiera identificarse con las palabras de Emily Dickinson: «De Dios pedimos un favor, Que podamos ser olvidados...» Educado bajo el obispo de Brescia, hizo una peregrinación a Jerusalén, parcialmente por sus beneficios espirituales, y parcialmente porque confiaba en ser olvidado en su casa. No tuvo esa suerte, sin embargo. Cuando volvió a Brescia, supo que el obispo había fallecido y que él había sido escogido como su sucesor.

Las celebridades a menudo se quejan de que la pérdida de privacidad es el precio de la fama, pero la fama tiene otras trampas. Una de las más insidiosas es la creencia de que la fama en y por sí misma justifica un tratamiento especial.

Podemos entender por qué surge una creencia así. La gente famosa consigue ir a sitios y hacer cosas que la gente ordinaria sólo puede soñar. Y como la riqueza suele acompañar a la fama, los famosos a menudo se ahorran los aspectos más sucios de la vida. Independientemente de si María Antonieta realmente dijo «Que coman pasteles» cuando se le informó que los pobres no tenían pan, su comentario es un ejemplo de la ceguera que a menudo acompaña a la fama y la fortuna.

No necesitamos ser famosos para estar ciegos a los que son menos afortunados. La fama sólo agrava una tendencia natural. Se nos presentan a diario oportunidades de practicar actos de amabilidad y generosidad. Y a diario, incontables actos quedan sin hacer porque dejamos de ver la necesidad de ellos. No es que seamos egoístas a propósito. Es simplemente que a menudo estamos tan preocupados con nuestros propios deseos que olvidamos mirar alrededor y ver la necesidad de los demás.

¿Qué me está impidiendo ser más generoso con mi tiempo y recursos?

SÉ QUE NO HAY PEOR CIEGO QUE EL QUE NO QUIERE VER.

SAN CEDD
664

Si San Cedd hubiese estado familiarizado con los limones cuando el rey de Deira le dio un trozo de tierra para un nuevo monasterio, probablemente habría entendido que eso es lo que le daban. Localizado en una remota área de Yorkshire, el terreno no era el lugar ideal para iniciar un monasterio. Pero San Cedd empleó cuarenta días en el ayuno y la oración, consagrando la tierra (y el monasterio subsiguiente) a Dios. Al final, el limón llegó a ser conocido como el monasterio de Laestingaeu.

Los limones de la vida no son las grandes crisis. Son meramente los tontos fastidios que todos nos encontramos: compañías de seguros que pierden tu reclamación, tintorerías que arruinan tu blusa, leche que se estropea antes de la fecha de caducidad. Lo peor de los limones es que nos tientan a volvernos furiosos y rencorosos... de la persona equivocada. Por ejemplo, queremos gritarle al dependiente de la tienda, pero no es culpa suya si la leche está agria. Puede ser culpa de quien la procesa o de la compañía lechera, o quizá ni siquiera es culpa de nadie. Simplemente es así. Eso es lo que pasa con los limones de la vida. Nos hacen desear culpabilizar a alguien, pero no hay nadie a quien culpar.

El único modo sano de tratar los limones es el modo de los santos: consagrarlos como San Cedd consagró su poco deseable terreno. Cuando consagramos algo, se lo pasamos a Dios; dejamos que Dios lo transforme en algo sagrado. Nuestra blusa arruinada no va a ser convertida de pronto en un icono sagrado, pero Dios puede ayudarnos a utilizar nuestra frustración y enojo para crecer en paciencia y paz.

¿Permito que las cosas pequeñas de la vida me alcancen?

CUANDO LA VIDA ME ENTREGA UN LIMÓN, HAGO UNA LIMONADA.

BEATO LUIS GUANELLA
1842-1915

«Dios ayuda a quienes se ayudan a sí mismos», pudo haber sido el lema del Beato Luis Guanella. Fundador de los Servidores de la Caridad, que cuidan de los ancianos, los incurables y los retrasados mentales, dijo una vez: «El Señor ordinariamente quiere que aquí en la Tierra todo siga un curso natural.» Para el Beato Luis, el curso ordinario comprendía tanto hincar los codos como la oración. Por ejemplo, cuando decidió reclamar un terreno pantanoso, usó algunos de sus retrasados mentales para la labor, con algunos de los ancianos como supervisores. En pocos años, la gente estaba construyendo edificios en el área, y el Beato Luis fue honrado con una medalla del Ministerio de Agricultura.

Aunque los santos nos demuestran que los milagros pueden ocurrir y ocurren en todo momento, no podemos simplemente sentarnos y esperar a que venga uno. Como dice el Beato Luis, la mayor parte del tiempo Dios permite que las cosas sigan su curso natural. Esperar que Dios realice milagros a nuestro servicio y disposición es presuntuoso. Cuando damos por supuesto que Dios responderá nuestras oraciones en el tiempo y manera que decretamos, estamos condenándonos a una decepción enorme. Mucho mejor resulta atender el consejo del Beato Luis e ir a la cama cada noche agotados por un trabajo honrado. Luego, si ocurre un milagro, lo reconoceremos por la extraordinaria bendición que supone.

¿Decido alguna vez de antemano cómo debería ayudarme Dios?
¿Me decepciono cuando el resultado no es el que esperaba?

SÉ QUE CUANDO HAGO MI PARTE, DIOS SIEMPRE ESTARÁ AHÍ PARA AYUDARME.

SAN JUDAS
SIGLO PRIMERO

A veces, en la sección de anuncios personales de los periódicos, podemos ver el anuncio: «Gracias, San Judas, por los favores recibidos.» ¿Quién es San Judas, y por qué la gente le da las gracias en público?

Judas era uno de los doce apóstoles de Jesús. También se le llama Tadeo, para distinguirlo del Judas que traicionó a Cristo. Prácticamente no se sabe nada acerca de él excepto su nombre, aunque se le ha asociado con la Carta de Judas del Nuevo Testamento.

La razón por la que tiene anuncios en las columnas personales incluso hoy en día es porque ha venido a ser conocido como el santo de los casos imposibles o carentes de esperanza. Una tradición dice que si San Judas responde tu oración, deberás darle las gracias formalmente. Dado que un servicio de correo celestial es imposible, ¿qué mejor modo de escribir una nota de agradecimiento que en el periódico?

La práctica de escribir cartas de agradecimiento ha ido desapareciendo lentamente hasta convertirse ahora más en la excepción que en la norma. Hubo un tiempo en que habría resultado impensable no enviar una nota inmediata por un regalo de bodas o de nacimiento. ¡Hoy la gente escribe a las columnas de consultorios preguntando si reconocer regalos de boda cinco años después es demasiado tarde!

Escribir cartas de agradecimiento es algo más que un deber arcaico. Es un modo de mantener un nivel de civilidad en un mundo a menudo incivilizado.

Aunque sea bonito que expresemos verbalmente nuestro agradecimiento, tomarnos tiempo para expresar nuestra gratitud por escrito permite a la otra persona saber que te preocupas, no sólo del regalo, sino también de quien te lo da.

¿Cómo me siento cuando doy a alguien un regalo que nunca es reconocido?

LA SIGUIENTE VEZ QUE RECIBA UN PRESENTE, ME ASEGURARÉ DE ESCRIBIR DE INMEDIATO UNA NOTA DE AGRADECIMIENTO.

BARTOLOMÉ DE LAS CASAS
1474-1566

No siempre es fácil hacer la cosa correcta, incluso cuando sabemos cuál es la cosa correcta.

Bartolomé de Las Casas (Sevilla, España), fue un español propietario de esclavos de la isla La Española. Durante muchos años la idea de poseer esclavos le pareció perfectamente razonable. Luego oyó a un fraile dominico predicar en contra de la esclavitud y empezó a comprender la injusticia del sistema. No estaba preparado, sin embargo, para abandonar sus propios esclavos. Incluso tras tener una experiencia de conversión y entrar en el sacerdocio, meramente traspasó sus esclavos a uno de sus buenos amigos. No fue sino hasta casi ocho años más tarde, cuando entró en la Orden de los Dominicos, cuando finalmente liberó sus esclavos y se convirtió en uno de los grandes campeones de los indios frente a sus propietarios.

Cuán a menudo no somos como Bartolomé de Las Casas. Sabemos en nuestros corazones lo que deberíamos hacer, pero nos resulta difícil poner en práctica nuestras convicciones. No hacemos nada, confiando en que las quejas de nuestra conciencia desaparecerán si las ignoramos por suficiente tiempo. Eso, por supuesto, no sucede, y acabamos sintiéndonos miserables. Cuando nos encontramos en situaciones así, los santos nos dicen que nuestro único y mejor recurso es la oración. Lo que podemos no tener la capacidad de hacer por nosotros mismos, seremos capaces de hacerlo con el poder fortalecedor de la oración.

Como dijera Santa Teresa de Jesús, otra santa española: «Incluso si cometes pecados mortales, sigue rezando, y te garantizo que alcanzarás el puerto de la salvación.»

¿He tratado alguna vez de ignorar mi conciencia? ¿Qué sucedió?

SIGO MIS MEJORES INCLINACIONES PARA HACER EL BIEN Y EVITAR EL MAL.

SAN ALFONSO RODRÍGUEZ

1533-1617

A veces los santos, incluso los santos descritos en este libro, son un poco depurados. Los primeros hagiógrafos eran a menudo bastante circunspectos, dejando al lector con la impresión de que la peor tentación que en algún momento podía tener que encarar un santo era la de una pequeña vacilación, inmediatamente despachada con una rápida oración. Ciertamente, las tentaciones *reales* eran inexistentes.

No es cierto. Los santos fueron personas antes que santos, y a menudo lucharon con grandes y graves tentaciones.

San Alfonso Rodríguez entró en el negocio familiar de lanas a los veintitrés años de edad. Desgraciadamente, los tiempos eran difíciles y el negocio fracasó. Poco tiempo después, la esposa y la hija de Alfonso fallecieron. Tras una serie de falsos comienzos, acabó por hacer sus votos finales como hermano laico de los jesuitas cuando tenía cincuenta y cuatro años.

Una vez en la Orden, San Alfonso fue atormentado por numerosas tentaciones sexuales y sueños eróticos que le acosaban día y noche. Como si no fuera bastante malo todo eso, al final de su vida se sintió totalmente indigno, escribiendo: «Soy bueno para nada. No hago nada para quienes están en la casa, ni para los de fuera, ni para mí mismo.»

A veces nos sentimos como si estuviéramos completamente solos en la lucha contra nuestras tentaciones. No nos atrevemos a decirle a nadie cómo somos *realmente*, pues entonces sabría cuán indignos somos. Cuando empezamos a caer en esos patrones de autoincriminación, necesitamos recordar a San Alfonso Rodríguez. Aunque fue gravemente tentado, su santidad era tal que otro gran santo, San Pedro Claver, se llevó un cuaderno de San Alfonso lleno de consejos cuando embarcó rumbo a Sudamérica como misionero.

¿Alguna vez me siento indigno?

CUANDO ESTOY SUFRIENDO TENTACIONES O SINTIENDO PENA DE MÍ MISMO, RECUERDO QUE INCLUSO LOS SANTOS TUVIERON QUE LUCHAR.

BEATO HERMANO MUCIANO DE MALONNE
1841-1917

¿Tienes mal oído? ¿No puedes trazar una línea recta? Aunque no hayas sido bendecido con un talento artístico o musical abundante, puedes aprender a desarrollar la escasa capacidad que posees. Si todavía te sientes dubitativo, el Beato Muciano de Malonne puede hacerte cambiar de idea.

El Hermano Muciano se unió a los Hermanos de las Escuelas Cristianas, pero no era un profesor por naturaleza. De hecho, sus clases eran tan revueltas que los superiores dudaban de su vocación. Un hermano más viejo convino en permitir que el Hermano Muciano le ayudase en el departamento de arte y música. Aunque tenía escasas capacidades naturales, el Hermano Muciano estaba deseando aprender. Siguiendo órdenes, cogió la armónica y otra serie de instrumentos. Cuando ya era muy viejo, alguien advirtió que venía a la sala de música todos los días a las 9 de la mañana para practicar, y le preguntó por qué. Replicó que cincuenta años antes se le había dicho que practicase a diario y aún seguía la orden.

No es ésta una de esas asombrosas historias en las que la persona descubre su verdadero genio y pasa a recibir el reconocimiento internacional. El Hermano Muciano nunca llegó a sobresalir ni en el arte ni en la música, pero se volvió lo suficientemente competente como para enseñar a otros y llevar gozo a su propia vida.

Explorar el mundo del arte y de la música puede no traerte tampoco la fama o la fortuna. Pero, como descubriera el Hermano Muciano, aprender nuevas artes creativas enriquece nuestras vidas y nos hace apreciar mejor los talentos de los demás. Y, ¡quién sabe!, tal vez resulte que tienes más talento del que crees.

Si siempre he deseado aprender a tocar un instrumento musical, ¿qué me detiene para intentarlo?

NO TENGO MIEDO DE APRENDER NUEVAS HABILIDADES.

TODOS LOS SANTOS
DÍA DE TODOS LOS SANTOS

Hoy veneramos a todos los santos, conocidos y desconocidos, famosos y no tan famosos. Los santos de este libro son sólo unos pocos de los literalmente miles de hombres y mujeres de santidad que han sido venerados a lo largo de los siglos. Si tu favorito no aparece en la lista, no significa que no sea un santo. Los santos suelen ser reverenciados el día de su muerte, y quizá tu santo tuviera la desgracia de morir el mismo día que alguno famoso como Francisco de Asís. O tal vez hayas estado buscando alguien como San Cristóbal, que nunca fue formalmente canonizado y cuya vida está tan envuelta en la leyenda que es difícil descubrir hechos sobre él. En tales casos, puede haber sido escogido otro santo con información más accesible.

Si tu favorito no se encuentra en este libro, hoy es el día de celebrarlo de todos modos. Ya desde el siglo cuarto, «todos los mártires» han sido venerados colectivamente. Y hacia el año 800 la fiesta de Todos los Santos fue establecida firmemente como parte del año eclesiástico.

Hoy es un buen día para, además de a los santos oficiales, recordar a toda esa gente que te ha conmovido en la vida. Tu abuela. Tus padres. Un profesor querido. Un buen amigo. Cualquiera que haya hecho del amor de Dios una realidad en tu vida.

Ahora mismo, ¿por qué no tomarte unos pocos minutos y dar las gracias a todos los seres del cielo a los que amas y que te aman? En otras palabras, ¡benditos sean todos los santos!

¿Quiénes son los santos de mi vida?

DESEO ESTAR EN ESA COMPAÑÍA, CUANDO LOS SANTOS VAN MARCHANDO.

SAN MARCIANO

c. 387

En *Anna Karenina*, León Tolstói escribe: «Las familias felices son todas parecidas; cada familia infeliz lo es a su propia manera.» Bien, se dice que todos los santos han sido felices en la familia de Dios, pero pocos de ellos se parecen entre sí. De hecho, el rasgo distintivo de los santos podría ser la singularidad. ¡Y algunos son más singulares que otros!

San Marciano fue un ermitaño del siglo cuarto, cuando los ermitaños eran más populares de lo que lo son ahora. Vivía en una celda tan pequeña que no podía ponerse de pie ni tumbarse por completo, y comía sobre todo pan. Pese a sus rarezas, atrajo a muchos seguidores y, al final de su vida, tuvo que soportar que la gente debatiera en qué capilla iba a ser enterrado.

En un tiempo y época en la que puedes viajar por todo el país y ver las mismas tiendas en las mismas avenidas, comer en los mismos restaurantes de comida rápida y ver las mismas películas, los santos se muestran como un glorioso tributo a la singularidad. Ningún santo llegó nunca al cielo siguiendo el mismo sendero que otro. Aunque los santos a menudo se influenciaran uno al otro (el Beato Jordán de Sajonia y la Beata Diana D'Andalo, por ejemplo), no dejan de ser siempre individuos vibrantemente singulares.

A veces nos dejamos atrapar en un patrón de conformidad. Nos vestimos, no como podría gustarnos, sino como creemos que deberíamos hacerlo. Tomamos los alimentos correctos, leemos los libros correctos, vemos los programas de televisión correctos. Puede ser cómodo conformarse, pero es monótono, aburrido y nada santo en absoluto.

¿Permito que otros dicten mi comportamiento?

TENGO EL VALOR DE SER EL INDIVIDUO SINGULAR QUE FUI CREADO A SER.

SAN MARTÍN DE PORRES
1579-1639

San Martín de Porres era hijo ilegítimo de un noble español blanco y una panameña negra liberada. Su padre odiaba a Martín y a su hermana por parecerse a su madre, y pronto los abandonó. A la edad de doce años, Martín entró de aprendiz de un barbero-cirujano y aprendió a cortar el pelo y administrar tratamiento médico. Aunque no se sentía digno de ello, entró en la Orden de los Dominicos como hermano laico; nueve años más tarde, debido a su obvia santidad, profesó plenamente.

De todas las notables capacidades de San Martín de Porres (incluyendo la de curar a los enfermos o heridos por simple imposición de manos) una de las que más llama la atención es su amor y respeto por los animales. Permitía que ratas y ratones llevasen a cabo sus saqueos sin molestarlos, excusándolos con el argumento de que estaban subalimentados. En una época en la que los animales no eran particularmente bien tratados, abrió una especie de sociedad humana para gatos y perros en casa de su hermana. (¡No estamos seguros de lo que pensaría su hermana!)

Muchos de nosotros compartimos la vida con nuestros queridos animales domésticos. Nos enriquecen en innumerables modos, pero debemos recordar que cuando llevamos un gato o un perro a nuestra casa nos hacemos responsables de ellos. Tenemos la obligación de ver que nuestros animales estén bien alimentados y adecuadamente cobijados. Si ya no podemos mantenerlos, es nuestra obligación ver que se hagan cargo de ellos para lo sucesivo, pues, como escribe Antoine de Saint-Exupéry en *El principito*: «Eres responsable para siempre de aquello que has domesticado.»

¿He domesticado yo a mis animales, o me han domesticado ellos a mí?

SI TENGO UN ANIMAL DOMÉSTICO, ACEPTO ALEGREMENTE LOS DEBERES, ASÍ COMO LOS PLACERES.

SAN CARLOS BORROMEO

1538-1584

Con todas nuestras responsabilidades, cuán tentador resulta aplazar las cosas. Mañana iniciaré mi dieta. La próxima semana que viene escribiré esas cartas. El año que viene organizaré mi escritorio. Sin embargo, ninguno de nosotros sabe si tendremos un año que viene o una próxima semana o incluso un mañana. El pasado es un sueño y el futuro una visión. Lo único que tenemos es hoy. La única realidad es este momento.

San Carlos Borromeo sabía lo que es tener mucho que hacer e insuficiente tiempo para ello. No sólo estuvo profundamente implicado en el Concilio de Trento (fue el responsable de toda la correspondencia del Concilio), sino que fue obispo de Milán, una diócesis en estado deplorable, puesto que no había vivido allí obispo alguno desde hacía ochenta años.

Pese a su extenuante programa de trabajo, entendió la importancia de vivir en el tiempo presente. Una vez en que jugaba al billar, un amigo le preguntó qué haría si supiera que sólo le quedaban quince minutos de vida. Sin apenas detenerse, San Carlos respondió: «Seguir jugando al billar.»

Dios existe sólo en el presente. Si hemos de encontrarnos con Dios, también nosotros debemos aprender a vivir sólo en el presente. Sólo cuando nos abrimos plenamente al momento del que disponemos puede Dios bendecirnos plenamente.

¿En qué modos me aferro al pasado o me preocupo por el futuro? ¿Qué me está impidiendo vivir en el tiempo presente?

VIVIRÉ COMO SI HOY FUERA EL ÚNICO DÍA DE MI VIDA.

BEATA ISABEL DE LA TRINIDAD

1880-1906

A veces pensamos en el cielo como algo que está en las nubes o quizá más allá de las estrellas. Si buscamos el cielo en un lugar físico, acabaremos como el cosmonauta ruso que declaró que no podía ver el cielo desde el espacio exterior. Y es que el cielo no es un lugar; es un estado del ser.

La Beata Isabel de la Trinidad fue una monja carmelita que empleaba su día en el trabajo y la oración. Por orden de sus superiores anotó algunos de sus pensamientos sobre la naturaleza de Dios y la Trinidad. Aunque muchas de sus reflexiones caen directamente en la categoría del misticismo, no fue una persona efímera. Disfrutó de la vida al máximo (incluyendo comer pasteles) y se caracterizó por una gran felicidad. Una vez dijo que era tan feliz con el trabajo de su vida que creía haber encontrado el cielo en la Tierra.

Cuando amamos lo que hacemos, nosotros también, como la Beata Isabel de la Trinidad, podemos experimentar el cielo en la Tierra. Muy a menudo, creemos que nuestro trabajo sólo ha de ser eso: trabajo. Nos arrastramos a lo largo del día, aguardando a los fines de semana en que comienza la vida real. Si malgastamos cinco de cada siete días, piensa cuánto de nuestra vida estamos desperdiciando.

Si no te gusta lo que estás haciendo, quizá sea el momento de hacer otra cosa. Si un cambio inmediato te es imposible, pide a Dios que te enseñe a amar lo que haces. En cualquier caso, no tiene sentido que te crees un infierno cuando podrías estar saboreando el cielo.

En una medida de felicidad del 1 al 10, ¿dónde me encuentro ahora mismo?

ME HAGO A LA IDEA DE SER FELIZ.

BEATO ALFONSO NAVARRETE
1617

Las ideas parecen venir en racimos. A menudo leerás que dos personas llegaron al mismo invento practicamente a la vez, caso del teléfono o el aeroplano. Es casi como si una idea tuviera un momento particular en que nacer. El que se lleva la fama por el invento casi parece ser el afortunado de la lotería.

Las ideas espirituales también parecen venir en racimos. En el mismo tiempo en que San Vicente de Paúl estaba rescatando niños abandonados en Francia, el Beato Alfonso Navarrete estaba haciendo la misma cosa en Japón. De hecho, al Beato Alfonso se le llama a veces el San Vicente de Paúl del Japón por ese preciso motivo.

En algunos momentos nos volvemos muy protectores de nuestras ideas. Las guardamos, por temor a que alguien más pudiera robarlas y usarlas para sacar provecho de ellas. Queremos que todo el mundo sepa si una buena idea es nuestra.

Los santos nos recuerdan que las ideas no pueden ser patentadas. Lo que hacemos con nuestras ideas (escribir un libro concreto, construir un nuevo invento, hacer una mejor trampa de ratones) puede ser protegido, pero la idea en sí es de libre disposición. El universo está lleno de buenas ideas. Cuanto más te abras a su presencia, más ideas tendrás. Si alguna vez te encuentras en la situación de que alguien te robe tu idea, no dejes que ello te preocupe. Simplemente confía en que habrá de llegarte otra idea mejor. Siempre sucede así.

¿Comprendo que las ideas son como las flores? Cuanto más plante ahora, más flores tendré luego?

NO ACUMULO MIS BUENAS IDEAS.

SAN WILLIBRORD
658-739

San Willibrord quería ser misionero en Alemania, así que, con grandes esperanzas, se puso en marcha y construyó con éxito iglesias y una abadía. San Willibrord estaba haciéndolo bien en su lugar de origen. Luego, por la razón que fuere, decidió que aún podría hacerlo mejor si ampliaba su obra a la Dinamarca del presente. Allí fue un miserable fracaso. Bautizó tan sólo a treinta chicos y, mientras trataba de volver a su hogar, acabó tomando tierra en una isla donde uno de sus compañeros fue asesinado. San Willibrord habría hecho mucho mejor en reconocer sus límites.

Conocer nuestros límites no es lo mismo que colocarse límites. Cuando conoces tus límites, valoras tus talentos y capacidades de manera justa, y te planteas objetivos alcanzables. Conocer nuestros límites significa que no te levantas una mañana y decides correr quince kilómetros cuando llevas un mes entero sin hacer ejercicio. Significa que decides comprar una ensalada empaquetada para el popurrí de la compañía en vez de permanecer despierto hasta la madrugada tratando de hacer algo desde cero. Significa ser razonable en tus expectativas.

Colocar límites es justo lo opuesto. En vez de ver lo que puedes hacer y diseñar un plan para hacerlo de manera razonable, colocarte límites significa que admites estar derrotado antes incluso de empezar. Significa que dices que no puedes antes incluso de intentarlo. Si hemos de llevar vidas plenas y productivas, debemos conocer nuestros límites, pero no tenemos por qué limitarnos nunca.

¿Trato alguna vez de llegar más allá de mis límites?

COMPRENDO QUE PARTE DE MI MADUREZ ESPIRITUAL ESTÁ EN CONOCER CUÁNTO PUEDO HACER... Y LUEGO HACERLO.

SAN GODOFREDO
1115

Pocas cosas más frustrantes que saber que tienes la razón, conseguir que la gente admita que tienes la razón y que no haga nada al respecto. San Godofredo fue un monje francés y abad del siglo doce. Bajo su dirección altamente disciplinada, su monasterio floreció. Entonces fue designado obispo de Amiens y trató de aplicar la misma disciplina a los clérigos de allí. No tuvo gran éxito. De hecho, encontró tanta resistencia que estuvo tentado de dimitir como obispo.

Hay un viejo dicho de que puedes llevar a un caballo hasta el agua, pero no puedes obligarlo a beber. Lo mismo es cierto en cuestiones espirituales; puedes conducir a la gente hacia la verdad, pero no puedes hacer que la acepten.

Cuando hemos encontrado el camino hacia la santidad que funciona para nosotros, hacemos a veces la errónea suposición de que funcionará con todo el mundo. San Godofredo encontró su camino hacia el cielo a través de una disciplina severa e inflexible. Cuando trató de forzar a otros a usar sus mismas técnicas, se encontró con una amarga oposición. No importaba si tenía razón acerca de la necesidad de disciplina; lo que importaba era que trató de que otros hicieran las cosas exactamente a su manera.

En todos los asuntos de la vida, y no sólo en los espirituales, hemos de dar a la gente un espacio para tomar sus propias decisiones. Podemos explicar nuestra posición, pero no podemos forzarles a aceptarla, incluso si admiten que tenemos razón.

¿Cómo reacciono cuando alguien me dice, tienes razón, pero...?

TOMO MIS PROPIAS DECISIONES Y DOY A LOS DEMÁS LA LIBERTAD DE HACER LO MISMO.

SAN BENEN
467

San Benen fue el hijo de un cacique irlandés. Cuando San Patricio visitó el hogar de Benen durante sus viajes, éste quedó tan impresionado que pidió acompañar al santo como misionero. Se le concedió permiso y se convirtió no sólo en el discípulo de San Patricio sino también en su sucesor. No sabemos demasiado acerca de Benen, pero sí que sobresalía por su bella voz para cantar. Uno de sus apodos era el de salmista de Patricio.

Cantar es una actividad natural. Escucha a un bebé que está aprendiendo a hablar. Junto con los balbuceos habrán trocitos de canciones de bebé. Los niños cantan como algo natural. Es sólo cuando nos hacemos adultos y empezamos a comparar nuestras voces con las de los profesionales, cuando decidimos mantener nuestras bocas cerradas. Cantar es algo más que una cosa placentera que hacer mientras estamos en la Tierra. Se dice que quien canta ora por partida doble. Los santos y los ángeles pasan la eternidad cantando alabanzas a Dios. También nosotros podemos usar nuestras vidas para cantar alabanzas a Dios.

Si dejaste de cantar porque no tienes la mejor de las voces o porque alguien te dijo alguna vez que eres incapaz de seguir una melodía, es hora de cambiar. Si verdaderamente crees que la gente pondrá mala cara si cantas en público, entonces canta cuando estés solo. Canta en la ducha. Canta en el coche. Canta mientras pasas la aspiradora. Desde hoy mismo, ¡haz de toda tu vida una canción!

¿Cuál es mi canción favorita? ¿Puedo cantarla ahora mismo?

CANTO LA BONDAD DEL SEÑOR.

SAN LEÓN EL GRANDE

¿400?-461

San León el Grande fue Papa cuando los bárbaros se preparaban para arrasar las puertas de Roma. Cuanto Atila el huno se aproximó por vez primera a la ciudad, San León lo persuadió de no atacar y aceptar en cambio un tributo anual. Pocos años más tarde, el líder de los vándalos no fue disuadido con tanta facilidad, pero San León se las arregló para que conviniese en no incendiar la ciudad. Aunque Roma fue saqueada durante dos semanas, fue dejada intacta. Cuando los vándalos finalmente se retiraron, San León inició la enorme tarea de la reconstrucción.

Podrías pensar que San León se desanimaría al salir a la calle y ver todo el trabajo que había por hacer, pero las *Vidas de los Santos* dicen que, debido a su confianza en Dios, nunca estuvo desanimado, ni siquiera en los tiempos más difíciles.

El desánimo va casi siempre ligado a la desconfianza. Cuando más desanimados nos sentimos, es a menudo porque no creemos que Dios esté con nosotros. Lo único que vemos es la enormidad de la situación y nuestra propia incapacidad. *Sabemos* que no podemos hacerlo por nosotros mismos, así que nos desplomamos en una marisma de desánimo. De eso se trata exactamente. *No podemos* hacerlo solos. Pero con la ayuda de Dios, podemos hacer cualquier cosa.

Los discípulos de Jesús se desanimaron a menudo al oír a Jesús hablar de lo que se necesitaba para llegar al cielo. En un momento dado estuvieron tan desanimados que preguntaron ¿quién puede, pues, salvarse? La respuesta de Jesús es también nuestra respuesta: «Con los hombres esto es imposible, pero con Dios todas las cosas son posibles.»

¿Me siento desanimado en este preciso momento? ¿He pedido a Dios que me ayude?

CUANDO ME SIENTO DESANIMADO, RECUERDO QUE DIOS PUEDE HACER LO IMPOSIBLE INCLUSO SI YO NO PUEDO.

SAN MARTÍN DE TOURS

¿316?-397

¿Alguna vez has tomado una decisión que creías correcta en ese momento y luego, cuando ya es demasiado tarde, has cambiado de idea? Si lo has hecho, sabrás lo que es repetir una y otra vez tus esquemas mentales. El hecho de que sea demasiado tarde para cambiar simplemente aumenta el tormento. Cuando una vez te sentiste confiado en tu discernimiento, ahora dudas de todas tus decisiones.

Si puedes identificarte con un cuadro así, tienes que conocer a San Martín de Tours. Soldado del ejército romano estacionado en Francia, abandonó el ejército y estudió bajo San Hilario tras ser bautizado como cristiano. A la larga fundó un monasterio y llegó a ser bien conocido por su virtud. Ahí es donde empezó el problema.

Un obispo llamado Itacio estaba condenando a muerte a los herejes. San Martín discrepó vigorosamente, diciendo que la excomunión era suficiente castigo. Cuando Martín pidió al emperador que indultase la vida de un hombre acusado de herejía, Itacio acusó a Martín de la misma herejía. Aunque la vida de Martín fue perdonada, el otro hombre fue ejecutado. Martín trató entonces de cooperar con Itacio en otros asuntos, pero siempre anduvo profundamente turbado por su decisión.

Cuando nos hallemos en situación similar, necesitaremos recordar que a posteriori es muy fácil ver las cosas. Si miramos hacia atrás y concluimos que tomamos una decisión equivocada, necesitaremos también recordar que en el momento en que tuvimos que decidir lo hicimos lo mejor que pudimos con la información que teníamos a mano.

Cuando tomo una decisión, ¿me aferro a ella o sigo tomando segundas decisiones?

SÉ QUE NUNCA TOMO DECISIONES ERRÓNEAS A PROPÓSITO.

SAN JOSAFAT
¿1580?-1623

San Josafat tiene la distinción de ser la primera persona de las iglesias de rito oriental en haber sido oficialmente canonizada por el Vaticano. San Josafat, arzobispo de Polotsk en el siglo diecisiete, siguió los rituales y tradiciones del rito bizantino, pero también permaneció leal al Papa. Mucha gente cree que la Iglesia católica romana es la única iglesia católica, pero de hecho existen nueve ritos en la Iglesia católica, siendo el romano el único de ellos. Los otros son los ritos bizantino, armenio, caldeo, copto, etíope, malabar, maronita y sirio.

Los ritos (los rituales y tradiciones sagrados) son profundamente influenciados por la cultura y tradición en que se desarrollaron. Las iglesias de rito oriental con sus iconos, por ejemplo, son muy diferentes en su apariencia de las iglesias de rito romano con sus estatuas. Muchas costumbres, como el matrimonio de los sacerdotes, la fecha de Pascua y otras varían de un rito a otro. No obstante, todos los ritos comparten los mismos fundamentos basados en la enseñanza de Jesucristo. Sólo difiere la apariencia externa, no la expresión interna.

Más a menudo de lo que quisiéramos reconocer, estamos inclinados a hacer juicios basados en la apariencia externa. Juzgamos a la gente por su ropa, su acento, su coche, sus vecinos y su trabajo, antes que por su corazón. Cuando hacemos eso, no sólo les prestamos un mal servicio a ellos, sino también a nosotros, pues, como dice la Biblia: «Pues tal como juzguéis, seréis juzgados; y con vuestra vara de medir, se os medirá» (Mateo 7:1).

¿Cómo me siento pensando que los demás me juzgan con las mismas normas que yo uso para juzgarles a ellos?

TRATO LO MEJOR POSIBLE DE IR MÁS ALLÁ DE LO EXTERNO AL TOMAR DECISIONES Y HACER JUICIOS.

SANTA FRANCISCA JAVIER CABRINI
1850-1917

En su «best-seller» *Siente el miedo y hazlo de todos modos*, Susan J. Jeffers nos aconseja precisamente eso: hacer lo que tenemos que hacer pese a nuestro sentimiento de aprensión. El eslogan de una compañía de calzado deportivo es aún más sucinto: ¡Simplemente hazlo!

Santa Francisca Javier Cabrini, primera estadounidensa en ser canonizada, aprendió a simplemente hacerlo. Para ella se trataba de su miedo al agua. De pequeña había caído a un río y durante el resto de su vida vivió con terror a ahogarse, sin embargo, debido a que su trabajo como fundadora de las Hermanas Misioneras del Sagrado Corazón lo requería, ¡cruzó el océano treinta veces! Finalmente murió, no ahogada, sino de malaria.

A veces simplemente hemos de hacerlo; hacer «aquello» que más tememos. No importa si nuestras rodillas se han derretido como mermelada o si nuestro corazón está corriendo una maratón, simplemente hemos de hacerlo.

¿A qué te enfrentas en este momento? Probablemente ya hayas tratado de dar vueltas alrededor, por encima y por debajo de tu miedo. Lo único que queda ya es ir de la mano con «ello». Así que haz una respiración profunda... ¡y hazlo!

Una vez que lo hagas, probablemente descubras que «ello» no era tan malo como pensabas que iba a ser. Con demasiada frecuencia, nuestra aprensión y temor son mucho peores que la cosa en sí. Cuando nos zambullimos en nuestros temores, podemos no ser capaces nunca de superarlos totalmente, pero al hacerles frente, tampoco ellos nos superarán nunca totalmente a nosotros.

¿Qué es lo que más temo?

CUANDO TENGO MIEDO, RECONOZCO MI TEMOR PERO NO DEJO QUE MIS TEMORES ME PARALICEN.

SAN LORENZO O'TOOLE

1128-1180

Si San Lorenzo O'Toole fuera mejor conocido, su vida valdría para una buena película histórica. Siendo un niño de diez años fue hecho prisionero por uno de los rivales de su padre. Tras dos penosos años de cautividad, fue pasado al obispo de Glendalough. A los veinticinco, fue nombrado abad de Glendalough y las cosas anduvieron relativamente pacíficas por varios años. (Si su vida fuera una película, aquí es donde se insertaría el interés no correspondido en el amor.) Luego las cosas se caldearon cuando un cacique irlandés depuesto pidió al rey Enrique II de Inglaterra que le ayudase a recuperar sus tierras. Ruédense las enormes escenas de batalla, con San Lorenzo reorganizando las tropas y defendiendo el castillo contra una barrera de arqueros. Pasamos rápidamente por la siguiente parte de su vida, dado que consiste mayormente en la negociación de tratados. Finalmente, San Lorenzo tendría una gran escena de muerte. De vuelta a Irlanda desde Francia, donde había sido retenido por el rey Enrique, cayó enfermo. Dijo sus últimas palabras cuando tuvo a la vista su amado monasterio.

A modo de diversión, simplemente imagina que tu vida va a ser convertida en película. Filma mentalmente todos tus sucesos importantes, dándote un papel estelar, por supuesto. Cuando llegues al presente, imagina cómo te gustaría que acabase tu película. Date a ti mismo el «resto de la historia» perfecto. Una vez hayas decidido cómo te gustaría que fuera tu vida, no te detengas ahí simplemente. Haz todo lo que puedas por hacer una realidad de tu final perfecto imaginario.

Si se fuera a filmar lo que has vivido hasta ahora, ¿sería una comedia, un drama, o algo intermedio?

SÉ QUE SIEMPRE PUEDO HACER MI FUTURO LO MEJOR POSIBLE.

SAN ALBERTO MAGNO

1206-1280

Llamado usualmente «Grande» en latín, San Alberto fue uno de los más grandes instructores, pensadores y científicos de la Edad Media. Digamos de paso que Tomás de Aquino fue uno de sus estudiantes en la casa de estudios de los dominicos en Colonia.

Los intereses de Alberto fueron variados y escribió sobre innumerables temas, incluyendo botánica, astronomía, química, física, biología, geografía, meteorología, economía, política, lógica, matemática, teología, las Escrituras y filosofía.

Si Alberto hubiera vivido hoy en día, es indudable que no habría sido capaz de explorar tantos temas; no sólo porque la cantidad de conocimiento de cada uno de ellos se ha incrementado de manera exponencial, sino también porque cada vez se nos anima más a especializarnos. En medicina, por ejemplo, las posiciones mejor pagadas van a especialistas, no a los médicos generalistas.

Tener un conocimiento especializado es a menudo necesario en la sociedad de hoy día, pero tener *sólo* un conocimiento especializado es extremadamente limitante. Piensa en el aprendizaje como si fuese una lata de cacahuetes salados. Puedes sacar todos tus cacahuetes favoritos, como anacardos, o simplemente verter un puñado y coger lo que salga. ¿Qué tal si viertes hoy un puñado de conocimiento? Ve a la biblioteca y coge un libro del estante sobre un tema del que no sepas nada. Puede ser el arte del Renacimiento. O la cocina Creole. O la mecánica de automóvil. O el arte de la cetrería (San Alberto Magno solía cazar con halcones). No importa mucho cuál sea el tema, en tanto en cuanto no sepas nada acerca de él. De lo que aquí se trata no es de ampliar tu conocimiento en temas que te son familiares, sino de romper viejos patrones y explorar algo totalmente diferente.

¿Cuándo fue la última vez que aprendí algo totalmente nuevo?

ME PERMITO A MÍ MISMO EL DISFRUTE DE APRENDER A LO LARGO DE TODA MI VIDA.

SANTA GERTRUDIS
1256-1301

Santa Gertrudis vivió en el famoso monasterio de Helfta desde que era niña. Creativa y poeta por naturaleza, su más famoso escrito místico es *Legado de la Divina Piedad*. Santa Gertrudis fue algo así como una feminista medieval. Adaptó las Escrituras para adaptarse a su audiencia femenina, refiriéndose, por ejemplo, a la hija pródiga en vez de al hijo pródigo.

Las palabras que utilizamos tienen un gran impacto en el modo en que pensamos. Aunque algunas personas lleven la sensibilidad del lenguaje a grandes extremos (rehusando, por ejemplo, usar palabras que contienen partes masculinas), todos podemos tener cuidado en que nuestras palabras no nos aíslen. No tendría mucho sentido para Santa Gertrudis hablar acerca de un hijo pródigo cuando sólo habían mujeres presentes.

Nuestra imagen de Dios también depende de las palabras que usamos. Una misionera que trabajaba entre los pobres desfavorecidos de la ciudad no podía entender por qué los niños respondían negativamente cuando describía a su Padre amoroso en los cielos. Finalmente, alguien la dijo que la imagen que los niños tenían de un padre era la de alguien que trataba con drogas y les pegaba. No podían idenificarse con el concepto de un padre amoroso. Sólo después de que la misionera empezara a hablar de Dios sin emplear pronombres específicos comenzaron a responder los niños.

Si el uso de los pronombres masculinos tradicionales te ayuda a crear una imagen de Dios más amorosa, entonces no dudes en usarlos. Pero si referirte a Dios en términos exclusivamente masculinos no te sirve de ayuda, recuerda entonces que Dios no es ni masculino ni femenino. Dios es simplemente Dios.

¿Qué veo cuando imagino a Dios?

SÉ QUE ESTOY CREADO A IMAGEN DE DIOS.

SANTA ISABEL DE HUNGRÍA

1207-1231

Parece como si muchos de los santos (tanto hombres como mujeres) apenas hubiesen sido capaces de aguardar hasta que sus esposos murieran para entrar en monasterios, fundar órdenes religiosas y hacer cosas santas.

Santa Isabel de Hungría no fue uno de ellos. Estaba apasionada, locamente enamorada de su esposo, Luis IV, landgrave de Turingia. Ella sostenía su mano por la noche mientras dormía, y cuando falleció en las Cruzadas, gritó y desvarió durante días a lo largo del castillo.

No hay un modo único de ser santo. Muchos, como Francisco de Asís, se desposaron con la pobreza radical y el aislamiento como la ruta más segura hacia el cielo. Otros, como Santa Isabel de Hungría, adoptaron un enfoque diferente. En vez de renunciar a todas las cosas buenas del mundo, las reformaron. Santa Isabel, por ejemplo, estaba siempre vaciando los almacenes del castillo para dar limosna a los pobres, pero a su marido, que la amaba tanto como ella le amaba a él, nunca pareció importarle.

Aunque nos emocione leer de santos que llevaron su santidad hasta los extremos, la mayoría de nosotros no estamos interesados en abandonarlo todo y encaminarnos a un monasterio. Además, ya no hay muchos monasterios a los que unirse. Para la mayoría de nosotros, la santidad nos viene de vivir nuestra vida con unas ansias de vivir como las exhibidas por Santa Isabel de Hungría. Encontraremos la santidad, no entre la ropa de saco y las cenizas, sino en el abrazo amoroso a nuestra esposa y los besos de nuestros hijos.

¿Se me ocurre alguna vez que santo es simplemente otro modo de decir aburrido?

¡ME REGOCIJO EN LA VIDA, EL AMOR Y LOS BUENOS MOMENTOS!

SANTA ROSA FILIPINA DUCHESNE

1769-1852

Durante gran parte de su vida, Santa Rosa Filipina Duchesne deseó ser misionera, más específicamente una misionera que trabajara con los nativos americanos. No fue sino hasta que cumplió los cuarenta y nueve años cuando pudo abandonar su Francia natal camino de América, y sólo a los setenta y dos se le permitió establecer en Kansas una escuela para muchachas nativas americanas.

En un mundo de la gratificación instantánea, Santa Rosa Filipina Duchesne aparece como un testimonio del poder de la persistencia. Para cuando llegó a los setenta y dos años, pudo haber abandonado las esperanzas de que se la permitiera ir a las misiones de los nativos americanos. Después de todo, había pasado ya con creces la edad del retiro. Pero, como dice el refrán, mientras hay vida hay esperanza, y Santa Rosa nunca abandonó la esperanza. Tampocó dejó nunca de buscar las oportunidades. Estuvo dispuesta cuando la ocasión se le presentó, y aunque fue llamada de vuelta tras sólo un año en la escuela de la misión, estuvo dispuesta para volver, caso de surgir la oportunidad. Escribió a una amiga: «Vivo en soledad y soy capaz de emplear todo mi tiempo en recordar el pasado... pero no puedo dejar a un lado el pensamiento de los indios, y en mi ambición vuelo hasta las Montañas Rocosas.»

Similarmente, si conservamos sueños por largo tiempo acunados, nunca deberemos dejar de esperar que se vuelvan auténticos, sino buscar siempre la oportunidad de hacerlos realidad.

Si pudiera obtener un deseo, ¿cuál sería? (¡No vayas a pedir luego tres deseos más!)

AGUARDO EXPECTANTE, CON LA ESPERANZA DE QUE MIS SUEÑOS SE HARÁN REALIDAD.

SANTA MARGARITA DE ESCOCIA

¿1046?-1093

Se dice que los opuestos se atraen, y si eso es así, Santa Margarita de Escocia y su marido el rey Malcolm III deben de haberse sentido muy atraídos entre sí. Margarita era refinada, culta y educada. Malcolm era tosco, grosero y vulgar. Como en un cuento de hadas, se encontraron cuando el barco de Margarita encalló en las costas de Escocia. Se enamoraron y vivieron muy felices desde entonces. Margarita ayudó a Malcolm a gobernar el reino y, a su vez, él la ayudó a fundar varias iglesias. Sus ocho hijos se criaron bien. Una de las hijas se casó con Enrique I de Inglaterra y fue conocida como la Buena Reina Maud; su hijo más joven, David, se hizo santo.

Sólo los cuatro últimos días de su vida en común fueron echados a perder por la tragedia. Malcolm y su hijo Eduardo fueron muertos en un ataque sorpresa al castillo, y Margarita, que de todos modos no se encontraba bien, falleció cuatro días más tarde.

Cuando leemos las vidas no expurgadas de los santos, la mayoría son bastante terribles. Después de todo, el modo más seguro de ser canonizado es siendo martirizado, y el martirio, por su misma naturaleza, es terrible. Santa Margarita de Escocia nos demuestra que no siempre es necesario sufrir para ser santo. Aunque su propia vida fue más bien austera, especialmente para una reina, trajo el arte, la educación y la cultura no sólo a Malcolm, sino a toda Escocia. Su inquebrantable buena naturaleza reformó a su esposo, y él siguió estando apasionadamente enamorado de ella hasta el final.

Cuando sintamos que no tenemos lo que hace falta para sufrir nuestro camino hacia la santidad, recordemos a Santa Margarita de Escocia, que amó su camino hacia el cielo.

¿Qué es más acorde con mi naturaleza, el sufrimiento o la celebración?

ESTOY ENAMORADO DE LA VIDA.

SAN EDMUNDO El MÁRTIR
¿841?-870

San Edmundo el Mártir fue rey de Norfolk y Suffolk en el siglo nueve. La documentación sobre su vida es escasa. Sólo sabemos que combatió contra los invasores daneses en el invierno del 870 y fue muerto cuando aquéllos ganaron la batalla. Historias más apócrifas dicen que fue atado a un árbol y atravesado por flechas cuando rehusó aceptar un acuerdo perjudicial para su gente y sus creencias.

Muchas historias de santos primitivos parecen más novelas que biografías. La razón de ello, en parte, es que sólo desde la llegada de la fotografía y, lo que es más importante, del invento de la televisión (con su cualidad «tú estás aquí»), se ha puesto el énfasis en los reportajes considerados objetivos. Antes de eso, los relatos de acontecimientos distantes fueron creados más como aventuras que como una descripción de noticias. Al no haber nadie alrededor con una cámara de vídeo, resultaba mucho más sencillo que hoy día recordar las victorias gloriosas y las nobles derrotas.

Pero la tecnología no ha extirpado por completo nuestra tendencia natural a convertir los sucesos en cuentos. Hoy podemos manipular las fotografías y las cintas para reflejar una realidad que nuca existió. Podemos poner caracteres de película en las bobinas del noticiario y mejorar las fotos por ordenador de modo que alguien cobre un aspecto enteramente diferente.

Quizá la lección real de todo esto sea que a veces las apariencias pueden resultar engañosas. Cuando veas a alguien que parece demasiado bueno para ser de verdad, probablemente es que no lo sea.

¿Me inclino a aceptar las cosas por su aspecto? ¿Diría que tengo tendencia a ser crédulo?

NO CREO TODO LO QUE VEO U OIGO.

SAN ALBERTO DE LOVAINA
1166-1192

Hay una serie de santos que iniciaron la vida como soldados y acabaron haciéndose religiosos. San Alberto de Lovaina siguió una ruta diferente. Entró en la vida religiosa a sus doce años, pero cuando llegó a los veintiuno se hizo caballero. Sus correrías en la milicia no duraron demasiado, sin embargo, y pronto volvió a trabajar para la Iglesia.

A veces concebimos la idea de probar algo nuevo, y nada nos detendrá de darle un bocado. Mientras no vaya a poner en peligro nuestro bienestar físico o espiritual, ¡por qué no!

Quizá siempre hayas querido llevar el pelo rojo, o quizá anhelaste aprender a patinar. ¿Qué te detiene?

Tal vez tengas miedo de la desaprobación de los demás. Sin duda que los clérigos compañeros de San Alberto no estarían muy alegres con su idea de unirse a una compañía de soldados, pero eso no lo detuvo.

Puede ser que tengas miedo de cometer una equivocación. No tardó mucho San Alberto en darse cuenta de que no estaba hecho para la vida de soldado, pero nunca lo habría sabido de no haberlo intentado.

San Alberto debió tener probablemente las mismas preocupaciones que tú, pero su deseo de intentar la vida militar superó sus reticencias. Resultó que esta nueva aventura no le gustó, pero en última instancia eso no es algo que importara. Lo que importa es que lo intentó.

Así pues, ¿qué te detiene a ti de intentarlo?

¿Hay algo que secretamente siempre haya deseado hacer? ¿Hay alguna razón seria para no intentarlo?

CUANDO ME SIENTO DESASOSEGADO, PRESTO ATENCIÓN DE HACIA DÓNDE QUIERE IR MI ESPÍRITU.

SANTA CECILIA
SIGLO SEGUNDO

Santa Cecilia es uno de esos santos que han sido honrados desde los comienzos de la Iglesia, pero de los que nada concreto se conoce. Sus leyendas son encantadoras pero totalmente faltas de credibilidad. Por ejemplo, se dice que fue dada en matrimonio a un no cristiano llamado Valeriano. Dijo a su esposo que era guardada por un ángel y que, si consentía en ser bautizado, él también podría ver el ángel. Valeriano consintió y vio, convirtiéndose de inmediato en un cristiano tan ardiente como su esposa.

Santa Cecilia, quizá por escuchar voces de ángeles, es honrada como patrona de la música, los músicos y la poesía.

La poesía es una de esas cosas que nos hacen sentirnos culpables por no gustarnos. Aunque la mayoría de la gente profesa abiertamente que adora la poesía, no verás muchos libros de poesía en las listas de los más vendidos. Y a no ser que frecuentes la compañía de escolares enamorados, probablemente no oirás muchas citas poéticas en la vida cotidiana.

Si no has leído nada de poesía desde que no tuviste más remedio durante tus estudios, tal vez sea el momento de repescarla. Como escribiera William Wordsworth: «La poesía es el aliento y el espíritu más sutil de todo conocimiento; es la desapasionada expresión que se halla en el semblante de toda Ciencia.» Si recuerdas algún poeta que te gustara aunque fuera un poquito, vuelve y lee alguna de sus obras. Si no sabes por dónde empezar, podrías considerar pedirle a Santa Cecilia que te ayude. Quién sabe, podrías descubrir que eres un poeta... ¡y tú sin saberlo!

Algunas oraciones son casi poesía. ¿He tratado alguna vez de orar un poema?

DOY GRACIAS POR TODAS LAS ARTES, INCLUYENDO LA MÚSICA
Y LA POESÍA

BEATO MIGUEL PRO
1891-1927

El Beato Miguel Pro es uno de los mártires de la fe más contemporáneos. Nacido en Guadalupe, México, llevó la vida normal del hijo de una familia mexicana de clase media. Atormentó a sus hermanas, se enamoró y gastó una broma detrás de otra. Al llegar a los veinte, solicitó su ingreso en los jesuitas y, tras su ordenación en Bélgica, volvió a México en un tiempo en el que cualquier sacerdote que se hallase en el país podía ser perseguido y detenido. Con su ingenio y habilidad se las arregló para evadir su captura durante casi un año, pero un muchacho lo traicionó y fue ejecutado por un pelotón de fusilamiento por el crimen de ser sacerdote. Sólo pidió dos cosas: pasar unos pocos minutos en oración y morir con los brazos extendidos en cruz. Cuando los disparos sonaron, exclamó: «¡Viva Cristo Rey!» A su hermana, que había obtenido una suspensión de la ejecución, no le fue permitida la entrada hasta que ya era demasiado tarde.

Debido a que sus ejecutores creyeron que su muerte probaría la cobardía de los sacerdotes católicos, estuvieron presentes muchos reporteros y fotógrafos. Tenemos, por tanto, un registro fotográfico completo no de la cobardía del Beato Miguel, sino de su valor. Si una imagen vale mil palabras, entonces las fotos tomadas en el momento de la muerte del Beato Miguel valen decenas de miles de palabras en favor de su inconmovible coraje.

Que el Beato Miguel y todos los que han muerto por su fe puedan darnos el coraje de vivir por la nuestra.

¿Por qué cosa estaría dispuesto a morir?

PUEDA YO SIEMPRE RECORDAR QUE LA LIBERTAD RELIGIOSA ES A MENUDO PAGADA CON LA SANGRE DE LOS MÁRTIRES.

SAN ANDRÉS DUNG-LAC Y COMPAÑEROS
1820-1862

Cuando miramos el firmamento nocturno, vemos cúmulos estelares. Los santos vienen también en cúmulos. Uno de tales cúmulos de santos es el de los 117 mártires vietnamitas canonizados en 1988. Al menos tres oleadas de persecución tuvieron lugar en Vietnam entre 1820 y 1862, cuando un tratado con Francia dio libertad religiosa a los católicos. De los 117 mártires, 96 eran vietnamitas, 11 españoles y 10 franceses. Cincuenta y nueve eran católicos laicos y 58 clérigos. San Andrés Dung-Lac, cuyo nombre es citado el primero en el día de su fiesta, era un cura de parroquia.

Una de las cosas más atractivas de los santos es que provienen de todos los continentes (excepto la Antártida). Más aún, provienen de todos los órdenes de la vida, desde los sirvientes hasta la realeza. Y provienen de toda nacionalidad. Todo tipo posible de personalidad está representado. Dicho en pocas palabras, los santos son una completa sección transversal de la humanidad.

Pese a sus enormes diferencias, los santos tienen ciertas características comunes. La primera es su enorme amor por Dios. En primer lugar, y ante todo, están enamorados de la divinidad. En segundo lugar, los santos nos dicen constantemente que no tengamos miedo. Una y otra vez dicen que mientras Dios esté con nosotros, ¿quién podría estar contra nosotros? Finalmente, los santos nos animan a convertirnos en los individuos únicos que fuimos creados a ser. Ninguno de ellos es igual que otro, y tampoco deberíamos nosotros ser ninguno, salvo nosotros mismos.

¿Qué lecciones he aprendido de los santos?

ME PERMITO DISFRUTAR LA COMPAÑÍA DE LOS SANTOS.

PAPA JUAN XXIII
1881-1963

En el primer aniversario de su elección como Papa, Juan XXIII mencionó que un hombre de setenta y ocho años no tiene mucho futuro. A Juan XXIII no sólo le quedaba bastante futuro, sino que alteraría todo el rostro de la Iglesia catolica a través del Segundo Concilio Vaticano. Lo que es más importante, el papa Juan XXIII trajo al mundo entero un espíritu de esperanza y optimismo.

En la sesión de apertura del Concilio, el papa Juan pronunció palabras que deberían seguir consolándonos y desafiándonos hoy en día:

«En estos tiempos modernos, no pueden ver sino prevaricación y ruina. Dicen que nuestra era, en comparación con eras pasadas, está volviéndose peor. Y se comportan como si no hubiesen aprendido nada de la historia, que, sin embargo, es la maestra de la vida... Creemos que hemos de estar en desacuerdo con esos profetas de lo catastrófico, que siempre están prediciendo desastres como si el fin del mundo estuviese a punto de llegar... En el orden presente de cosas, la Providencia Divina está conduciéndonos a un nuevo orden de relaciones humanas.»

Angelo Giuseppe Roncalli, el hombre que sería Papa, provino de una humilde familia campesina. Incluso tras ser elevado al más alto oficio de la Iglesia, se deleitaba mucho en su familia y amigos. Para él, la fe no era algo que experimentar a un nivel teológico; era algo que vivir y celebrar.

Cuando convocó el Vaticano II, dijo que deseaba traer a la Iglesia una «ráfaga de aire fresco». Hizo más. Trajo una «ráfaga de aire fresco» al mundo entero.

¿Estoy preparado para ser barrido por una ráfaga de aire fresco?

NO DEJO QUE LOS PROFETAS CATASTROFISTAS ME DEPRIMAN.

SAN SILVESTRE GOZZOLINI
1177-1267

Algunas personas pueden realmente mantener un resentimiento. El padre de San Silvestre Gozzolini debe haber sido una de ellas. Se dice que dejó de hablar a su hijo durante diez años cuando Silvestre abandonó el estudio de las leyes por la teología. Aparentemente restauraron las líneas de comunicación, pero diez años es un largo tiempo para un tratamiento de silencio.

¿Alguna vez has sido víctima de un tratamiento de silencio? ¿Alguien que querías ha dejado de hablarte por algún desaire real o imaginario? O quizá hayas sido tú quien lo perpetró, dejando de hablar a alguien que te enojó con sus palabras o acciones.

Dar un portazo a las líneas de comunicación puede parecer satisfactorio por un momento, pero como cualquier puerta que queda sin uso, los goznes se aherrumbrarán, el cerrojo se atascará y la llave se perderá. Luego, cuando quieras empezar a usar de nuevo la puerta, será casi imposible de abrir.

Si tú y alguien a quien quieres os halláis en lados opuestos de una puerta atrancada, ¿qué mejor día que hoy para abrirla? Tal vez creas que es responsabilidad de los demás hacer el primer movimiento, y tal vez sea así, pero en cualquier caso toma la iniciativa. Si no crees poder hacer el contacto en persona, escribe una carta. No has de disculparte o refundir viejos sucesos. Simplemente di que les echas de menos y querrías empezar de nuevo. Incluso si no responden, tendrás la satisfacción de saber que has lubricado los goznes de tu lado de la puerta.

¿Cómo puedo volver a hacer las paces con alguien a quien he herido o que me ha herido?

NO PERMITO QUE LOS DESACUERDOS ARRUINEN MIS RELACIONES.

SAN VIRGILIO
784

¿Alguna vez conociste a alguien que se volvió un poco raro de repente? Quizá fue alguien que adoptó una dieta especial y sólo podía hablar de pastelitos de arroz y tofu, o quizá alguien que se enamoró del montañismo. Fuere lo que fuere, la obsesión se apoderó de esa persona por algún tiempo.

Eso, aparentemente, es lo que le sucedió a San Virgilio. Administrador de la diócesis de Salzburgo, hacía las cosas acostumbradas de los clérigos. Pero un día, de pronto, parece haberse obsesionado con la idea de que existe otro mundo debajo de éste, con gente, un Sol y una Luna. No hace falta decir que San Bonifacio, arzobispo de Mainz, no se entusiasmó y lo denunció al papa. Virgilio, a lo que parece, fue juzgado, y abandonó su aventura de pensamiento creativo algún tiempo antes de ser nombrado obispo de Salzburgo en el 767.

Quizá sea el momento de que te vuelvas algo raro. No, no tienes por qué empezar a creer en mundos subterráneos o propagar las virtudes del tofu, pero quizá sea el momento de hacer algo que sacuda tu complacencia. A la mayoría se nos da muy bien ser nosotros mismos; al menos el nosotros mismos que se espera que seamos. Pero ¿qué hay del nosotros que no es expresado? El niño al que aún le gusta chapotear en el barro y columpiarse cabeza abajo.

Ahora es un buen momento para dejar que ese niño salga a jugar. Ponte un nuevo color y estilo de ropas. Adopta una nueva afición. Encuentra algo que exprese un lado de tu personalidad que nunca hayas expresado antes. ¡Diviértete un poco!

¿Hay algún aspecto de mi personalidad que mantenga oculto? ¿Por qué tengo miedo de expresarlo?

HOY HARÉ LO INESPERADO.

SANTA CATALINA LABOURÉ
1806-1876

¡Yo soy Nadie! ¿Quién eres tú?
¿Eres tú Nadie también?
¡Entonces ya somos dos!
¡No lo digas! ¡Lo anunciarían! ¡Ya sabes!

EMILY DICKINSON

Santa Catalina Labouré evitó la publicidad tanto como Emily Dickinson. Pasó toda su vida adulta haciendo las tareas más humildes, trabajando en un hospicio de viejos, cuidando de sus necesidades físicas y espirituales. También cuidaba de las gallinas y era la responsable de atender la puerta del convento. Sin embargo, tuvo el privilegio de una visión de Nuestra Señora, siendo una de las primeras personas de la edad moderna en tenerla.

A finales de noviembre de 1830, Santa Catalina vio a la Virgen de pie sobre un globo terráqueo con las palabras: «Oh, María, sin pecado concebida, ora por nosotros pecadores.» Cuando la imagen se dio la vuelta, vió una *M* con una cruz y los corazones de María y Jesús. Santa Catalina entendió que debía hacer medallas con ese modelo. Poco después de acuñarse y distribuirse las primeras medallas, vinieron a ser conocidas como la «Medalla Milagrosa». Hoy en día, millones de personas portan la medalla que Santa Catalina contemplara en su visión.

Durante su vida, cuando alguien le sugería que quizá fuera «la hermana de las apariciones», simplemente se reía. No fue sino hasta después de su muerte cuando el mundo supo que esta humilde hermana era uno de los grandes santos del cielo. Las apariencias pueden ser engañosas. El siguiente gran santo puede vivir en la casa de al lado o trabajar en la oficina próxima. Por eso, debemos esforzarnos por tratar a todos los que nos encontramos como si algún día pudieran ser clasificados entre los más altos del cielo.

¿Alguna vez juzgo de acuerdo con las apariencias?

RECONOZCO LA BONDAD INHERENTE A TODA PERSONA.

SAN RADBOD
918

Aunque muchos de los santos de este libro fueran curas o monjas, curas y monjas no tienen prebendas para la santidad; pero curas y monjas tienen generalmente comunidades religiosas capaces de promover su causa y conservar los archivos necesarios para su canonización.

San Radbod es uno de esos santos que probablemente no habría llegado a santo si no hubiese sido sacerdote y obispo. No es que no llevara una vida buena y santa, pero era una vida aburrida. Para ser sinceros, lo más interesante acerca de San Radbod es su bisabuelo, que dijo que preferiría estar en el infierno con sus familiares que en el cielo sin ellos.

Sin una comunidad religiosa lista para testimoniar su santidad, San Radbod probablemente se habría introducido oscuramente en el cielo. Tal como sucedieron las cosas, en cambio, forma ahora parte del calendario oficial de santos.

Es propio de la naturaleza humana que nos gusten unas personas más que otras, y lo mismo pasa con los santos. De los 365 individuos de santidad que aparecen en este libro, quizá encuentres uno o dos que realmente te atraigan. Al leer acerca de sus vidas, tienes la sensación de que realmente quisieras saber más acerca de esa persona. Si eso te sucede, tómalo como una invitación personal del santo a ser tu amigo especial. Comienza a hablarle a ese santo y pide su sabiduría y discernimiento. Pide al santo que ore por ti y contigo. Deja que el santo comparta su amor contigo.

¿Qué santo quisiera llegar a conocer personalmente?

ELIJO UN SANTO (¡O DEJO QUE UN SANTO ME ELIJA!) PARA SER MI AMIGO Y COMPAÑERO ESPECIAL EN LA RUTA HACIA EL CIELO.

SAN ANDRÉS
SIGLO PRIMERO

Se han escrito muchos libros interesantes sobre el orden de nacimiento. Los primogénitos, por ejemplo, son individuos responsables a quienes les gusta tener el control. Como están acostumbrados a actuar como jefes con sus hermanos, tienden también a actuar como jefes en otras situaciones. Debido a que los últimos en nacer son los bebés de la familia, tienden a ser más dependientes y a menudo pueden ser malcriados. Los niños de en medio tienen a menudo que pelear para hallar su papel en la familia. Ensombrecidos por sus hermanos mayores y no tan graciosos como los más pequeños, tienen mayores dificultades para crearse su propio y singular entorno.

San Andrés debió ser un niño de en medio. Aunque fue uno de los primeros doce apóstoles de Jesús, casi siempre es eclipsado por su hermano mayor y más famoso, San Pedro.

Pedro y Andrés no podrían haber sido más diferentes. Pedro era impetuoso y excitable, dispuesto a caminar sobre las aguas si Jesús se lo pidiese. Andrés era más tranquilo y reservado; un típico niño de en medio.

Pese a su naturaleza más retraída, Andrés es una de las figuras más importantes de los Evangelios. En primer lugar, presenta a Pedro y Jesús. En segundo lugar, es quien trajo a Jesús al chico con los peces y los panes. Finalmente, cuando los gentiles quisieron ver a Jesús, fueron primero a Andrés.

La lección que tiene Andrés para nosotros es simple. No importa cuál sea tu orden de nacimiento; tienes tu propio papel esencial que jugar en el drama de la vida.

¿Qué orden de nacimiento ocupas en tu familia?

CELEBRARÉ MI LUGAR EN LA FAMILIA.

SAN EDMUNDO CAMPION
1540-1581

Phyllis McGinley llamó a San Edmundo Campion «el santo más garboso que jugara nunca al gato y el ratón con el destino». Sacerdote jesuita durante la persecución de los católicos por los protestantes, en la Inglaterra del siglo dieciséis, eludió su captura a través de una serie de atrevidas escapadas, disfraces y pura buena suerte. Fue apresado tras decir una misa secreta en que se hallaba presente un traidor. Juzgado por cargos falsos de traición, fue condenado a la horca. Como Santo Tomás Moro, San Edmundo Campion murió profesando su compromiso con la corona pero su mayor compromiso con Dios.

Compromiso es una palabra a menudo maltratada en este mundo de valores de usar y tirar. Si una relación no funciona, buscamos otra persona. Si un trabajo no nos gusta, presentamos la dimisión. Si bien es cierto que no estamos obligados a permanecer en relaciones o situaciones física, emocional o espiritualmente destructivas, podemos a veces ser culpables de escapar prematuramente. Abandonamos tan pronto como las cosas se ponen un poco difíciles, en vez de seguir adelante con ellas hasta el final.

Por supuesto, comprometerse con algo o alguien tiene sus peligros. Nadie habría culpado a San Edmundo si hubiese cogido el primer bote salvavidas. Pero se había comprometido a servir a la Iglesia católica y sus miembros, obligados a ocultarse. Fue su sentido del compromiso lo que lo mantuvo en Inglaterra cuando habría estado mucho más seguro en cualquier otro lugar. Y fue su sentido del compromiso lo que lo condujo a la ejecución.

Cuando pienso en los compromisos, ¿lo hago sólo en las relaciones?
¿Qué otro tipo de compromisos he asumido en mi vida?

CUANDO ASUMO UN COMPROMISO, PERSISTO EN ÉL.

VENERABLE CARLOS DE FOUCAULD
1858-1916

¿Te hallas ahora mismo en tu vida en un lugar desierto? ¿Parece todo estéril y desolado, sin nada más que interminables dunas de arenas extendiéndose hacia tu futuro?

Conforme maduras espiritualmente, descubres que los desiertos de la vida son una parte esencial del crecimiento. A menudo mucho de nuestro mejor trabajo del alma ocurre durante nuestros momentos de desierto. Todos los grandes santos han experimentado desiertos, simbólicos y literales; algunos incluso los han buscado deliberadamente.

El Venerable Carlos de Foucauld, más conocido como el Hermanito Carlos de Jesús, pasó los últimos diez años de su vida viviendo como un ermitaño en el desierto de Argelia. De joven había llevado una vida rápida y libre, diciendo a cada una de sus nuevas concubinas: «Arriendo por días, no por meses.» Al final de su vida fue capaz de rezar: «Por la fuerza de los acontecimientos, me hiciste casto... La castidad se convirtió en una bendición y en una necesidad interna para mí.» El desierto se convirtió en el fuego en el que el Venerable Carlos endureció el acero de su resolución y disciplina.

También nosotros necesitamos nuestras experiencias del desierto para endurecer nuestra resolución. Necesitamos el desierto porque sólo cuando nos despojamos de todo lo que creemos que traerá sentido a nuestras vidas somos capaces de encontrar a Aquel que trae el verdadero sentido.

¿Necesito procurarme algún tiempo de desierto en mi vida, de modo que pueda hallarme a solas con mis preguntas y las respuestas de Dios?

DOY LA BIENVENIDA A LOS DESIERTOS DE MI VIDA COMO UN MOMENTO DE REEVALUAR Y CRECER.

SAN FRANCISCO JAVIER

1506-1552

Muchas tripulaciones han sido arruinadas por la enfermedad de las náuseas del navegante, pero ¿puedes imaginar lo que es estar así durante cinco meses? Ése es el tiempo que San Francisco Javier tuvo náuseas cuando viajó de España a la India para empezar su carrera misionera.

De entre el panteón de santos, San Francisco Javier (castillo de Javier, Navarra) es ciertamente uno de los mejor conocidos. Junto con San Ignacio de Loyola y otros seis hombres ayudó a fundar la Compañía de Jesús. Tras su ordenación, pasó el resto de su vida predicando y enseñando en la India, Malasia y Japón. Su sueño era ir a China, pero falleció en una isla situada a menos de diez kilómetros de la costa. Irónicamente, había tratado de refugiarse en un velero portugués, pero una vez más le dieron las náuseas del navegante. Llegó hasta la orilla y falleció en la cabaña de un pescador.

Frecuentemente, podemos no tener las náuseas del navegante, pero sí volvernos *enfermos de la visión**. Podemos enfermar tanto de ver todo el dolor y la miseria del mundo que nos ponemos orejeras mentales. Concluimos que ojos que no ven corazón que no siente, así que dejamos de mirar. Pretendemos que los problemas de la falta de vivienda y de injusticia no son realmente tan malos como todo el mundo dice. Cuando decidimos no reconocer la miseria, sin embargo, estamos en peligro de no sólo estar *enfermos de la visión*, sino de volvernos ciegos a las oportunidades que tenemos de hacer del mundo un lugar mejor. Después de todo, no hay nadie tan ciego como el que no quiere ver.

---

* La autora hace aquí un juego de palabras entre *seasickness* (enfermedad de las náuseas del navegante) y un neologismo suyo, *ssesickness* (enfermedad de la visión). *(N. del T.)*

Cuando encuentro algo dicícil de aceptar, ¿cierro los ojos?

DECIDO VER LA VIDA EN VEZ DE SER CIEGO A LA MISERIA
DE LOS DEMÁS.

SAN JUAN DAMASCENO
749

Se cuenta la historia de una mujer que tenía dos niños, uno de nacimiento, el otro por adopción. Cuando se le preguntó cuál era cuál, replicó con una gentil sonrisa: «No lo recuerdo.»

San Juan Damasceno era hijo del regidor de la hacienda pública de la ciudad de Damasco. Su padre le puso bajo la tutoría en ciencias y teología de un monje italiano. Al mismo tiempo, hizo que su hijo adoptivo, Cosme, fuera enseñado por el mismo monje. Aparentemente, el padre de San Juan trató por igual tanto a su hijo natural como a su hijo adoptivo, pues ambos hermanos se hicieron buenos amigos. Entraron juntos en un monasterio próximo a Jerusalén, donde escribieron libros y compusieron himnos. Cosme, que también terminó siendo santo, fue designado obispo de Majuma, pero San Juan vivió el resto de su vida en el monasterio.

A través de la adopción, nos volvemos parte permanente de una familia. Cada uno de nosotros, fuéramos criados por nuestros padres de nacimiento o no, ha sido adoptado en la familia de Dios. Como hijos del mismo Dios, no se nos muestra parcialidad alguna. Dios nos ama a cada uno de nosotros tanto como si fuéramos el único hijo de la familia. A veces nos es difícil imaginar cómo podría Dios amar a gente que nos disgusta, pero ésa es una parte del misterio divino. Somos selectivos en nuestros afectos, pero Dios es indiscriminado en el amor.

¿Tengo alguna vez miedo del amor?

RECONOZCO QUE SOMOS TODOS PARTE DE LA MISMA FAMILIA DE DIOS.

SAN SABAS
439-532

Mucho de nuestro mundo está inundado de contaminación sonora. En la clásica historia del doctor Seuss, *El Grinch que robó la Navidad*, el Grinch odiaba a los Whos por todas las fiestas que organizaban, pero la cosa que más odiaba era «¡el RUIDO! ¡RUIDO! ¡RUIDO! ¡RUIDO!».

En el caso de la mayoría de nosotros, nuestros días (y nuestras noches) estamos llenos de ruido. El silencio es algo que raramente si es que alguna vez, experimentamos. Aunque no debiera ser nuestro objetivo convertirnos en un Grinch odiador del ruido, todos necesitamos algo de silencio para nuestras almas.

San Sabas amaba el silencio. Quizá lo valoró tanto por tener tan poco de él durante su infancia. Su padre y su madre le dejaron al cuidado de unos tíos cuando era muy joven. La tía era tan cruel, que Sabas se escapó a casa de otro tío cuando tenía ocho años. Este tío y el primero entraron en una serie de pleitos y discordias sobre quién debería tener el dinero del patrimonio de Sabas. La fricción (¡y el ruido!) fueron tan molestos para Sabas que escapó nuevamente a un monasterio, donde finalmente pudo encontrar la paz y la quietud que deseaba.

Pronto, en algún momento, busca un lugar tranquilo donde puedas dejar que la ráfaga tranquila que pasa sobre ti sea como una palma curativa; un lugar donde, como Robert Browning, puedas permitir que «Silenciosas luces y sombras de plata nunca soñadas... acallen y te bendigan con silencio».

¿Me pone nervioso el silencio? Cuando entro en una casa vacía, ¿pongo inmediatamente la televisión o la radio?

EN MEDIO DEL RUIDO DE MI VIDA ENCONTRARÉ UN TIEMPO Y UN LUGAR PARA ESTAR SOLO Y TRANQUILO.

SAN NICOLÁS

¿350?

Hace años, en un popular programa de televisión estadounidense llamado *Decir la verdad*, las celebridades trataban de adivinar cuál de los tres candidatos estaba diciendo la verdad acerca de su ocupación. Al final del programa, el invitado preguntaba: ¿Querría el [rellena el espacio] real ponerse de pie, por favor?

Si Santa Claus estuviera en el programa, tendría que ponerse de pie San Nicolás.

San Nicolás de Bari, obispo de Mira en el siglo cuarto, es el Santa Claus *real*. Es difícil imaginar cómo pudo exactamente asociarse un benévolo clérigo de Turquía con un obeso gnomo del polo Norte.

El Santa Claus real fue bien conocido por su benevolencia y generosidad, especialmente con los pobres. Una leyenda dice que arrojó sacos de oro por la ventana abierta de la casa de un pobre para ayudarle con la dote de su hija. Se supone que el oro acabó en calcetines que colgaban de las esquinas de las camas, lo que explicaría la costumbre de colgar calcetines para que Santa Claus los rellene. En cualquier caso, San Nicolás fue relacionado con los regalos y, en muchos países, los niños todavía ponen sus zapatos en el día de su fiesta para ser llenados de regalos.

Santa Claus se ha convertido en un símbolo de las vacaciones de Navidad, pero es una invención comercial. San Nicolás, el Santa Claus real, es simplemente eso: real. Conforme entramos en esas vacaciones con su excitación y bullicio, tomémonos unos pocos minutos para recordar que el amor y el gozo no aparecerán mágicamente salvo que, como hizo el Santa Claus real, los hagamos aparecer.

¿Cómo puedo ser un San Nicolás para alguien necesitado estas Navidades?

ME DEJO LLENAR CON LOS GOZOS DE LAS VACACIONES.

SAN AMBROSIO
¿340?-397

A San Ambrosio se le reconoce como Doctor de la Iglesia por su enseñanza, pero también se le recuerda como el hombre que convirtió a San Agustín. Entre sus otras capacidades, poseía el talento de utilizar las ideas de los grandes filósofos, como Cicerón, para apoyar la verdad cristiana. Sin miedo de nadie, incluso pudo con el emperador. Cuando el emperador Teodosio destruyó toda una ciudad por la muerte de algunos oficiales regios, Ambrosio le obligó a hacer penitencia pública.

San Ambrosio obviamente tenía una personalidad con dos caras: el Ambrosio público, capaz de batallar con cualquiera, incluyendo el emperador, y el Ambrosio privado que, tranquilamente y en calma, podía convencer a un escéptico como San Agustín.

También nosotros tenemos a menudo una cara pública y otra privada en nuestra personalidad. Sin embargo, a diferencia de Ambrosio, que parece haber mostrado su mejor cara a sus conocidos más cercanos y la más dura con los extraños, nosotros a veces demostramos nuestras mejores cualidades en público y las peores en casa. Todos hemos leído sobre figuras públicas muy queridas por sus seguidores, pero que ejercieron todo tipo de vicios e incluso crueldad con sus familias.

Conforme crecemos y nos desarrollamos espiritualmente, esforcémonos por integrar los diversos aspectos de nuestras personalidades en un todo único y cohesivo, ¡con el énfasis en las partes buenas, desde luego! Podemos empezar por tratar a quienes se hallan más cerca de nosotros con la misma cortesía que usamos con los extraños.

¿Reservo mi mejor comportamiento para el mundo exterior? ¿Soy alguna vez rudo o duro con aquellos a quienes se supone que he de amar más que a nedie?

SERÉ TAN EDUCADO EN PRIVADO COMO LO SOY EN PÚBLICO.

SAN ROMÁRICO

653

Cuando el padre de San Romárico perdió todas sus propiedades (y su vida) en manos de la reina Brunehilda, Romárico se convirtió en un vagabundo sin hogar. Finalmente, sin embargo, su fortuna cambió y se convirtió en un rico terrateniente con muchos esclavos. Pero un día se encontró con San Amato y decidió renunciar voluntariamente a lo que previamente le había sido arrebatado por la fuerza. Entregó sus propiedades, liberó a sus esclavos y entró en la vida religiosa.

En un sermón pronunciado la noche antes de ser asesinado, el doctor Martin Luther King, Jr., dijo que si pudiera escoger vivir en algún momento de la historia, visitaría todos los periodos trascendentales, incluyendo el día en que Abraham Lincoln firmó la Proclama de Emancipación, pero sin detenerse en ninguno de ellos. Por el contrario, dijo el doctor King, seleccionaría la segunda mitad del siglo veinte, pese a los horrendos problemas que asolan a la humanidad. Escogería ese periodo de tiempo, dijo, porque sólo cuando fuera está más oscuro es cuando puedes ver las estrellas.

San Romárico indudablemente vio sólo oscuridad cuando perdió su hogar y sus propiedades. Pero, en medio de esa oscuridad, fue capaz de ver una estrella, una estrella que le conducía no sólo a una fortuna restaurada, sino finalmente también a la renovación espiritual. Del mismo modo, cuando nuestros futuros parecen más sombríos, es precisamente el momento en que necesitamos alzar la vista y ver las estrellas. Si tu vida parece particularmente oscura ahora mismo, ¿has mirado a ver si hay alguna estrella elevándose por el horizonte?

Cuando estoy estresado o lleno de temor, ¿qué hago? ¿En dónde enfoco mi atención? ¿En el problema? ¿En la solución?

VIGILO LA APARICIÓN DE LA PRIMERA ESTRELLA DE LA NOCHE.

BEATO JUAN DIEGO
1474-1548

Pobre indio azteca que vivía cerca de la Ciudad de México, Juan Diego tenía cincuenta y siete años de edad cuando se le apareció la Virgen María. Cuando el obispo local no quiso creer la historia, Nuestra Señora dijo a Juan que subiera a lo alto de una colina y reuniera las rosas que allí crecían. Pese a ser invierno, Juan hizo como se le dijo y recogió las flores. Cuando abrió su manto para mostrar las rosas al obispo, apareció también una imagen de María de tamaño natural. El manto de Juan Diego, junto con la imagen de María, todavía cuelgan en la Basílica de Nuestra Señora de Guadalupe.

Cuando Nuestra Señora habló con Juan Diego, le dijo: «No dejes que nada te preocupe, y no tengas miedo de enfermedad, dolor o accidente alguno.»

Todos nos preocupamos por la enfermedad, el dolor y los accidentes, pero el mensaje de los santos a lo largo de las edades ha sido siempre: «No te preocupes.» Desde la oración de Juliana de Norwich: «Todo estará bien y todo estará bien y todo tipo de cosas estarán bien», hasta la confianza total de la Madre Teresa de Calcuta en la provisión de Dios («Donde hay gran amor, hay siempre grandes milagros»), los santos nos dicen que a pesar de las apariencias externas, no tenemos nada que temer.

El temor y la preocupación corroen las fronteras de nuestra paz, destruyendo nuestra confianza y compostura. Sólo cuando los reemplazamos por la confianza de que todo se está desenvolviendo según el plan divino, seremos capaces de experimentar la serenidad que debemos tener. Como Jesús mismo dijo: «No permitáis que vuestros corazones se preocupen. Confiad en Dios y confiad en mí.»

¿Tengo alguna vez miedo de confiar en Dios?

CREO. DIOS, AYÚDAME EN MI INCREDULIDAD.

SAN GREGORIO III
741

San Gregorio III fue elegido Papa por aclamación popular cuando la gente lo arrastró en la procesión del funeral de su predecesor. Como Papa tuvo que intervenir en una controversia bastante desagradable sobre el uso de las imágenes sagradas en la Iglesia, pero una vez que esa cuestión se tranquilizó, también lo hizo el papa Gregorio. Durante el periodo de paz que siguió al parloteo acerca de los iconos, escribió una carta a las tribus inglesas consistente principalmente en citas de la Biblia; como dijera un escritor, «no tuvo demasiado sentido para los paganos que la recibieron».

¿Alguna vez te ha ofrecido alguien ayuda, pero acabó dándote una ayuda que no tenía mucho sentido? ¿Quizá realmente te diera trabajo de más?

Todos deseamos servir de ayuda, pero a veces la mejor ayuda que podemos dar es apartarnos a un lado. San Gregorio escribió su carta para ayudar a San Bonifacio, que estaba trabajando como misionero en Inglaterra. San Bonifacio estaba haciéndolo bien en su trabajo, y no es inconcebible que la carta hiciera más daño que bien. En cualquier caso, no fue una ayuda. Si San Gregorio hubiese preguntado a San Bonifacio qué es lo que necesitaba realmente, es probable que una carta consistente en citas bíblicas no hubiese ocupado los lugares altos de la lista.

Cuando alguien nos pregunta qué puede hacer para ayudarnos, necesitamos decírselo. No hemos de suponer que lo imaginará por sí mismo. Aunque a menudo podamos echarnos atrás por temor a parecer autoritarios, realmente le hacemos un bien a todo el mundo cuando hablamos claro. No perdemos nuestro tiempo recibiendo una ayuda inútil y no perdemos tampoco el tiempo de quien ayuda.

Cuando deseo ayudar, ¿me aseguro de que mi ayuda sea realmente útil?

EXPLICO EL TIPO DE AYUDA QUE NECESITO.

SAN DÁMASO I
¿305?-384

Cavar el suelo no ha sido ya nunca lo mismo desde que Indiana Jones fue en busca del Arca de la Alianza en la película *En busca del arca perdida*. El actor Harrison Ford dio a la arqueología (y a los arqueólogos) un definido impulso en su popularidad. Aunque la profesión podría querer adoptar a «Indy» como su santo patrón, la arqueología tiene ya un patrón: San Dámaso I.

El papa San Dámaso es mejor conocido por comisionar a San Jerónimo que trabajase en su famosa traducción de la Biblia, pero también se le recuerda por el afán que tuvo en restaurar las catacumbas y cuidar las reliquias de los primeros mártires. Por esto último fue nombrado patrón de los arqueólogos.

Los arqueólogos exploran nuestro pasado común, y nosotros podemos volvernos arqueólogos de nuestro pasado individual. Podemos descubrir esos sucesos y personas que han dado forma a nuestra vida y ver cómo continúan influenciándonos hoy en día.

Excavar nuestro propio pasado no tiene por qué significar una intensa psicoterapia y resolución de conflictos. Si el pasado es demasiado doloroso, déjalo que permanezca enterrado. Cuando el momento correcto de hacer la excavación llegue, lo sabrás. Un tipo más fácil de arqueología personal significa enterarte de dónde vinieron tus ancestros, cómo eran tus padres de niños y cómo se desarrollaron ciertas costumbres familiares. Descubre la historia que hay detrás del cuadro del comedor de tu tía. Mira viejas fotos familiares y trata de descubrir parecidos. Haz un árbol genealógico y descubre de cuántos países diferentes han provenido los miembros de tu familia. Diviértete descubriendo tu propia vida.

¿Cuál es la historia más divertida que conozco acerca de mi familia?

TAL VEZ MI VIDA NO SEA PERFECTA, PERO ES MI VIDA Y LA FESTEJO DE TODOS MODOS.

SANTA JUANA FRANCISCA DE CHANTAL

1572-1641

Una de las mayores amistades entre santos es la de Santa Juana Francisca de Chantal y San Francisco de Sales. Cuando su marido murió, Juana y sus seis hijos marcharon a vivir con su suegro, un viejo difícil y tiránico. Durante ese estresante periodo, encontró a San Francisco de Sales, que se convirtió en su director espiritual e íntimo amigo. Finalmente, él y Juana fundaron una comunidad religiosa para mujeres: las Hermanas de la Visitación de María Santísima.

En determinado momento, Juana consultó a Francisco sobre las posibilidades de una empresa así. Mirando sus bellas joyas, él le preguntó si estaba pensando en casarse de nuevo. Cuando ella vehementemente le aseguró que no, él sugirió: «¿Por qué no, entonces, arriar las banderas?»

Nuestros mejores amigos pueden a veces decirnos cosas que nadie más puede. Y ello porque, como dice Alexander Pope: «En todo amigo perdemos una parte de nosotros, y la parte mejor.» Hacer un amigo íntimo es un poco como enamorarse. Hay una cualidad casi mística en ese proceso, que trasciende las explicaciones.

Cuando te encuentras con alguien que está destinado a ser una parte importante de tu vida, simplemente *lo sabes*. Es como si el nombre de esa persona hubiese sido escrito en nuestro corazón desde toda la eternidad y sólo ahora hubiésemos sido capaces de descifrarlo. San Francisco de Sales sintió eso acerca de Santa Juana. «Parece como si Dios me hubiese dado a ti», le escribió. «Estoy más seguro de esto a cada hora que pasa.» ¡Todos quisiéramos encontrar un amigo así!

¿Quiénes son mis amigos más próximos? ¿Quién es mi mejor amigo?

VALORO MIS AMIGOS COMO UN TESORO.

SANTA LUCÍA
304

¿Has tomado hoy tu Vitamina Ver? No, no tu vitamina C, sino tu *Vitamina Ver*. Igual que todos necesitamos la vitamina C para mantenernos bien y saludables, necesitamos también una dosis diaria de Vitamina Ver.

¿Qué es la Vitamina Ver? La Vitamina Ver es la capacidad de ver las cosas, no sólo con nuestros ojos terrenales, sino con visión celestial. La Vitamina Ver es la capacidad de mirar más allá de lo mundano y ordinario para ver la luz divina que se infunde en todos nosotros cada día.

Debido a que su nombre significa luz, Santa. Lucía es la patrona de quienes tienen trastornos oculares, pero podría ser también la patrona de la Vitamina Ver. Decidida a permanecer virgen, Santa Lucía rehusó el matrimonio. Su pretendiente la hizo llevar a un burdel, pero incluso allí se mantuvo firme. La tradición nos dice que finalmente fue torturada y apuñalada hasta morir.

Si Santa Lucía no hubiese tenido sus ojos fijos en el cielo en virtud de la Vitamina Ver, ciertamente que habría escogido la ruta del matrimonio, más sencilla. Pero Lucía estaba dispuesta a arriesgarse a todo, incluso a la muerte, porque podía ver, más allá del presente, lo eterno.

A menudo nos vemos tan atrapados en el apresuramiento y bullicio de la vida, que olvidamos que también nosotros deberíamos tener nuestros ojos enfocados en el cielo. Es entonces cuando necesitamos una dosis de Vitamina Ver.

Pero la Vitamina Ver no es algo que pueda comprarse en cualquier tienda. Debemos producirla por nosotros mismos a través de la lectura espiritual, la oración y los momentos de tranquilidad a solas con Dios.

¿Has tomado hoy tu dosis de Vitamina Ver?

———————————

ON AYUDA DE LOS SANTOS, EXPANDO MI VISIÓN PARA VER MÁS ALLÁ DE MÍ MISMO Y DE MIS PROBLEMAS.

SAN JUAN DE LA CRUZ
¿1541?-1591

Buen amigo de Santa Teresa de Jesús y, junto con ella, reformador de la Orden Carmelita, San Juan de la Cruz (Fontiveros, Avila) fue malentendido y maltratado a lo largo de su vida. Incluso el consuelo de Dios le fue negado durante largos periodos, y sus luchas con la escrupulosidad y el vacío espiritual están registradas en su gran obra *La noche oscura del alma*. Aunque fue injustamente mantenido preso durante nueve meses en una diminuta celda donde la única luz provenía de una ventana tan alta que tenía que ponerse de pie en un taburete para leer, San Juan llegó a entender que las cosas que nos apresan no siempre son obvias. «Un pájaro puede ser retenido por una cadena o por un hilo; en cualquier caso, no puede volar», escribió.

Cuando estamos atados por grandes cadenas, como la adicción o una relación desgraciada, las reconocemos como lo que son. Pero ¿qué hay de los hilos del egoísmo o el desinterés? ¿Los delgados cordeles del aburrimiento y el orgullo? Lo irónico de los hilos que nos apresan es que a menudo no caemos en la cuenta de lo efectivos que son en mantenernos ligados a la tierra. Como son ligeros y delgados, creemos poder romperlos en cualquier momento que lo deseemos. Pero, desde luego, no es así y nos retienen tan firmemente como si estuviesen hechos de acero templado. Hoy, pidamos la sabiduría de ver los hilos que nos aprisionan y el valor de cortarlos de manera que podamos ser libres de volar.

¿Ignoro los hilos que me retienen simplemente porque no son tan dolorosos como lo serían las cadenas?

CORTO CUALQUIER COSA QUE ME IMPIDA DESCUBRIR A DIOS, SEA UNA CADENA O UN HILO.

SANTA MARÍA DI ROSA
1813-1855

Santa María di Rosa estaba dotada con mucho más sentido común de lo normal. Mientras que muchos santos parecen haber tenido su cabeza tan arriba en los cielos que tropezaban con sus propios pies, Santa María di Rosa era eminentemente práctica. Cuando las chicas abandonadas con quienes trabajaba carecían de un lugar en el que pasar la noche, ella les encontraba uno. Cuando se necesitaban enfermeras en los campos de batalla, ella enviaba a sus hermanas con vendas. Cuando un caballo se desbocaba y amenazaba con volcar sus pasajeros, Santa María rescataba a los ocupantes.

Cuando Santa María veía algo que hacer, lo hacía.

Demasiado a menudo, cuando encaramos problemas, nuestra primera reacción es la de sentarnos y estudiar la situación. Si alguna vez has servido en un comité, sabrás que eso es inevitablemente lo que hacen los comités. Mientras el comité se halla pensando sobre el problema global, a menudo se forman subcomités menores. El resultado, desde luego, es que nunca se hace nada.

Aunque no sea una buena idea apresurarse precipitadamente, tampoco hace ningún bien sentarse y aguardar a que alguien venga con la respuesta. A menudo la solución es obvia. Simplemente hemos de ponerla en práctica. Si Santa María hubiese aguardado a que un comité decidiera qué hacer respecto a la necesidad de enfermeras en el campo de batalla, cientos de personas habrían muerto. En su lugar, vio lo que había que hacer y lo hizo. Tal es la virtud del sentido común.

Cuando veo algo que ha de hacerse, ¿me arremango y lo hago?

UTILIZO MI SENTIDO COMÚN.

SANTA ADELAIDA
931-999

Se han hecho muchos chistes sobre las suegras. Indudablemente, Santa Adelaida fue el principal objetivo de las mandíbulas de más de una de sus nueras. Digámoslo sin eufemismos: su nuera Teófana la odiaba. Se las arregló para volver a su marido, el emperador Otto II, en contra de su madre y separar a Adelaida de la corte real. Cuando Otto falleció, Teófana se hizo con el poder como regente en nombre de su hijo y se aseguró de que Adelaida no fuera bien recibida.

Pese a tan duro tratamiento, Santa Adelaida aparentemente perdonó tanto que fue capaz de superar a sus enemigos y detractores. De hecho, antes de su muerte, Otto se reconcilió con su madre e imploró su perdón. Santa Adelaida no sólo lo perdonó; fue capaz asimismo de olvidar pasadas injusticias.

Frecuentemente cuando alguien nos daña, lo perdonamos, pero conservándolo en la memoria. Perdonamos, pero nunca olvidamos. Olvidar pasados males no es lo mismo que no recordarlos. Si no recordamos el pasado, estamos condenados a repetirlo. Pero olvidar el pasado significa que ya no lo alzamos contra la persona. Ya no extraemos nuestros pequeños pedacitos de venganza recordándoles sus errores pasados.

Perdonar y olvidar significa que dejamos partir nuestros daños de modo que su recuerdo ya no tiene poder alguno sobre nosotros. Cuando nos aferramos demasiado fuertemente a los recuerdos dolorosos, no nos queda sitio para acumular nuevos recuerdos. Olvidamos, a fin de dejar sitio para el amor.

Cuando perdono a alguien, ¿perdono y olvido, o simplemente perdono?

CUANDO ALGUIEN ME MALTRATA O INSULTA, LO PERDONO, INCLUSO SI NO ME LO PIDE.

BEATO JACINTO CORMIER

1832-1916

El Beato Jacinto Cormier dedicó su vida entera a dos ocupaciones principales: la oración y el estudio. Con ese fin, edificó el nuevo colegio del Angelicum para la Curia en 1909. El papa Juan Pablo II, que beatificó a Jacinto a finales de 1994, es un antiguo erstudiante teológico del Angelicum.

El Beato Jacinto fue un religioso ejemplar, pero casi no lo consigue. Cuando expresó el deseo de hacerse dominico, se le dijo que «carecía de vocación; o la tenía inmadura». Afortunadamente, no se dejó disuadir por tan áspero juicio y persistió en su deseo.

No caemos en la cuenta del profundo efecto que pueden tener sobre los demás nuestros comentarios cortantes. Podemos decir que simplemente estamos siendo sinceros o divertidos cuando, de hecho, nuestras palabras están destinadas a fustigar y herir. Si somos sinceros con nosotros mismos, comprenderemos que utilizar la tapadera de la sinceridad o el humor no deja de ser una tapadera.

Aparentemente, el sacerdote que hizo al Beato Jacinto un comentario acerca de su vocación pensó que era una crítica legítima. Incluso si creemos estar legitimados en nuestra crítica, podemos escoger nuestras palabras con cuidado. Por ejemplo, cuando hemos de corregir a alguien, podemos ablandar el impacto comenzando por unas pocas palabras de alabanza antes de aterrizar en nuestra queja. Es mucho más fácil para alguien aceptar una corrección que comience por «Realmente aprecio el modo en que empezaste esto. Sin embargo, creo que podríamos mejorarlo si...» en vez de «Esto está fatal. Repítelo». Si hemos de criticar, hagámoslo como si fuéramos quienes vamos a recibir la crítica.

¿Soy crítico por naturaleza?

NO PERMITO QUE LAS CRÍTICAS CONSTRUCTIVAS SE CONVIERTAN EN CRÍTICA SIMPLE Y LLANA.

SAN FLANNA

¿642 d.C.?

San Flanna fue un obispo celta del siglo siete. Aunque de descendencia regia, temía convertirse en rey, y se dice que oró pidiendo una deformidad que le impidiese ascender al trono. Según las historias, su cara se cubrió inmediatamente de escaras, sarpullidos y granos. Aunque la deformidad pudo haber sido el milagro pedido por San Flanna, suena más bien como un caso severo de acné. Si hubiese vivido hoy en día, es indudable que el médico de la corte le habría prescrito antibióticos y una crema para el acné, y San Flannan habría tenido que encarar la posibilidad de convertirse en rey. San Flannan se las arregló para eludir con suerte sus responsabilidades, pero no todos nosotros somos tan afortunados.

Encarar nuestras responsabilidades es una parte importante de ser adultos. Si hemos de volvernos espiritual y emocionalmente maduros, debemos reconocer que hemos de volvernos adultos.

Ser un adulto no es lo mismo que ser una persona estirada. Todos somos llamados a ser adultos, a asumir la responsabilidad de nuestras acciones y nuestras decisiones. Hemos de volvernos adultos, pero no hemos de volvernos estirados. Los estirados no sólo se toman la vida seriamente; son serios. Los estirados están tan inmersos en los negocios importantes de la vida que han olvidado cómo divertirse. Los santos pueden estar de acuerdo en que es tiempo de que te conviertas en adulto, pero garantizan que nunca has de ser un estirado.

¿Sé la diferencia entre tomarse las cosas seriamente y ser serio?

INCLUSO SI CREZCO, NUNCA VOY A SER UN ESTIRADO.

SAN ANASTASIO I

401

Cuando solicitas un trabajo, a menudo se te piden los nombres de tus referencias. Aunque podrías anotar a tu madre y a tu mejor amigo, es mucho más útil que conozcas a alguien de tu profesión que pudiera darte una recomendación.

Si San Anastasio hubiese necesitado referencias para convertirse en Papa, podría haber dado una lista de grandes nombres como referencia. Entre sus amigos estaban San Jerónimo y San Agustín, así como San Paulino de Nola. San Jerónimo dijo que era «un hombre distinguido, de vida sin mácula y apostólica solicitud». Tener amigos en lugares importantes nunca está de más. Incluso si no conocemos a nadie influyente aquí en la Tierra, todos nosotros podemos tener amigos en lugares elevados: los santos.

Los santos están dispuestos gustosamente a ser nuestros amigos. Dado que ya se encuentran en el cielo, tienen una visión más clara de lo que es mejor para cada uno de nosotros. Cuando pedimos su ayuda y amistad, siempre están ahí para dárnosla. Cuando haces amigos entre los santos, llegas a conocer reyes y reinas, así como amas de casa y labradores. Puedes pasar tu tiempo con algunas de las mentes más grandes que haya conocido el mundo, así como con algunos de los más grandes excéntricos. Puedes ser amigo de gente que nunca tendrías la oportunidad de encontrar aquí en la Tierra.

John Keats escribió: «¿Dónde reside la felicidad? En aquello que complace/Nuestras mentes dispuestas a la camaradería divina,/Una camaradería con esencia.» Cuando nos hacemos amigos de los santos, tomamos ciertamente parte en una camaradería divina.

¿Ha cambiado mi concepto de la santidad conforme leía este libro?

LEERÉ MÁS ACERCA DE MI SANTO FAVORITO.

SANTA ANASTASIA

304

Como sucede con tantos de los mártires primitivos, no sabemos prácticamente nada de Santa Anastasia excepto que murió por su fe. Fue torturada y quemada viva en el año 304. Numerosas leyendas, sin embargo, han rodeado los detalles más bien espartanos de su vida. Se dice que fue milagrosamente rescatada, no una vez sino dos, por Santa Teodota. El rescate más asombroso tuvo lugar supuestamente cuando Anastasia fue puesta en un barco y abandonada en el mar. Santa Teodota apareció a bordo y lo pilotó a lugar seguro. (Aparentemente, se supone que uno no ha de cuestionarse dónde obtuvo su experiencia como navegante Santa Teodota, una prostituta reformada que fue muerta por lapidación). Y no sólo eso, sino que se supone que todos los no cristianos que se hallaban a bordo fueron convertidos por la experiencia.

Cuando oímos hablar de sucesos milagrosos, a menudo estamos inclinados a ser escépticos. Después de todo, muchos de los considerados como milagros acaban siendo sólo fraudes. Pero a todos nos suceden milagros cada día. Es sólo que no siempre los reconocemos. Tu corazón, que bombea millones de litros de sangre en el curso de toda tu vida, es un milagro. El amanecer es un milagro. El canto de un pájaro es un milagro. Tú eres un milagro.

Hoy, conforme realizas tus actividades acostumbradas, empieza a estar atento a los milagros. Pronto descubrirás que es un poco como aprender una nueva palabra. Una vez que aprendes la palabra por vez primera, parece de repente como si apareciera por todas partes. Lo mismo sucede con los milagros. Una vez que los buscas, aparecerán por todas partes. ¡Simplemente necesitas empezar a mirar!

¿Qué necesitaría para creer en los milagros?

ABRIRÉ MIS OJOS A LOS MILAGROS QUE ME RODEAN CADA DÍA.

SAN PEDRO CANISIO
1521-1597

Si alguna vez fuera San Pedro Canisio nombrado santo patrón, debería serlo de los que trabajan demasiado. Nacido en Holanda, obtuvo su grado de maestro en las artes a la edad de diecinueve años, y ya no paró hasta su muerte, casi sesenta años más tarde. Predicador e instructor (se hizo sacerdote jesuita tras su licenciatura), fundó colegios, hizo obra misional, cuidó de los enfermos y escribió... incesantemente. ¡Sólo sus cartas llenan ocho volúmenes! Cuando alguien (indudablemente exhausto de simplemente observarlo) le preguntó cómo podía llevar adelante tanta carga de trabajo, San Pedro replicó: «Si tienes muchísimo que hacer, con la ayuda de Dios encontrarás tiempo para hacerlo todo.»

San Pedro tenía razón. Dios nos ayuda cuando pedimos ayuda. El problema es que a menudo no conseguimos reconocer la ayuda cuando nos llega. Se cuenta la historia de un hombre que suplico ser rescatado de una inundación. Tanto una barca de remos, como una motora y un helicóptero llegaron y le ofrecieron montarse en ellos, pero dijo que estaba esperando a Dios. Cuando se ahogó y entró en el cielo, preguntó a Dios por qué no había sido rescatado. Dios replicó: «Envié un bote de remos, una motora y un helicóptero, ¿qué más aguardabas?» Cuando pedimos ayuda a Dios, podemos confiar en que siempre llegará; simplemente hemos de estar en guardia respecto a la forma que adoptará.

¿Alguna vez me hago trabajar a mí mismo más de la cuenta?
¿Asumo tareas que no necesito porque me hacen sentirme necesitado o necesario?

CUANDO ME SIENTA ABRUMADO POR EL TRABAJO, PEDIRÉ A DIOS QUE ME AYUDE A ENCONTRAR UN MODO DE HACERLO TODO. (¡Y ME ASEGURARÉ DE ESTAR ATENTO A LA RESPUESTA!)

SANTA IRMINA

710

La historia de Santa Irmina parece provenir directamente de un libro de cuentos de hadas. Princesa, se dispuso que casara con un conde. Uno de sus criados, que estaba enamorado de ella, se las arregló para que el desgraciado novio se colocara cerca de un acantilado, por donde prontamente le empujó. El infeliz pretendiente saltó entonces él mismo. Santa Irmina, comprensiblemente turbada por este giro de los acontecimientos en medio de sus preparativos de boda, parece ser que entró en un convento que su padre fundó para ella. La única otra cosa que sabemos sobre ella es que fue un gran apoyo para el misionero San Willibrord.

La vida de Santa Irmina no resultó en nada como ella esperaba. Aunque algunas personas pueden amarrar los vagones de su vida a una estrella concreta desde su infancia, otros usamos una suerte de meandro. Empezamos pensando que queremos ser una cosa y acabamos haciendo algo bastante diferente. Si miras hacia atrás a las encrucijadas importantes de tu vida, los lugares en los que, en palabras de Robert Frost, «dos caminos divergieron en un bosque amarillento», descubrirás que si no hubieses tomado la ruta que elegiste, no tendrías las bendiciones que ahora tienes. Por supuesto, ninguna vida carece de dificultades, y el camino que has escogido indudablemente tiene su parte de rocas, pero junto con las rocas se hallan las bendiciones. No podemos tener una cosa sin la otra, por mucho que lo intentemos.

¿Cómo puedo sacar el mayor partido de la ruta que he escogido?

ME SIENTO AGRADECIDO POR LAS ELECCIONES QUE HE HECHO Y LAS BENDICIONES QUE HE RECIBIDO DEBIDO A ESAS ELECCIONES.

SANTA MARÍA MARGARITA D'YOUVILLE
1701-1771

¿Estás familiarizado con el viejo dicho de que ríe mejor quien ríe el último? Aunque algunos santos, decididamente, carecían de sentido del humor, y no te gustaría tenerlos sentados a tu lado en una comida festiva, Santa María Margarita d'Youville entendió que un sentido del humor es a menudo el mejor mediador en situaciones difíciles.

Santa María tuvo más dificultades de las acostumbradas. Su marido, Francisco d'Youville, fue un comerciante del Canadá francés que pasó la mayor parte de su tiempo en el juego y tratando de embaucar a los nativos americanos. Cuando murió, Santa María hubo de vender todo lo que poseía para pagar sus deudas. Totalmente desamparada, abrió un taller de costura para mantenerse ella y sus hijos. Gradualmente atrajo a otras mujeres que la ayudaron con sus obras de caridad, que incluían cuidar de los pobres y enfermos.

Al ser la esposa de Francisco d'Youville, bien conocido como un calamidad, la gente a menudo desconfiaba de Santa María. Se culpó a ella y su grupo por causa de los borrachos que vagaban alrededor de su casa, y fueron burlonamente llamadas las Hermanas «achispadas». Con una gran muestra de buen humor, Santa María hizo que las hermanas se vistieran con hábitos grises y se llamaran a sí mismas las «Monjas Grises», debido a un juego de palabras entre la palabra francesa que significa «achispado» y la que significa «gris». Si te resulta difícil ver el humor de una situación, pide a Santa María Margarita d'Youville que te ayude. Después de todo, ¡al final fue Santa María quien no sólo rió la última, sino la mejor!

¿Me tomo a mí mismo tan seriamente que no puedo apreciar una broma hecha a mi costa?

SERÉ EL PRIMERO EN REÍRME DE MIS PROPIOS ERRORES.

SAN CHARBEL MAKHLOUF

1828-1898

Una de las frases favoritas de San Charbel Makhlouf fue: ora sin cesar. Como era monje, fue capaz de pasar largas horas en la capilla haciendo justamente eso. Pero San Charbel no es el único santo en hacernos dicha recomendación. San Pablo dice lo mismo en su carta a la Iglesia de Tesalonia: «Regocijaos siempre; orad sin cesar; en todo, dad gracias.»

¿Quién tiene tiempo de orar sin cesar? Hay comidas que preparar, trabajo que hacer y familias a las que atender. Si cualquiera de nosotros anunciase de repente que íbamos a pasar el resto de nuestras vidas orando en la iglesia, probablemente recibiríamos una acogida gélida, por decir lo menos. Pero eso es precisamente lo que somos llamados a hacer. La diferencia es que no somos llamados a orar sin cesar *en la iglesia*. Somos llamados a convertir nuestra vida entera en una oración.

Orar no es arrodillarse, diciendo palabras; es elevar nuestros corazones, mentes y actividades a Dios, permitiendo que el amor de Dios los convierta en algo sagrado. Así, todo, desde limpiar retretes hasta resolver los asuntos pendientes, puede ser una oración.

La oración incesante está estrechamente relacionada con la gratitud. Dar gracias abre tu vida a bendiciones que fluyen en abundancia. Cuando estás agradecido por todo, incluso las cosas malas, reconoces el hecho de que el bien siempre triunfa. Incluso aquellas cosas que parecen horrendas pueden contener lecciones que necesitamos aprender u oportunidades de crecer en santidad. Cuando damos gracias por ellas (incluso antes de que sucedan), ayudamos a hacer que se conviertan en una realidad en nuestras vidas.

¿Qué dificultades de mi vida pasada puedo reconsiderar y estar agradecido por ellas?

CONVIERTO MI VIDA EN UNA ORACIÓN DE ACCIÓN DE GRACIAS.

JESUCRISTO

Cuando, en la obra *Peter Pan*, Campanita está muriendo, a la audiencia se le pide que aplauda si cree en las hadas. La implicación de esto es clara: si la audiencia no aplaude, Campanita morirá. Por supuesto, la audiencia siempre interviene, y Campanita siempre pasa a hacer todo lo que las hadas hacen.

En algunos momentos actuamos como si Campanita y Dios fueran semejantes. Con nuestro punto de vista tan egocéntrico, nos comportamos como si Dios nos *necesitase*. Dios no nos necesita. Necesitamos a Dios, pero Dios no nos necesita. Incluso si el universo entero dejase de creer, Dios seguiría existiendo. Eso no significa que no seamos importantes para Dios. Dios nos ama; y el amor es mucho más valioso que la necesidad.

Es asombroso que Dios, que lo creó todo, ame a cada uno de nosotros como individuos. Dios nos ama tanto, como han creído los cristianos durante cerca de dos mil años, que envió a Jesús a vivir entre nosotros, para enseñarnos y poner un rostro humano al amor de Dios.

Incluso quienes no aceptan a Jesucristo como Dios-hecho-hombre, coinciden en que es la persona más influyente que haya vivido nunca. La mayoría de los hechos de su vida son nimios; los efectos de su vida son abrumadores. El mensaje de Jesús es simple de decir, pero a menudo se tarda toda una vida en comprenderlo: Ama al Señor tu Dios con todo tu corazón, toda tu mente y toda tu alma, y a tu prójimo como a ti mismo. Los santos de este libro dedicaron su vida a vivir dichos principios. Nos piden a cada uno de nosotros que hagamos lo mismo.

¿Estoy viviendo una vida de amor?

CUANDO ESCOJO EL AMOR, LO ESCOJO TODO.

SANTA VICENTA LÓPEZ
1847-1890

Ralph Waldo Emerson escribió: «Algunas de tus heridas las has curado, y a las más agudas sobreviviste, pero ¡qué tormentos de pesar has soportado por males que nunca llegaron!»

Indudablemente Santa Vicenta López habría estado completamente de acuerdo con Emerson. En una carta a su madre, escribió: «Ven a quedarte con nosotras, y todos tus males ciertamente se enmendarán. La imaginación juega una gran parte en ellos, y aquí hay tantas distracciones que no tendrás tiempo de pensar.»

El consejo de Santa Vicenta a su madre también es bueno para nosotros. Cuando estamos atareados no tenemos tiempo de preocuparnos y molestarnos por males que pueden muy bien no llegar nunca. La preocupación es uno de los más insidiosos de todos los malos hábitos. Cuando nos preocupamos, nos *sentimos* muy atareados; ¡después de todo, estamos *preocupándonos*! Pero la preocupación es una actividad falaz. Drena nuestra energía, destruye nuestra esperanza y nos deja con las manos vacías y los corazones doloridos. Cuando te sientas preocupado, tienes dos elecciones. En primer lugar, si hay algo que puedas hacer acerca de tu preocupación, hazlo. Si, por ejemplo, te preocupa si tus neumáticos están perdiendo el dibujo, hazlas comprobar. No simplemente te incomodes y preocupes preguntándote si se están desgastando. En segundo lugar, si no hay nada que puedas hacer (digamos que tu hijo en edad escolar está de camino a casa por un desfiladero de montaña), di una oración, pasa tu preocupación a Dios y encuentra, como recomienda Santa Vicenta, algo práctico con que distraer tu mente.

¿Soy una persona preocupada? ¿Ha resuelto alguna vez algo mi preocupación?

SI SOY UNA PERSONA PREOCUPADA, DESDE HOY EMPEZARÉ A REEMPLAZAR MI PREOCUPACIÓN CON LA CONFIANZA DE QUE DIOS ESTÁ TENIENDO CUIDADO DE MÍ Y DE AQUELLOS A QUIENES AMO.

SAN JUAN EVANGELISTA
SIGLO PRIMERO

Aunque no queramos admitirlo en voz alta, la mayoría de nosotros colocamos a nuestros amigos en escalones. Todos tenemos un círculo interno de nuestros amigos más próximos. Son las personas que amamos y que nos aman hagamos lo que hagamos, o dejemos de hacer. En el más real de los sentidos, son los amigos que poseen una parte de nuestro corazón, ahora y para siempre.

En el siguiente nivel se encuentran nuestros amigos próximos, gente de quien nos preocupamos pero con quien no tenemos el mismo nivel de intimidad. Finalmente, la mayoría de nosotros tenemos un tercer círculo de conocidos, gente con la que disfrutamos estando, pero que no son parte esencial de nuestra vida.

Cuando Jesús vivió en la Tierra no fue diferente del resto de nosotros a este respecto. Aunque tuvo gran amor por todos, también tuvo sus amigos más próximos, más queridos. San Juan Evangelista fue uno de ellos.

Juan era un pescador que trabajaba con su hermano Santiago y su padre Zebedeo cuando se encontró con Jesús. De ahí en adelante, raramente dejó de estar al lado de Jesús. En todos los acontecimientos importantes (la resurrección de la hija de Jairo, la transfiguración, la agonía en el huerto), ahí estuvo Juan. Finalmente, cuando Jesús murió en la cruz, pidió a Juan que cuidará de su madre, María.

Tener diferentes grados de amistad es parte de la naturaleza humana. No podemos estar igual de próximos a todo el mundo, pero, a fin de ser plenamente humanos, debemos estar próximos a alguien. Si nunca le dijiste a tus mejores amigos lo importantes que son para ti, ¿por qué no hacerlo hoy?

¿Cómo clasifico a mis amigos?

DEJO QUE MIS AMIGOS PRÓXIMOS SEPAN CUÁNTO LOS AMO.

SAN ANTONIO DE LÉRINS

c. 520

San Antonio de Lérins es uno de los muchos santos primitivos que siguieron un patrón bastante predecible. Entraron en monasterios, llegaron a ser bien conocidos por su virtud, y finalmente acabaron sus vidas viviendo como ermitaños. Como la mayoría de otros ermitaños, San Antonio oró y estudió, pero también amaba su jardín.

Dorothy Gurney escribió: «Se está más cerca del corazón de Dios en un jardín que en ningún otro lugar de la Tierra.» La mayoría de los jardineros estarían de acuerdo. Aunque en esta época del año el clima sea inhóspito y el suelo esté helado, los jardineros se hallan activos. Repasando sus catálogos de semillas, ordenan plántulas para que les sean enviadas en primavera y aguardan a los días en que nuevamente puedan sentir el suelo bajo sus palas.

No todos nosotros tenemos el tiempo o la inclinación de ser jardineros, pero todos podemos apreciar los jardines. ¿Hay algún jardín o parque públicos cerca de tu casa? El año que viene, toma el hábito de visitarlo regularmente para regocijarte en el siempre cambiante e interminable ciclo de la vida. Contempla los restos desnudos de arbustos y árboles llenarse con las hojitas de primavera, no más grandes que la oreja de un ratón, el pleno florecer del verano, y los vívidos colores del otoño. Luego, finalmente, da las gracias cuando el invierno, de nuevo, cierre sus manos sobre el jardín.

¿Qué estación está estableciéndose ahora mismo en mi alma? ¿Qué estación quisiera que hubiera en el jardín de mi corazón?

INCLUSO EN INVIERNO, PORTO LA PROMESA DE LA PRIMAVERA.

SANTO TOMÁS BECKET
1118-1170

Santo Tomás Becket fue arzobispo de Canterbury durante el reinado de Enrique II. Gran amigo del rey, su vida y su muerte han sido inmortalizadas en *Asesinato en la catedral*, de T. S. Eliot. Fue en verdad en la catedral donde murió Santo Tomás, víctima de la furia del rey Enrique. Cuando Tomás desafió los deseos del rey respecto a la coronación de su hijo, Enrique maldijo: «¿Quién me liberará de este molesto sacerdote?» Cuatro caballeros se tomaron literalmente la petición y asesinaron a Santo Tomás mientras oraba. Por su parte en el asesinato, el rey Enrique realizó penitencia pública tras la canonización de Santo Tomás.

Santo Tomás Becket era hombre de hábitos regulares. Levantándose temprano para leer las Escrituras, trabajaba hasta comienzos de la tarde, en que regularmente se echaba una siesta. Descansar por la tarde no es un signo de haraganería; es a menudo lo mejor que puedes hacer. Un breve sueñecito puede restaurarte y renovarte de modo que puedas pensar más claramente y trabajar más eficientemente. Muy a menudo, ignoramos las señales de nuestros cuerpos. Cuando nuestro cerebro está enviando el mensaje, ¡déjame descansar!, lo ignoramos y le damos justo lo que no quiere: una sacudida de cafeína. Luego nos preguntamos por qué nos volvemos nerviosos y gruñones.

Santo Tomás Becket prestaba atención a sus necesidades físicas. Se levantaba temprano, pero también descansaba por la tarde. Necesitamos hacer lo mismo. Después de todo, cuando enciendes una vela por ambos cabos, lo más probable es que acabes con los dedos chamuscados.

¿Qué hago para restaurar mi aliento cuando estoy fatigado?

ATIENDO LOS MENSAJES DE MI CUERPO.

SAN EGWIN

717

A veces un exceso de una cosa buena puede ser demasiado. Comerse toda una caja de bombones, por ejemplo, sería un exceso de algo bueno. En ocasiones, el entusiasmo y el celo pueden también ser abrumadores. San Egwin, obispo de Worcester en el siglo octavo, tuvo tanto empeño en acabar con el vicio que algunos de sus parroquianos se quejaron al Papa. A fin de responder a los cargos, San Egwin fue obligado a hacer una peregrinación a Roma. No está claro qué sucedió en el Vaticano, pero parece ser que, cuando volvió, San Egwin no retornó al trabajo pastoral ordinario. En vez de ello, fundó un monasterio.

Muchos de los santos fueron extremadamente estrictos consigo mismos, pero la mayoría de ellos ejercieron la moderación en su trato con los demás. San Egwin es la excepción. ¡Aparentemente era consistentemente estricto con todo el mundo!

La consistencia es un rasgo valioso... hasta cierto punto. Aunque ser indeciso y soso no te conducirá a parte alguna, ser consistente hasta el punto de la rigidez tampoco es bueno. Si eres del tipo de persona que sabe lo que es correcto y espera que todos los demás sigan el programa, quizá debieras sacar una lección de San Egwin: acabó con una reprimenda papal.

Saber cuándo mantenerse firmes y cuándo ceder no es fácil, pero es una de esas lecciones que podemos aprender, sea del modo fácil o del modo duro. San Egwin escogió el modo duro. ¿Cuál escogerás tú?

¿Alguna vez alego ser consistente, cuando simplemente estoy siendo terco?

ENTIENDO LA DIFERENCIA ENTRE SER CONSISTENTE EN MEDIO DE LAS DIFICULTADES Y SER CONSISTENTEMENTE DIFÍCIL.

SAN SILVESTRE I

Hoy es un día de finales. El final del mes. El final del año. El final de este libro. Los finales siempre están teñidos de tristeza, pero como los santos tan a menudo nos recuerdan, las cosas raramente son lo que parecen ser.

San Silvestre I fue la primera persona en ser honrada como santo que no fuera mártir. En cierto sentido, su canonización marcó el final de la era de los mártires primitivos, pero en otro señaló el comienzo de la más amplia compañía de los santos, la compañía celestial a la que cada uno de nosotros tiene la oportunidad de unirse. Del mismo modo, el día de hoy puede parecer un final, pero es también un comienzo, el comienzo del resto de tu vida.

Las lecciones de los santos son muchas y variadas. Desde el humorista San Felipe Neri hasta el temible San Jerónimo, tenemos santos de todas las variantes posibles. Algunos fueron serios; otros humoristas. Algunos abandonaron todos los bienes mundanos; otros vivieron vidas más ordinarias. La única cosa que tuvieron en común fue su increíble y apabullante amor a Dios.

Todos somos llamados a ser santos. Podemos extender nuestras alas espirituales y volar, por ligados a tierra que parezcan hallarse nuestros pies. Nacemos, no para ser parte del final, sino parte del principio: el principio de una vida nueva y eterna.

¡Hoy, y todos los días de tu vida, puedes caminar en la gloria de Dios y puedes siempre viajar en compañía de los santos!

¿Estoy preparado para elevarme con los santos?

DOY GRACIAS A DIOS POR TODOS LOS SANTOS QUE HE CONOCIDO Y LOS QUE TODAVÍA HE DE ENCONTRAR.

ÍNDICE

Bernabé, 11 de junio

Bartolo Longo, 6 de septiembre

Bartolomé de Las Casas, 29 de octubre

Basilio el Grande, 2 de enero

Beatriz Da Silva, 1 de septiembre

Benedicto, 11 de julio

Benen, 9 de noviembre

Benezet, 14 de abril

Benildo, 13 de agosto

Bernadette, 16 de abril

Bernardino de Siena, 20 de mayo

Bernardo de Clairvaux, 20 de agosto

Bertila Boscardin, 20 de octubre

Blandina y los Mártires de Lyon, 2 de junio

Bonifacio, 5 de junio

Braulio, 26 de marzo

Brendan, 16 de mayo

Brígida de Suecia, 23 de julio

Brígida de Irlanda, 1 de febrero

Bruno, 18 de julio

Buenaventura, 15 de julio

Carlos Lwanga y Compañeros, 3 de junio

Carlos Borromeo, 4 de noviembre

Casimiro, 4 de marzo

Catalina Drexel, 3 de marzo

Catalina Labouré, 28 de noviembre

Catalina de Bolonia, 9 de mayo

Catalina de Génova, 15 de septiembre

Catalina de Siena, 29 de abril

Catalina dei Ricci, 13 de febrero

Cecilia, 22 de noviembre

Ceclia Caesarini, 8 de junio

Cedd, 26 de octubre

Ceslaus de Polonia, 17 de julio

Cirilo de Alejandría, 27 de junio

Cirilo de Jerusalén, 18 de marzo

Clara, 11 de agosto

Clodoaldo, 7 de septiembre

Colette, 6 de marzo

Cornelio, 16 de septiembre

Cosme y Damián, 25 de septiembre

Cristina la Asombrosa, 24 de julio

Cutberto, 20 de marzo

Charbel Makhlouf, 24 de diciembre

Dámaso I, 11 de diciembre

Damián de Veuster, 15 de abril

David, 1 de marzo

Domingo, 8 de agosto

Dunstan, 19 de mayo

Edmundo Campion, 1 de diciembre

Edmundo el Mártir, 20 de noviembre

Efrem de Siria, 9 de junio
Egwin, 30 de diciembre
Elena, 18 de agosto
Emilia de Rodat, 19 de septiembre
Engo (Engusio), 11 de marzo
Enrique II, 13 de julio
Escolástica, 10 de febrero
Esteban Harding, 17 de abril
Esteban de Hungría, 16 de agosto
Eteldreda, 23 de junio
Eufrasia, 13 de marzo

Fabián, 20 de enero
Felipe, 3 de mayo
Felipe Neri, 26 de mayo
Félix de Cantalice, 21 de mayo
Felipe de Heraclea, 22 de octubre
Fidel de Sigmaringen, 24 de abril
Flanna, 18 de diciembre
Francisca Javier Cabrini, 13 de noviembre
Francisca de Roma, 9 de marzo
Francisco Borgia, 10 de octubre
Francisco (Ascanio) Caracciolo, 4 de junio
Francisco Javier, 3 de diciembre
Francisco Solano, 14 de junio
Francisco de Asís, 4 de octubre
Francisco de Paula, 2 de abril
Francisco de Sales, 24 de enero
Fray Angélico, 18 de febrero

Gabriel Possenti, 27 de febrero
Galdino, 18 de abril
Gaudencio, 25 de octubre
Gema Galgani, 11 de abril
Genoveva, 3 de enero
Gerardo, 24 de septiembre
Germana de Pibrac, 15 de junio
Gertrudis, 16 de noviembre
Gianna Beretta Molla, 7 de octubre
Gildas el Sabio, 29 de enero
Godofredo, 8 de noviembre
Gonzaga Gonza, 27 de mayo
Gotardo, 4 de mayo
Gregorio III, 10 de diciembre
Gregorio el Grande, 3 de septiembre
Guillermo de Eskilsoe, 6 de abril
Guillermo de Tolosa, 29 de mayo
Guillermo de Vercelli, 25 de junio
Guy de Anderlecht, 12 de septiembre
Guy de Pomposa, 31 de marzo

Hedwig, 16 de octubre
Hermano André, 6 de enero
Hermano Muciano de Malonne, 31 de octubre
Hilario, 5 de mayo
Hilario de Poitiers, 13 de enero
Hildegard de Bingen, 17 de septiembre

Honorato, 16 de enero

Hormisdas, 6 de agosto

Hugo, 1 de abril

Ignacio Acevedo y Compañeros, 16 de julio

Ignacio de Antioquía, 17 de octubre

Ignacio de Loyola, 31 de julio

Imelda Lambertini, 13 de mayo

Ireneo, 28 de junio

Ireneo, 24 de marzo

Irmina, 22 de diciembre

Isaac Jogues, 19 de octubre

Isabel Ana Seton, 4 de enero

Isabel Bichier des Ages, 26 de agosto

Isabel de Hungría, 17 de noviembre

Isabel de la Trinidad, 5 de noviembre

Isabel de Portugal, 4 de julio

Isabel de Schönau, 18 de junio

Isidoro Bakanja, 22 de agosto

Isidoro de Sevilla, 4 de abril

Isidro Labrador, 15 de mayo

Ita, 15 de enero

Jacinta Mariscotti, 30 de enero

Jacinto Cormier, 17 de diciembre

Jerónimo, 30 de septiembre

Jerónimo Emiliani, 8 de febrero

Jesucristo, 25 de diciembre

Jordán de Sajonia, 15 de febrero

Jorge, 23 de abril

Josafat, 12 de noviembre

José, 19 de marzo

Juan Bautista, 24 de junio

Juan Bautista Rossi, 23 de mayo

Juan Bautista de la Salle, 7 de abril

Juan Bosco, 31 de enero

Juan Capistrano, 23 de octubre

Juan Crisóstomo, 13 de septiembre

Juan Damasceno, 4 de diciembre

Juan Diego, 9 de diciembre

Juan Domingo, 10 de junio

Juan Eudes, 19 de agosto

Juan Evangelista, 27 de diciembre

Juan Gaulbert, 12 de julio

Juan José de la Cruz, 5 de marzo

Juan Macías, 18 de septiembre

Juan María Vianney, 4 de agosto

Juan Neumann, 5 de enero

Juan Ogilvie, 10 de marzo

Juan Ante Portam Latinam, 6 de mayo

Juan de Beverley, 7 de mayo

Juan de Brébeuf, 16 de marzo

Juan de Dios, 8 de marzo

Juan de Egipto, 27 de marzo

Juan de la Cruz, 14 de diciembre

Juan de Sahagún, 12 de junio

Juan el Limosnero, 23 de enero

Juana Antida Thouret, 24 de agosto

Juana Francisca de Chantal, 12 de diciembre
Juana de Arco, 30 de mayo
Juana de Aza, 2 de agosto
Juana de Lestonnac, 2 de febrero
Judas, 28 de octubre
Julia Billiart, 8 de abril
Juliana Falconieri, 19 de junio
Juliana de Norwich, 8 de mayo
Julio I, 12 de abril
Junípero Serra, 1 de julio
Justa y Rufina, 20 de julio
Justino, 1 de junio

Kateri Tekawitha, 14 de julio

Lectura Espiritual, 2 de mayo
Léger, 2 de octubre
Leobino, 14 de marzo
León IX, 19 de abril
León el Grande, 10 de noviembre
Lidia, 3 de agosto
Lorenzo, 10 de agosto
Lorenzo Giustiniani, 5 de septiembre
Lorenzo O'Toole, 14 de noviembre
Lorenzo de Brindisi, 21 de julio
Lucas, 18 de octubre
Lucía, 13 de diciembre
Lugardis, 16 de junio
Luis, 25 de agosto
Luis Bertrand, 9 de octubre

Luis Gonzaga, 21 de junio
Luis Guanella, 27 de octubre
Luisa de Marillac, 15 de marzo

Macrina, 19 de julio
Madre Teresa de Calcuta, 29 de agosto
Magdalena Sofía Barat, 25 de mayo
Mamerto, 11 de mayo
Marciano, 2 de noviembre
Marcos, 25 de abril
Margarita Bourgeoys, 12 de enero
Margarita Clitherow, 25 de marzo
Margarita de Castello, 13 de abril
Margarita de Cortona, 22 de febrero
Margarita de Escocia, 19 de noviembre
María, 1 de enero
María Goretti, 6 de julio
Maria Mackillop, 5 de agosto
María Magdalena, 22 de julio
María Margarita D'Youville, 23 de diciembre
María Poussepin, 14 de octubre
María Rosa Durocher, 6 de octubre
María Soledad, 11 de octubre
María Teresa Ledochowska, 6 de junio
María de Jesús Crucificado, 15 de agosto
María di Rosa, 15 de diciembre

Mariana de Jesús, 28 de mayo
Marta, 29 de julio
Martín de Porres, 3 de noviembre
Martín de Tours, 11 de noviembre
Mateo, 21 de septiembre
Matías, 14 de mayo
Maximiliano, 12 de marzo
Maximiliano María Kolbe, 14 de agosto
Mechtildis de Edelstetten, 31 de mayo
Meleçio, 12 de febrero
Miguel Pro, 23 de noviembre
Miguel, Gabriel y Rafael, 29 de septiembre
Mónica, 27 de agosto
Montano, 24 de febrero

Nereo y Aquileo, 12 de mayo
Nicolás, 6 de diciembre
Nicolás Owen, 22 de marzo
Nicolás Pieck y Compañeros, 9 de julio
Nicolás de Tolentino, 10 de septiembre
Notburga, 14 de septiembre
Nuestra Señora de Lourdes, 11 de febrero

Onésimo, 16 de febrero
Oportuna, 22 de abril
Osanna de Mantua, 20 de junio
Otto, 2 de julio

Pablo, 25 de enero
Pablo Miki y Compañeros, 6 de febrero

Pafnutio, 11 de septiembre
Pamaquio, 30 de agosto
Pantaleón, 27 de julio
Papa Juan XXIII, 25 de noviembre
Pascual Bailón, 17 de mayo
Patricio, 17 de marzo
Pedro, 29 de junio
Pedro Canisio, 21 de diciembre
Pedro Claver, 9 de septiembre
Pedro Crisólogo, 30 de julio
Pedro Damián, 21 de febrero
Pedro Manrique de Zúñiga, 2 de marzo
Pedro María Chanel, 28 de abril
Pedro Orseolo, 10 de enero
Pedro Toussaint, 30 de junio
Peregrino Laziosi, 1 de mayo
Perpetua y Felicidad, 7 de marzo
Pier Giorgio Frassati, 7 de julio
Pío V, 30 de abril
Pío X, 21 de agosto
Policarpo, 23 de febrero
Prisca, 18 de enero

Radbod, 29 de noviembre
Raimundo de Capua, 5 de octubre
Raimundo de Peñafort, 7 de enero
Richario, 26 de abril
Rita de Cascia, 22 de mayo
Romano, 28 de febrero
Romárico, 8 de diciembre

Roque, 17 de agosto

Rosa Hawthorne Lathrop, 8 de julio

Rosa Filipina Duchesne, 18 de noviembre

Rosa de Lima, 23 de agosto

Rosa de Viterbo, 4 de septiembre

Ruperto, 29 de marzo

Sabas, 5 de diciembre

Sansón, 28 de julio

Santiago Apóstol, 25 de julio

Sava, 14 de enero

Sebastián de Aparicio, 25 de febrero

Serapio de Tmuis, 21 de marzo

Siete Fundadores de La Orden Servita, 17 de febrero

Silvestre I, 31 de diciembre

Silvestre Gozzolini, 26 de noviembre

Sixto II, 7 de agosto

Tais, 8 de octubre

Teodoro Pechersky, 10 de julio

Teodoro de Heraclea, 7 de febrero

Teodosio El Cenobiarca, 11 de enero

Teodoto, 18 de mayo

Teresa Benedicta de la Cruz, 9 de agosto

Teresa Couderc, 26 de septiembre

Teresa de Jesús, 15 de octubre

Teresa de Lisieux, 1 de octubre

Teresa de Portugal, 17 de junio

Timoteo, 26 de enero

Tito Brandsma, 26 de julio

Todos los Santos, 1 de noviembre

Tomás, 3 de julio

Tomás Becket, 29 de diciembre

Tomás Cantalupo, 3 de octubre

Tomás Moro, 22 de junio

Tomás de Aquino, 28 de enero

Tomás de Villanueva, 22 de septiembre

Torfino, 8 de enero

Toribio de Mogrovejo, 23 de marzo

Tutilo, 28 de marzo

Valentín, 14 de febrero

Venerable Madre María Magdalena Bentivoglio, 12 de agosto

Venerable Matt Talbot, 7 de junio

Venerable Carlos de Foucauld, 2 de diciembre

Vicenta López, 26 de diciembre

Vicente, 22 de enero

Vicente Ferrer, 5 de abril

Vicente de Lérins, 24 de mayo

Vicente de Paul, 27 de septiembre

Virgilio, 27 de noviembre

Waldertrudis, 8 de abril

Wenceslao de Bohemia, 28 de septiembre

Wilfredo, 12 de octubre

Willibrord, 7 de noviembre
Wulfrico, 20 de febrero
Wulstan, 19 de enero

Zita, 27 de abril
Zósimo, 30 de marzo